Entrer
dans le mystère de Jésus
Une lecture de l'évangile de Jean

Jean Vanier

Entrer
dans le mystère de Jésus
Une lecture de l'évangile de Jean

NOVALIS Bayard

Entrer dans le mystère de Jésus est publié par Novalis.

Couverture et mise en pages : Pascale Turmel

Les mosaïques reproduites dans cet ouvrage (couverture et intérieur) viennent de la chapelle du pape Jean-Paul II (chapelle de la Mère du Rédempteur) ; elles ont été publiées par Apa-Clement-Valenziano et sont reproduites ici avec l'aimable autorisation de la Libreria Editrice Vaticana.

© Novalis, Université Saint-Paul, Ottawa, Canada, 2005.

Dépôt légal : 1er trimestre 2005
 Bibliothèque nationale du Canada
 Bibliothèque nationale du Québec

Novalis, 4475, rue Frontenac, Montréal (Québec), H2H 2S2
 C.P. 990, succursale Delorimier, Montréal (Québec), H2H 2T1

ISBN : 2-89507-547-6 (Novalis)
ISBN : 2-227-47354-1 (Bayard)

Imprimé au Canada

Nous reconnaissons l'aide financière du gouvernement du Canada par l'entremise du Programme d'aide au développement de l'industrie de l'édition (Padié) pour nos activités d'édition.

Catalogage avant publication de Bibliothèque et Archives Canada

Vanier, Jean, 1928-
 Entrer dans le mystère de Jésus : une lecture de l'évangile de Jean
 Traduction de : Drawn into the Mystery of Jesus through the Gospel of John.
 ISBN 2-89507-547-6

 1. Bible. N.T. Jean – Critique, interprétation, etc. 2. Jésus-Christ – Histoire des doctrines – ca 30-600 (Église primitive). I. Titre.

BS2615.53.V3514 2005   226.5'06   C2005-940155-9

Préface

Ce livre est le fruit d'années de réflexion, d'étude, de prière et de vie communautaire. Tout a commencé en 1950 lorsque j'ai quitté la marine pour suivre Jésus. J'ai rencontré à cette époque le père Thomas Philippe, o.p., qui est devenu mon père spirituel et m'a encouragé à me laisser attirer par le mystère de Jésus dans l'évangile de Jean.

Au fil des années, mon amitié avec Jésus et ma compréhension de cet évangile se sont approfondies. J'ai lu des livres et des commentaires sur l'évangile de Jean, écrits par d'éminents théologiens, qui m'ont aidé à mieux comprendre le contexte, le langage, le symbolisme, le cadre historique et les racines bibliques de différents passages. Le commentaire de Thomas Brodie, o.p., en particulier, m'a permis de saisir le mouvement intérieur de cet évangile, son unité et sa cohésion : tout est conçu pour que le lecteur puisse croire en Jésus et recevoir la vie en son nom.

En 2001, j'ai fait pour une chaîne de télévision canadienne une série de 25 émissions, de 20 minutes chacune, en anglais, sur l'évangile de Jean. Cela m'a amené à regarder cet évangile à la lumière de ma vie à l'Arche et des besoins de notre monde aujourd'hui. J'ai pris conscience de l'importance de l'évangile de Jean pour notre époque.

Le style de ce livre, que je qualifierai de « prose méditative », voudrait aider le lecteur à se laisser attirer par le mystère de Jésus.

Ce livre a été traduit de l'anglais par Claire de Miribel. C'est toujours une grande joie pour moi de collaborer avec elle. Je la remercie profondément. Je remercie aussi Marie-Hélène Mathieu qui a relu ces pages et a apporté d'excellentes corrections.

Les citations bibliques sont soit tirées de la Bible de Jérusalem, soit ma propre traduction du texte grec.

Jean Vanier, 4 août 2004
Trosly-Breuil, France

Introduction

Notre monde entre dans une ère nouvelle.
Nous n'avons jamais disposé d'une telle technologie.
Nous pouvons explorer l'espace,
percer les origines de la vie et même manipuler les gènes.
Nous avons de nouveaux médicaments pour soigner la psychose.

Le siècle dernier a été un siècle d'espoir,
un espoir immense en la science.
Nous pensions pouvoir enfin apporter la paix au monde
et satisfaire les besoins de tous et de chacun.

Mais que voyons-nous au début de ce nouveau millénaire?
Des guerres, des génocides, de nouvelles armes de destruction, le sida,
un fossé croissant entre riches et pauvres.
Un monde régi par une économie irrespectueuse
des cultures minoritaires et des besoins humains essentiels.
Un individualisme forcené qui entretient un égoïsme triomphant.
Chacun pour soi.
Nous assistons à la dégradation des liens familiaux, sociaux et culturels.
Notre terre est ravagée par la cupidité.
Les faibles sont souvent écrasés et laissés-pour-compte.
Nous voulons tous être gagnants
quand en réalité si peu peuvent l'être.
La plupart seront perdants et deviendront victimes.

Quels sont aujourd'hui les signes d'espérance?
Il y a, comme jamais, une conscience
de l'importance de chaque personne humaine,
quelles que soient sa race, sa culture ou sa religion,
ses capacités ou ses incapacités.
Nous prenons davantage conscience
de la fragilité de notre terre et de la vie humaine.

Pourtant la dépression, l'oppression, l'angoisse et la mort
semblent rôder partout.
Vers quoi se tourner? Quelle direction prendre? Sommes-nous égarés?
Où va notre monde? Quel est le sens de nos vies?

Nombreux sont ceux qui cherchent un sens dans la spiritualité.
Ils cherchent la guérison et la paix intérieure, l'unité et la sérénité
pour goûter l'infini et le divin en eux.
Mais cette spiritualité peut aussi être un enfermement,
une façon de se couper de la souffrance du monde
et de refuser d'entendre le cri des opprimés.

En partageant avec vous l'évangile de Jean,
j'espère vous révéler ce que j'y découvre :
une spiritualité qui me donne la lumière, la force et l'amour
pour vivre à l'Arche
avec mes frères et sœurs qui ont un handicap,
et pour vivre une expérience de communion avec Dieu
à travers une relation personnelle avec Jésus.

Jésus est au cœur de la spiritualité de l'évangile de Jean.
Il est venu dissiper les illusions, démasquer le mensonge et l'hypocrisie,
rendre témoignage à la vérité,
nous conduire au Dieu de compassion et de pardon.
Il envoie ses disciples dans notre monde
de souffrances et de conflits
pour aplanir les inégalités entre les possédants et les déshérités,
rapprocher les gens de cultures différentes
et montrer un chemin vers la paix universelle.

Mais Jésus ne s'est pas seulement engagé à guérir
et à accomplir des œuvres de justice.
Il a offert son amour, sa confiance et son amitié à chacun,
— Juif, Samaritain ou Gentil —
lui révélant la beauté et la valeur de chaque personne
et combien chacune était aimée de Dieu.
Il a ainsi éveillé et comblé chez beaucoup

leur besoin le plus profond : être aimés inconditionnellement,
devenir créatifs et compatissants en aimant à leur tour.
Son amour qui guérit et pardonne les a appelés à l'unité de leur être,
à la découverte de ce qu'ils sont :
pleinement humains et pleinement divins.

L'évangile de Jean ne ressemble pas à ceux de Matthieu,
de Marc ou de Luc.
Il ne raconte pas des événements de la vie de Jésus.
Il ne livre pas les différents aspects de son message
à travers des paraboles.
L'auteur, sous la mouvance de l'Esprit Saint,
choisit quelques moments et quelques signes,
non seulement pour nous aider à croire
que Jésus est Fils de Dieu et Fils de l'homme,
mais aussi pour introduire tous les disciples de Jésus
dans une expérience de communion avec Dieu.
À la fin de cet évangile, l'évangéliste dit l'avoir écrit

> *pour que vous croyiez que Jésus est le Christ, le Fils de Dieu,*
> *et pour qu'en croyant vous ayez la vie en son nom (Jn 20, 31).*

Cette « vie » est la vie même de Dieu, que Jésus est venu nous donner
par une nouvelle naissance et une croissance dans l'Esprit Saint.
C'est une vie d'amitié avec Jésus
qui nous arrache à notre égocentrisme
pour nous centrer sur les autres.

Cet évangile a été écrit en grec
vers la fin du premier siècle.
L'auteur parle de lui comme du « disciple bien-aimé ».
Il n'utilise jamais son prénom, ce qui est significatif;
il ne parle de lui qu'en relation à Jésus,
comme si sa vraie valeur et son identité découlaient de cette relation.
Une ancienne tradition, qui remonte au deuxième siècle,
le désigne comme « Jean », fils de Zébédée et frère de Jacques,

même si l'un de ses disciples a pu faire office de secrétaire
et transcrire les textes.
Cet évangile dit peu de choses de son auteur,
ne mentionnant que quelques faits :
durant le dernier repas, il était appuyé sur le cœur de Jésus,
il était à la croix où il reçut Marie,
que Jésus lui a donnée
comme mère.

Nous le retrouvons dans les derniers chapitres
où Pierre et lui semblent inséparables.
En signant l'évangile comme le « disciple bien-aimé »,
son auteur veut peut-être nous dire
que chacun de nous peut s'identifier à lui
et devenir le « bien-aimé de Jésus ».

L'évangile de Jean raconte quelques événements de la vie de Jésus,
mais chacun nous fait pénétrer davantage dans le mystère,
révélé de façon symbolique,
qui nous dit quelque chose sur ce que *nous* sommes appelés à devenir.
L'évangile de Jean ne parle donc pas seulement des disciples
au temps de Jésus,
de leur croissance dans la foi et la confiance,
des passages et des crises qu'ils ont dû traverser.
Il parle également de la croissance dans la foi et la confiance
de tous les disciples de Jésus,
des crises et des passages que *nous* devons traverser
pour devenir des disciples bien-aimés.

On peut se demander pourquoi l'évangile de Jean
n'a trouvé sa forme finale que quelque soixante ans
après la mort et la résurrection de Jésus.
Pourquoi est-il si différent des trois autres évangiles
que Jean connaissait certainement?
Toutes ces années, il a dû dire et redire
ce qu'il avait vécu avec Jésus,

ce qu'il avait vu et entendu.
Mais pourquoi a-t-il tant attendu pour achever son évangile?

Nous en sommes réduits, bien évidemment, à des suppositions.
Je pense, pour ma part, qu'il y avait un besoin très particulier,
à la fin du premier siècle,
de mieux faire connaître ce que j'appelle
la dimension mystique de cet évangile
vécu et annoncé d'une façon particulière
dans la communauté que Jean présidait.
Cet élément mystique est l'invitation de Jésus à ses disciples
à devenir un avec lui
et à vivre avec lui comme un ami bien-aimé.
Le message de Jésus commençait à se répandre
à travers l'Asie Mineure, la Grèce et d'autres parties du monde.
Les disciples de Jésus devenaient plus nombreux.
Les structures de l'Église se mettaient en place
et sa théologie se développait.
L'histoire montre que lorsqu'un groupe s'élargit,
des désaccords et des conflits surgissent,
des repères et des règles deviennent nécessaires;
les structures peuvent alors prendre le pas sur le message.
Le mystique et le spirituel ont tendance à s'effacer.
Il n'est pas étonnant que Jean ait voulu achever son évangile!

En même temps, à la fin du premier siècle,
une nouvelle doctrine au sujet du Christ
se propageait en Asie Mineure.
Elle affirmait que le Christ n'était pas vraiment homme,
que son corps n'avait pas d'importance.
Dans ses trois lettres à ses disciples, Jean combat cette doctrine
devenue pour certains la base d'une vie « pseudo » mystique,
coupée des réalités humaines et du corps humain.
L'évangile de Jean révèle que le corps de Jésus, sa personne incarnée,
est au cœur de la vie mystique
et d'une nouvelle connaissance de Dieu.

Cette vie n'est pas une *fuite* du monde de la matière et de la souffrance
mais une *mission* dans ce monde :
aimer les autres comme Jésus les aime.

Marie, mère du Verbe fait chair,
liée d'une façon si intime au corps de Jésus,
formée et sanctifiée par sa présence et son amour pendant des années,
a dû guider le cœur du « disciple bien-aimé »,
son fils spirituel,
dans ce chemin intérieur d'union à Jésus.
Avec le réalisme mystique d'une femme
remplie de l'Esprit de vérité,
elle a dû l'aider à saisir la signification profonde
des paroles et des gestes de Jésus durant sa vie terrestre,
y compris les détails concrets concernant les lieux et les dates,
qui constituent la base de cet évangile.
Elle a dû l'aider à voir combien la vie de communion avec Dieu
jaillit de cette union avec l'humanité de son fils.

André Chouraqui, ancien député-maire de Jérusalem,
a traduit cet évangile en français. Il écrit dans son introduction :
« Un livre de la nature du quatrième évangile
semble émaner des sources de silence,
là où le Verbe se révèle en tant que logos, parole vivante.
Et c'est à partir d'une contemplation silencieuse qu'il faut lire,
comprendre, commenter et éventuellement traduire l'œuvre de Jean. »

C'est pourquoi je vous propose de lire cet évangile,
non pour élargir votre culture théologique, historique ou biblique,
mais avec le désir d'*entrer dans un mystère*.

Peu de gens aujourd'hui ont lu les quatre évangiles,
et en particulier l'évangile de Jean.
Certains l'ont peut être trouvé trop compliqué.
Le fil de sagesse qui en fait un ensemble cohérent
et lui donne son sens
leur est resté caché.

J'espère qu'en avançant ensemble, comme des pèlerins,
— ceux parmi nous qui sont enracinés dans une Église
et ceux qui ne le sont pas,
ceux parmi nous qui sont intégrés dans nos sociétés
et ceux qui sont marginalisés —,
nous découvrirons le chemin des premiers disciples
et notre propre chemin.
Ces disciples étaient attirés par Jésus, parfois déroutés par lui,
mais ils se sont laissé attirer, peu à peu,
dans le mystère du Verbe fait chair.
Que nous nous laissions, nous aussi, attirer et dérouter par Jésus,
découvrant ainsi ce que veut dire être son ami.

Dans ces pages, je partage la musique que j'ai entendue
sous les mots et la texture de l'évangile de Jean.
J'ai écouté ce chant
qui a réchauffé et remué mon cœur,
ouvert mon intelligence
et donné sens à ma vie,
avec tout ce qui est beau et tout ce qui est brisé en moi;
un chant qui a donné sens à ce monde de souffrances.

Je veux chanter ce chant, moi aussi,
même si ma voix est faible et parfois tremblante,
afin que d'autres puissent le chanter
et qu'ensemble nous puissions
faire entendre au monde un chant d'espoir.
Là où sont la tristesse et le désespoir,
qu'il y ait la joie.

1

Le Verbe s'est fait chair
pour nous ouvrir à l'amour

Jean 1, 1-18

Au commencement
avant toutes choses
était la communion :
communion entre Dieu
et le « Logos »
— la « Parole ».

À un moment dans le temps,
le « Logos »
s'est fait chair
et il est entré dans l'histoire.
Il est venu pour nous faire
entrer dans cette communion
qui est la vie même de Dieu.

L'évangile de Jean s'ouvre
	sur une extraordinaire vision poétique, mystique,
	de la libération de l'humanité.
Cette vision résume l'histoire du salut
et contient en germe tout cet évangile.
C'est le « prologue ».
Il est centré sur le mot grec *Logos*,
habituellement traduit par « le Verbe » ou parfois « la Parole ».
Ces traductions ne sont pas fausses,
mais le mot *Logos* a un sens beaucoup plus large :
il ne désigne pas seulement la parole dite,
ni l'idée qui sous-tend la parole,
mais également *la vision, le projet* et *la sagesse* qui l'inspirent.
Il désigne la Parole créatrice.
De fait, « Sagesse » et « Parole » sont deux mots
qui décrivent l'activité divine.

Avant de lire le prologue de cet évangile,
regardons un texte du livre des Proverbes
écrit quelques siècles avant la naissance de Jésus,
qui nous parle de la sagesse de Dieu au cœur de la création :

> *Le Seigneur m'a créée [la Sagesse], prémices de son œuvre [...]*
> *Dès l'éternité, je fus établie,*
> *dès le principe, avant l'origine de la terre.*
> *Quand les abîmes n'étaient pas, je fus enfantée [...]*
> *Avant que fussent implantées les montagnes,*
> *avant les collines, je fus enfantée [...]*
> *Quand il affermit les cieux, j'étais là [...]*
> *Quand il traça les fondements de la terre,*
> *j'étais à ses côtés, comme le maître d'œuvre,*
> *je faisais ses délices, jour après jour,*
> *me réjouissant sans cesse en sa présence [...] (Pr 8, 22-30)*

En écrivant son magnifique prologue,
l'auteur de l'évangile de Jean a certainement contemplé cette sagesse.
Voici une traduction libre de cet hymne à la sagesse de Dieu :

Avant toutes choses
le Verbe était,
et le Verbe (ou la Sagesse) était avec Dieu
(ou tourné vers Dieu,
présent à Dieu).
Le Verbe était Dieu.
Avant toutes choses, il était en communion avec Dieu.
Tout fut par lui
et sans lui rien ne fut.
En lui était la vie,
et la vie était la lumière des hommes.
La lumière a brillé dans les ténèbres
et les ténèbres ne l'ont pas arrêtée. (v. 1-5)

La lumière qui était Dieu était dans le monde,
parce que tout fut par la lumière du Verbe;
elle était cachée et pourtant révélée dans toute la création.
Mais les gens n'ont pas accueilli cette lumière ni cette sagesse.

Il est venu chez les siens à travers les prophètes et les sages,
mais ils ne l'ont pas accueilli non plus.
Tous ceux qui ont accueilli la lumière qui était Dieu
caché dans la conscience de chaque personne,
sont devenus enfants de Dieu, enfants de la lumière.

Même si le monde était rempli de violence, englouti dans les ténèbres,
le Dieu de la lumière et de la création était avec son peuple
qui se multipliait et se dispersait à travers le monde.
Dieu a révélé sa Parole et sa Sagesse aux sages, aux prophètes,
au cours des siècles et à travers le monde,
leur montrant comment vivre selon ses desseins.

Socrate, un sage de la Grèce antique,
disait qu'il aurait préféré mourir mille morts
plutôt que de désobéir à Dieu,
qui s'était révélé à lui dans la lumière de sa conscience
et sa soif de vérité.
Mais les gens n'ont pas écouté les prophètes.

Le Verbe de Dieu est venu chez les siens
mais les siens ne l'ont pas reçu. (v. 11)

Alors, à un moment dans le temps et l'espace,

le Verbe est devenu chair
et il a demeuré parmi nous. (Jn 1, 14)

Voilà le cœur de l'Évangile,
le centre de l'histoire.
Dieu, l'Éternel, Créateur du ciel et de la terre,
est devenu l'un de nous, être humain vulnérable et mortel.
Il est venu comme un petit enfant qui a besoin d'une mère ;
il a été conçu dans sa chair,
nourri de son sein.
Il a eu besoin de son amour, de l'amour et de la présence de Joseph
pour pouvoir se développer dans son humanité.
« Il a demeuré parmi nous »
peut se traduire par « il a planté sa tente parmi nous ».
Il est devenu un pèlerin et un frère,
un compagnon de route.
Il s'est inscrit dans notre histoire
pour nous révéler un chemin vers Dieu
et vers la paix universelle.

Le « disciple bien-aimé », auteur de cet évangile, ajoute :

Nous avons vu de nos yeux sa gloire,
gloire du fils unique du Père,
plein d'amour et de vérité. (v. 14)

Oui, les disciples ont reconnu que Dieu n'est plus cet être lointain,
à l'écart de notre monde ;
ils l'ont vu de leurs yeux et ont reçu de lui en abondance.

De la plénitude de vie et d'amour qui l'habite
nous avons reçu grâce sur grâce.
La Loi fut donnée par l'entremise de Moïse,
l'amour et la vérité sont venues par Jésus, le Messie.

Personne n'a jamais vu Dieu;
le Fils unique qui est dans le sein du Père,
lui, l'a fait connaître. (v. 16-18)

Ou comme le traduit Luc Devillers, o.p.,
professeur à l'École biblique de Jérusalem :

Le Fils unique de Dieu,
qui est venu nous introduire dans le sein du Père.

Ce qui apparaît clairement dans le mouvement
de ce prologue admirable
c'est que Dieu est communion, unité, amour et lumière,
et que de cette communion jaillit toute la création.
Ce mouvement trouve son accomplissement
lorsque le Verbe devient chair
pour nous introduire dans une communion nouvelle avec Dieu,
afin que nous devenions un avec lui.

Arrêtons-nous ici un instant.
Jésus se révèle dans le prologue comme le Fils unique du Père,
qui seul peut témoigner de qui est Dieu
parce qu'il le connaît intimement,
il l'a vu,
il est en lui.
Lui seul nous montre le chemin de la communion avec Dieu.

Nous butons peut-être sur les mots
lorsque nous parlons de Dieu comme « Père ».
Les mots sont si limités.
Comment avec des mots limités décrire l'Infini?
Pour nous, un « père » est un homme.
Mais Dieu est-il masculin? Bien sûr que non!
Dieu est Dieu, Créateur du ciel et de la terre.
Il a créé les êtres humains; homme et femme, il les créa.
Dieu transcende toute notion de féminin ou de masculin.
Il n'est ni l'un ni l'autre.

Dieu est la source de toute vie
et de tout ce qui est masculin et féminin.
Mais, au cours des siècles, le pouvoir masculin
a assimilé Dieu à la virilité et tenté d'inférioriser les femmes,
comme si elles étaient incapables d'une relation avec Dieu.
Chacun de nous, à sa façon, peut utiliser ou manipuler la religion
pour exercer un pouvoir et rabaisser les autres.

Mais si Jésus parle de Dieu comme « Père »,
c'est parce que Dieu est la source de toute vie
et que le Fils jaillit de Dieu.
Dieu est la Source de la Parole ou de la Sagesse,
jaillie de Dieu, née de Dieu.
Aussi quand Jésus parle de son « Père »,
il parle de l'infinie Source de Vie, Dieu,
d'où jaillit son être et sa personne.
C'est pourquoi Jean parle du sein (en grec *kolpos*),
ou de l'intimité du Père
dans laquelle Jésus vit et demeure.
Le Père est la Source de Vie d'où jaillit le Fils,
et à travers le Fils, toute la vie et toute la création.
Par le Fils, nous sommes attirés en Dieu
et devenons enfants de Dieu.

Les origines de Jésus

Les chefs religieux de l'époque s'interrogeaient
sur les origines de Jésus : d'où venait-il, qui étaient ses parents.
L'évangile de Jean commence par nous faire contempler
l'origine de toutes choses.
Alors que d'autres évangiles parlent davantage
des origines humaines de Jésus,
Jean parle de son *origine divine* :

> *Avant toutes choses était le Verbe.*

Jésus vient de Dieu et va vers Dieu.

Mais Jésus a également des *origines très humaines.*
Il était Juif, d'une mère juive ; son éducation fut juive.
Il allait à la synagogue.
Les jours de fête, il se rendait au Temple à Jérusalem pour prier Dieu.
Les Juifs sont imprégnés de l'Écriture ;
leur culture et leur mode de vie sont façonnés par leur histoire,
depuis Abraham, Moïse et les prophètes.
Ils aiment raconter leur histoire, comment Dieu veille sur eux,
les aime et les guide, dans la joie comme dans la souffrance
— car c'est un peuple qui a subi l'oppression
au cours de nombreuses invasions.
Il est avec eux jusque dans leurs infidélités.

Pour comprendre l'évangile de Jean,
il nous faut revenir à l'histoire du peuple hébreu
dans laquelle il s'enracine.
Abraham est notre père dans la foi.
Jésus cite souvent les paroles de Moïse et des prophètes.
Pour que cet évangile s'enracine en nous,
il nous faut revendiquer et aimer cet héritage.
On accède à une maturité plus grande
en découvrant la liberté d'être soi-même,
en s'appropriant, en acceptant et en aimant son histoire personnelle,
avec ses failles et sa beauté.
De même, les chrétiens atteignent une maturité plus grande en Jésus
lorsqu'ils s'approprient, acceptent et aiment leur héritage,
honorant ce qui fait sa grandeur et pardonnant ses défaillances.
Cet héritage est leurs racines juives ;
c'est aussi l'histoire du christianisme et de l'Église,
toujours en évolution,
avec ses failles et ses beautés.

L'évangile de Jean relate comment le Verbe est devenu chair,
né juif, immergé dans la culture juive ;
comment il nous conduit
de derrière nos murs de peur et d'indifférence
vers une unité et une paix nouvelles
grâce à une relation avec lui.

2

Jean le Baptiseur nous prépare à rencontrer Jésus

Jean 1, 19-34

Le prologue de cet évangile nous apprend que le Verbe s'est fait chair pour nous faire entrer dans la communion avec Dieu.

Jean le Baptiseur fut envoyé pour préparer les gens à accueillir le Verbe fait chair, et pour le désigner comme l'Agneau de Dieu.

Nous aussi nous avons besoin de nous préparer à rencontrer Jésus l'Agneau de Dieu.

Jean le Baptiseur

Après le prologue, l'évangile s'ouvre sur un homme appelé Jean. Il est venu préparer le chemin pour Jésus en baptisant dans le Jourdain près de Jérusalem.
Il versait de l'eau sur chacun en signe de purification
et invitait les gens à se repentir
de tout ce qui était en eux corruption, violence et mal.
Pour le distinguer du Jean qui a écrit cet évangile,
on l'a appelé « Jean le Baptiste ».
J'aime l'appeler « Jean le Baptiseur »
parce que c'est ce qu'il a fait.

Pour comprendre la mission de Jean,
il faut nous rappeler que le peuple d'Israël était un peuple humilié.
Depuis des siècles, il avait été sous la domination de conquérants :
les Assyriens, les Babyloniens, les Grecs, puis les Romains.
Les Romains avaient étendu leur empire
jusqu'aux confins du monde connu.
Ils avaient le pouvoir, la technologie, les armées;
ils se sentaient investis d'une mission :
imposer la paix par leur pouvoir et leur domination.
Ils étaient orgueilleux et méprisaient
ce petit peuple apparemment superstitieux.
À leurs yeux, leur empereur, César, était un dieu.

Mais les Juifs croyaient en Dieu, unique Créateur du ciel et de la terre,
le Dieu d'Abraham, d'Isaac et de Jacob,
le Dieu qui les avait choisis, qui les aimait,
le Dieu qui les avait fait sortir d'Égypte, de l'esclavage vers la liberté.
Ils attendaient un prophète,
et plus encore le Messie, l'« Oint » de Dieu,
qui viendrait les libérer
et leur redonner la dignité et la liberté.

Certains attendaient un Messie fort et victorieux envoyé par Dieu
pour faire l'unité de son peuple et chasser les Romains.

Il révèlerait la puissance éclatante de leur Dieu,
le Saint, le Fort, le Tout-Puissant.

À Jérusalem, Jean le Baptiseur suscite l'émoi.
Les gens se demandent s'il est le Messie.
Les autorités religieuses envoient une délégation
de prêtres et de lévites
pour savoir qui il est.
Il ne se cache pas, et l'évangile insiste :

> *Il confessa, il ne nia pas, il confessa : « Je ne suis pas le Messie. » (v. 20)*

Les prêtres et les lévites veulent alors savoir pourquoi il baptise
et au nom de quelle autorité il le fait.
Ils doivent rendre compte aux autorités qui les ont envoyés.
Le Baptiseur répond d'une façon ambiguë,
en citant ces paroles du prophète Isaïe :

> *Je suis la voix de celui qui crie dans le désert :*
> *Rendez droit le chemin du Seigneur. (Is 40, 3)*

Comme le montre la suite de ce texte,
Jean n'est qu'une voix, une voix qui annonce que Dieu vient !

> *« Voici votre Dieu ! »*
> *Il fera paître son troupeau comme un berger.*
> *Il rassemblera les agneaux dans ses bras.*
> *Il les portera sur son cœur*
> *et conduira doucement les brebis mères. (Is 40, 9-11)*

Il vient, « celui qui doit venir » !
Il vient comme un berger plein de douceur et de compassion.

La mission de tous les prophètes hébreux avait été
d'éveiller les gens à la venue du Messie,
de préparer leurs cœurs à le recevoir,
de les appeler à rester fidèles à Dieu et à ses commandements,
à ne jamais adorer des idoles
et à prendre soin du faible et du pauvre.

Jean était le dernier des grands prophètes hébreux.
Sa mission, reçue de Dieu, était de préparer le chemin
pour la venue imminente du Seigneur,
d'annoncer Jésus en disant : « Le voici, c'est lui! »
Cette préparation avait commencé avec Abraham
et s'était poursuivie avec les prophètes.
Toute la grandeur de la foi juive réside
dans cette préparation pour accueillir le Messie,
comme Abraham fut aussi, par son fils Ismaël, précurseur de l'islam.
Comme disciples de Jésus, nous sommes redevables
à nos ancêtres juifs de leur familiarité avec Dieu;
ils nous ont appris à connaître le Dieu unique.

Mais pourquoi le Verbe fait chair
a-t-il eu besoin de quelqu'un pour lui préparer le chemin?
N'était-ce pas parce qu'il ne voulait pas apparaître
comme quelqu'un de puissant
inspirant le respect et la crainte?
Il n'est pas venu dans la puissance et la gloire,
mais comme un agneau, dans l'humilité et la douceur.
Jean le Baptiseur, lui, était un personnage.
Il attirait les gens par l'austérité de sa vie de prophète dans le désert :

> *Jean avait son vêtement fait de poils de chameau*
> *et un pagne de peau autour de ses reins. (Mt 3, 4)*

Il criait et provoquait les gens comme les autres prophètes hébreux.

En Jésus, rien de spectaculaire. Il vivait simplement,
non dans le désert, mais dans un petit village, parmi des gens ordinaires.
Il aimait être avec les pauvres, les malades,
ceux qui se sentaient rejetés et exclus par la société.
Il devenait leur ami.
Il allait à la synagogue, prenait part aux fêtes, aux mariages.
Il buvait du vin et mangeait comme tout le monde.
Jésus, apparemment si ordinaire, si simple, si humble,
avait besoin d'un Jean le Baptiseur

pour lui préparer le chemin,
pour réveiller l'espérance, ouvrir le cœur des gens
et annoncer sa venue.
Jésus va nous introduire à une réalité nouvelle
vécue dans l'ordinaire de la vie et les ténèbres du monde :
une relation simple et aimante avec Dieu.
Celle-ci nous libérera de la peur, de la haine et de la violence,
et nous rendra libres d'aimer,
en particulier ceux qui sont faibles et souffrants.

La venue de Jésus fut préparée non seulement par Jean le Baptiseur,
mais également par sa mère.
Pour prendre chair, il a eu besoin d'une femme,
Marie, épouse de Joseph.
Le Verbe n'est pas apparu dans le ciel comme un surhomme.
Le Verbe s'est fait chair, a été conçu par l'Esprit Saint
comme un tout petit être
encore invisible, à peine formé,
avec toutes ses capacités de développement.
Il est né d'une femme
avec laquelle il a vécu en profonde communion.
Il a eu besoin de sa présence, de son amour,
de sa chaleur, du lait de ses seins.
Il s'est incarné dans l'histoire de la race humaine.
Le Verbe fait chair a eu besoin de cette double préparation,
l'une *cachée,* l'autre *visible.*

Jean le Baptiseur : un témoin de Dieu

Une des caractéristiques de l'évangile de Jean
est la façon dont il met l'accent sur l'importance du témoignage,
de ce qui a été expérimenté, vu et entendu.
Dans le prologue, nous lisons :

> *Il y eut un homme envoyé de Dieu. Son nom était Jean.*
> *Il vint pour témoigner, pour rendre témoignage à la lumière,*

afin que tous croient grâce à ce qu'il disait.
Il n'était pas la lumière
mais il avait à rendre témoignage à la lumière. (Jn 1, 6-8)

Jean le Baptiseur pouvait rendre témoignage à Jésus
parce que Dieu avait parlé à son cœur
pour lui révéler sa mission :

> *« Moi, je ne le connaissais pas,*
> *mais celui qui m'a envoyé baptiser dans l'eau m'avait dit :*
> *"Celui sur qui tu verras l'Esprit descendre,*
> *tel une colombe venant du ciel,*
> *et demeurer sur lui,*
> *c'est lui qui baptise dans l'Esprit Saint."*
> *Et moi j'ai vu et je témoigne*
> *que celui-ci est l'Élu de Dieu. » (Jn 1, 33-34)*

Jean le Baptiseur, comme le disciple bien-aimé,
les premiers disciples
et tous les disciples de Jésus à travers les âges
sont appelés à être des témoins et à montrer Jésus en disant :
« Voici l'Élu de Dieu »,
celui qui guérit nos cœurs brisés,
nous donne la paix
et nous conduit à la vérité.
Les témoins de Jésus n'annoncent pas
des idéologies ou des doctrines.
Ils ne cherchent pas des disciples pour leur propre gloire,
ils cherchent à conduire les gens à Jésus.
Ils ne les manipulent pas,
ne leur imposent pas leurs idées ou leur mode de vie.
Ils croient à l'attrait irrésistible de la vérité
et à la *liberté* des gens de l'accueillir.
Ils disent ce qu'ils ont vécu, expérimenté, vu et entendu
dans leur cœur.
Ils n'ont pas peur de parler clair, vrai, courageusement,
même en face d'oppositions ou de railleries.

Ils racontent leur histoire.
Ils racontent comment Jésus change leurs cœurs de pierre
en cœurs de chair,
comment il les fait pénétrer dans l'amour universel et la compassion,
renversant les barrières de la culture, de la peur et du péché
qui les enferment en eux-mêmes.
Ils affirment que Jésus leur donne une liberté intérieure,
une paix et une joie nouvelles.
Les hommes et les femmes
dont la foi vivante témoigne de la présence de Dieu
ravivent l'espérance. Car ils témoignent plus par leur vie,
leur compassion et le dynamisme de leur amour
que par leurs idées ou leurs paroles.
Jésus disait qu'on reconnaîtrait ses disciples
à l'amour qu'ils auraient les uns pour les autres (*Jn* 13, 35).

Durant la guerre au Kosovo, il y a quelques années,
alors que l'armée serbe avançait dans le pays,
un prêtre orthodoxe a protégé et caché des Kosovars en danger.
Plus tard, lorsque le vent eut tourné
et que les Serbes furent obligés de se retirer,
certains Kosovars cherchèrent à prendre leur revanche.
Ce prêtre a alors protégé et caché des Serbes en danger.
Il se tenait sur une ligne ténue, dangereuse,
entre deux peuples en conflit et apeurés.
Il témoignait de l'amour de Jésus, le Dieu de la paix,
qui pleure de voir les hommes s'entretuer.
Il témoignait de l'amour de Dieu pour tout être humain.

Un humble témoin

Jean le Baptiseur était un humble témoin.
S'il attirait des gens de Jérusalem et de la Judée,
ce n'était pas pour satisfaire son « ego » spirituel
mais pour amener les gens à Jésus.
C'est Jésus qui importait.

Celui qui vient derrière moi, le voici passé devant moi,
parce qu'avant moi il était. (Jn 1, 15)

Je ne suis pas digne de dénouer la courroie de ses sandales. (v. 27)

Plus tard, il parlera de Jésus comme de « l'époux »,
lui n'étant que « l'ami de l'époux » :

Il faut que lui grandisse
et que moi je diminue. (Jn 3, 30)

Quelle beauté en cet homme! Quelle transparence! Quelle humilité!
Si nous pouvions lui ressembler,
ne pas présumer de notre pouvoir spirituel,
mais nous tourner vers Jésus
qui nous attire vers un amour plus profond.
Un témoin ne peut être témoin que s'il est humble.

Dans les communautés de l'Arche et de Foi et Lumière,
nous sommes appelés à témoigner d'une façon spéciale
du don des personnes ayant un handicap,
si souvent méprisées, exclues, considérées comme insignifiantes.
Nous voyons leur valeur et leur beauté
et pouvons témoigner
qu'elles sont non seulement pleinement humaines,
mais aimées de Dieu d'une façon particulière.
Nous voulons être témoins, non seulement par nos paroles,
mais par la vie que nous partageons avec elles.
Les témoins sont là pour dire où trouver
la guérison intérieure et la liberté,
quel est le chemin vers Dieu
et comment Dieu se cache dans l'amour, non dans le pouvoir.

Jésus : l'Agneau

La révélation que Jésus était l'Élu de Dieu
fut manifestée alors que Jean baptisait Jésus.
Grâce à cette expérience, plus tard,
voyant Jésus venir vers lui, il prophétisa :

> *Voici l'agneau de Dieu,*
> *qui enlève le péché du monde. (Jn 1, 29)*

N'est-ce pas étrange que Jean le Baptiseur déclare solennellement
que Jésus est un agneau,
l'Agneau de Dieu,
un petit animal si doux?

D'une certaine façon, le cri de Jean le Baptiseur annonçant :

> *Voici l'Agneau de Dieu*

est comme une mystérieuse réponse
à la question posée par Isaac, le fils bien-aimé d'Abraham.
Dieu avait promis à Abraham qu'il deviendrait
le père d'une multitude de peuples :

> *aussi nombreux que toutes les étoiles du ciel. (Gn 22, 17)*

Pourtant, Dieu lui a demandé de sacrifier son propre fils tant aimé.
Tous deux allèrent dans la montagne, Isaac portant le bois,
Abraham portant le couteau et le feu.
Isaac dit :

> *« Père, voilà le feu et le bois*
> *mais où est l'agneau pour l'holocauste? »*
> *Abraham répondit : « Dieu lui-même pourvoira à l'agneau,*
> *mon fils. » (Gn 22, 7-8)*

La réponse est venue par l'entremise de Jean le Baptiseur :

« Voici l'Agneau de Dieu. »

Pour comprendre la signification profonde de l'agneau
pour le peuple juif,
il faut nous rappeler le livre de l'Exode (cf. *Ex* 11-15) :
le sang de l'agneau avait libéré les Israélites de l'esclavage
et leur avait permis de marcher vers la liberté, la Terre promise.
Durant la fête de la Pâque, les Israélites célébraient cette libération
en mangeant un agneau « rôti au feu ».
Plus tard, le prophète Isaïe a parlé du « serviteur souffrant »
transpercé à cause de nos fautes et qui nous apportait la paix :

Comme l'agneau mené à l'abattoir
il n'ouvrait pas la bouche [...]
Il portait le péché des multitudes
et intercédait pour nos crimes. (Is 53)

Face au pouvoir et aux armées de César,
face à leurs armes redoutables,
se tient un agneau, l'Agneau de Dieu.
Que peut un agneau ?
Cet agneau renversera les murs de la peur et de la violence
qui emprisonnent les peuples en eux-mêmes,
les incitant à rechercher leur propre gloire.
Il libérera en chacun une vie nouvelle de communion avec Dieu,
avec les autres et avec ce qu'il y a de plus profond en eux,
semant des germes de paix universelle.

Dans notre monde aujourd'hui,
quelques prophètes comme Jean le Baptiseur
font des choses spectaculaires.
Ils préparent nos cœurs à recevoir Jésus.
Mais lorsque Jésus vient,
il ne vient pas comme un Dieu puissant, spectaculaire,
mais comme un agneau,

l'Élu de Dieu, le Bien-Aimé.
Il vient très simplement, ouvrant nos cœurs,
souffle de paix, douce clarté, baiser léger.
Il vient dans cette part de notre être qui est notre trésor,
cet espace sacré, caché sous toutes nos peurs, nos murs et nos colères,
pour que nous puissions grandir dans l'esprit d'amour.

Hier comme aujourd'hui, Jean le Baptiseur nous appelle
à être attentifs
à la voix et à la présence discrètes de Jésus,
qui nous invite à lui faire confiance
et à devenir son ami.
Nous sommes appelés à être de doux disciples de l'Agneau,
non des êtres de pouvoir.

Bien que Jean reconnaisse Jésus
comme l'Agneau et l'Élu de Dieu,
il ne le suit pas.
Il continue à baptiser et à attirer des disciples.
Il aurait semblé normal qu'il envoie tous ses disciples vers Jésus.
Mais le fait est que Jean,
le dernier de tous les prophètes de la Bible, inspiré par Dieu,
a continué à remplir sa mission de baptiseur.
N'est-ce pas là un signe de l'importance de la foi juive
et du besoin qu'en a notre monde?

3

Première rencontre avec Jésus

Jean 1, 35-51

Jésus attire quelques personnes

qui commencent à marcher avec lui

sur un chemin de foi et de transformation.

Beaucoup de jeunes aujourd'hui sont à la recherche

de modèles crédibles

qui ouvrent leurs esprits et leurs cœurs

à une vision nouvelle

et leur montrent un chemin de foi

et de transformation.

Que cherchez-vous?

Jean le Baptiseur est avec deux de ses disciples.
Fixant son regard sur Jésus, il dit :

Voici l'Agneau de Dieu! (v. 36)

En entendant cette parole prophétique,
les deux disciples le quittent
pour suivre l'Agneau, « l'Agneau de Dieu ».
Ce n'est pas Jésus qui appelle ces deux hommes à le suivre,
c'est Jean qui les guide vers Jésus,
et à travers Jean,
c'est le Père qui attire les cœurs de ces deux hommes
pour leur faire rencontrer Jésus.
Plus tard, Jésus insistera sur ce point lorsqu'il priera le Père :

J'ai manifesté ton nom à ceux
que tu as tirés du monde pour me les donner.
Ils étaient à toi et tu me les as donnés. (Jn 17, 6)

Le plan de Dieu commence à se dévoiler.
Jésus va rassembler autour de lui un noyau de gens
qui continueront sa mission après son départ.
Jésus ne va prêcher que peu de temps, environ trois ans,
dans un petit pays.
Pourtant, son message est universel et éternel.
L'important pour lui est de former le cœur de quelques disciples
qui iront, simples pèlerins, de par le monde,
pour annoncer et répandre son message d'amour et de pardon.
Ces quelques disciples abattront les barrières
qui séparent les peuples et les cultures,
pour apporter la paix.

Beaucoup de jeunes aujourd'hui,
comme les premiers disciples de Jésus,
sont déçus par nos sociétés d'abondance.
Ils recherchent un idéal, une vision qui donnent sens à leur vie.

Ils cherchent, mais que trouvent-ils?
Un monde où la réussite matérielle est devenue la valeur suprême.
Beaucoup cherchent à sortir de ce monde
de compétition et de rivalités,
d'avidité et de corruption.
Ils sont choqués par la façon dont est traitée notre terre
si belle et fragile;
ils sont déprimés par les conflits armés continuels.
Ils tombent parfois dans la drogue, en quête d'une expérience
qui les fasse échapper pour un moment à notre société sclérosée.
Ils espèrent y trouver un répit à leur désespoir,
oublier la dureté du monde,
et goûter à « l'infini ».
D'autres aspirent à rencontrer des hommes et des femmes
qui vivent selon leurs convictions,
des modèles et des témoins crédibles,
qui les sortent d'un chemin de tristesse et de mort
pour leur ouvrir un chemin d'espoir et de vie
et les conduire à une rencontre vraie avec Dieu.
Ils ont soif de trouver un lieu dans le monde
où, avec d'autres, ils puissent donner et recevoir une vie nouvelle,
lutter pour la justice et pour la paix.

Jésus, l'Agneau, se tourne vers les deux disciples et leur demande :

Que cherchez-vous? (v. 38)

Ce sont les premières paroles de Jésus dans cet évangile.
Ce sont peut-être les premières paroles de Jésus
à chacun de nous.
Jésus ne veut pas nous imposer une doctrine.
Il veut que nous le suivions librement.
Il nous appelle à regarder en nous-mêmes
pour reconnaître nos désirs profonds.
Que voulons-nous vraiment? Que cherchons-nous?
Sommes-nous prêts à croire en nous-mêmes
et à faire des choix clairs?

Par cette question, Jésus entre en relation,
en dialogue avec ces deux hommes.
Peu à peu, il va les initier au mystère de sa sagesse
et leur montrer un chemin de vie.
Il fait de même avec nous.
Tout commence par une rencontre personnelle avec Jésus.

Où demeures-tu?

Les deux hommes, sans doute surpris,
ne sachant pas clairement ce qu'ils veulent, demandent à Jésus :

> *« Rabbi — maître — où demeures-tu? » (v. 38)*

Ils ne veulent pas de théories, ils ne veulent pas apprendre :
ils veulent connaître Jésus,
être avec lui, rester avec lui.
Ils veulent se laisser toucher par sa vie,
tout ce qu'il est et tout ce qu'il a.
Ils veulent devenir ses disciples.

> *« Venez et voyez », dit Jésus.*

Cette parole de Jésus, « venez »,
parcourt tout l'évangile du disciple bien-aimé.
Jésus n'impose ou ne force rien ni personne.
Il *invite* avec douceur chacun de nous à se mettre en marche.
Il dit « viens », viens et vois,
viens et vis une expérience d'amour, de guérison,
et une liberté intérieure nouvelle.
Les deux hommes suivent Jésus,
voient où il vit
et choisissent de *demeurer* auprès de lui.

Ce mot grec *menein*, « rester », « habiter », « demeurer »,
est propre à l'évangile de Jean et à ses épîtres.
Il l'utilise soixante-trois fois!

Nous avons déjà vu ce mot
lorsque Jean le Baptiseur disait avoir vu l'Esprit,
comme une colombe, « *demeurer* » sur Jésus.
Si Jean utilise ce mot pour signifier « rester » dans un certain lieu,
il l'utilise davantage encore
pour signifier une amitié
où nous « demeurons » en l'autre.
Alors, quand l'évangéliste dit :

> *[Les deux disciples] vinrent donc et virent où il demeurait
> et ils demeurèrent auprès de lui ce jour-là (v. 39)*

cela a une signification particulière.
Il parle sûrement du lieu concret, physique, où Jésus habite,
mais il suggère aussi
ce que nous découvrirons par la suite de manière plus explicite,
que *la vraie demeure de Jésus est dans le Père.*
Il demeure en sa présence.

Dans cet évangile, les mots et les événements
ont souvent un sens symbolique.
Par exemple, l'évangéliste indique une heure précise :
il était quatre heures de l'après-midi.
L'auteur veut montrer par là que Jésus est inséré
dans l'espace et le temps,
enraciné dans l'histoire.
C'était sûrement pour lui un moment
et une date qu'il n'oublierait jamais :
le moment où il a rencontré Jésus pour la première fois.

Première rencontre

On nous dit que l'un de ces deux hommes est André,
le frère de Simon-Pierre.
Le second reste anonyme.
C'est peut-être l'auteur lui-même.
Si on ne nous dit pas le nom de ce disciple,
c'est peut-être pour que chacun de nous puisse s'identifier à lui.

Pour suivre Jésus et demeurer en lui,
chacun de nous doit renoncer à rechercher le pouvoir,
la richesse et la réputation
vers lesquels nous pousse notre culture.

Après avoir *demeuré* avec Jésus,
André va trouver son frère Simon pour lui dire :

« *Nous avons trouvé le Messie* » (v. 41)

ce qui veut dire « l'Oint », « le Christ ».
Avant de demeurer avec Jésus,
les deux disciples l'appelaient « Rabbi ».
À présent, André l'appelle « l'Oint »,
celui que Dieu a choisi pour libérer son peuple.

Que s'est-il passé durant ce temps avec Jésus
pour qu'André l'appelle maintenant le « Messie »?
Ont-ils prié ensemble?
Jésus a-t-il parlé de sa vision et de son amour pour son Père?
Comment leur a-t-il révélé qu'il était le Messie?
Cela reste leur secret.
Nous avons tous notre secret,
secret de notre première rencontre avec Dieu,
avec la vérité, avec un autre,
moment d'éternité qui a touché nos cœurs pour les ouvrir à Dieu.
Peut-être que pendant que ces deux hommes
« demeuraient » avec Jésus
ils étaient enveloppés d'une grande paix intérieure.
La présence même de Jésus, sa bonté,
ses paroles empreintes de vérité et d'amour,
ont fait naître en eux une joie profonde, un sentiment de liberté
et leur ont insufflé une espérance et une créativité nouvelles.
En sa présence, ils ont dû ressentir un mélange de révérence
et d'amour qui les a transformés.

J'ai vécu une expérience semblable avec le père Thomas Philippe,
un dominicain, avec lequel j'ai commencé l'Arche.
Lorsque j'ai quitté la marine, en 1950,
je suis allé vivre dans une petite communauté
qu'il avait fondée près de Paris.
Sa présence a changé ma vie
ou plutôt l'a orientée d'une façon nouvelle.
Par sa simple présence, en effet,
le père Thomas semblait communiquer une présence de Dieu
qui me remplissait d'un silence intérieur
et éveillait en moi une vie nouvelle.
Très vite, j'ai su que j'étais appelé à devenir son disciple,
son fils spirituel.
C'est grâce à notre relation
que l'Arche a vu le jour des années plus tard.

Les cinq premiers disciples

André, rempli de respect et d'amour, va trouver son frère Simon
et l'amène à Jésus qui lui dit :

> *Tu es Simon, le fils de Jean;*
> *tu t'appelleras « Céphas » —*
> *ce qui veut dire Pierre. (v. 42)*

Lorsque Dieu donne un nom nouveau,
comme il l'a fait avec Abram, devenu Abraham,
ou Sarai, sa femme, devenue Sara, ou Jacob, devenu Israël,
cela a une signification particulière.
Simon est appelé à être un roc de foi,
le roc sur lequel sera érigée la maison de Dieu.
Dans l'évangile de Matthieu,
Jésus parle d'une maison construite sur le roc
qui ne s'écroule pas
malgré les vents et les pluies torrentielles (*Mt* 7, 24-25).

Une assemblée de croyants a besoin d'un roc de foi,
comme le chante le psalmiste :

> *Ô Seigneur [...] sois pour moi un roc hospitalier,*
> *une forteresse où je trouve le salut,*
> *car tu es mon rocher et ma forteresse. (Ps 71)*

Simon est devenu « Pierre », le « Roc ».
Ce nom représente sa mission, qui deviendra claire par la suite.
De la même manière, lorsque nous vivons
une relation personnelle avec Jésus
et discernons ce que nous sommes appelés à devenir,
une identité nouvelle émerge en nous.

Le lendemain, Jésus part pour la Galilée
avec ses trois nouveaux disciples.
Là, il rencontre Philippe,
qui est originaire de la même ville qu'André et Pierre.
Le nom de la ville est Bethsaïde,
ce qui veut dire la « maison des pêcheurs ».
Il lui dit :

> *« Suis-moi. » (v. 42)*

Philippe va alors trouver Nathanaël et lui dit :

> *« Nous l'avons trouvé celui dont Moïse a écrit*
> *dans la Loi, ainsi que les prophètes.*
> *C'est Jésus, le fils de Joseph, de Nazareth. » (v. 45)*

Philippe et Nathanaël, tous deux de Galilée,
connaissaient sûrement la famille de Jésus à Nazareth,
un village qui n'avait pas particulièrement bonne réputation.
Nathanaël répond cyniquement :

> *« De Nazareth, peut-il sortir quelque chose de bon? » (v. 46)*

Philippe, touché par Jésus,
touché aussi par ses deux amis, Pierre et André,
n'essaie pas de prouver quoi que ce soit,
il dit simplement :

> « *Viens et vois.* »

« Viens et vois par toi-même.
Viens faire l'expérience que j'ai faite. »

Tandis que Nathanaël s'approche de lui, Jésus lui dit :

> « *Voici vraiment un Israélite sans détour.* »
> « *D'où me connais-tu ?* » demande Nathanaël.
> « *Avant que Philippe t'appelât,*
> *quand tu étais sous le figuier, je t'ai vu.* » (v. 48)

Nathanaël est surpris, troublé : comment Jésus a-t-il pu le voir ?
Qu'était-il en train de faire ou de dire à ce moment-là ?
Certainement quelque chose d'important.
Priait-il ? Était-il habité par une soif ardente de voir le Messie ?
Avait-il promis quelque chose à Dieu s'il le rencontrait ?
Quoi qu'il en soit, les paroles de Jésus font jaillir
un cri de foi et de louange de la bouche de Nathanaël :

> « *Rabbi, tu es le Fils de Dieu, le roi d'Israël.* »

Jésus lui répond :

> « *Parce que je t'ai dit :*
> *"Je t'ai vu sous le figuier", tu crois !*
> *Tu verras mieux encore.*
> *Je vous le dis,*
> *vous verrez le ciel ouvert et les anges de Dieu monter*
> *et descendre au-dessus du Fils de l'homme.* » (v. 50-51)

C'est une référence évidente au grand patriarche Jacob, fils d'Isaac, le fils bien-aimé d'Abraham.
Jacob eut un songe :

> *Voilà qu'une échelle était dressée sur la terre*
> *et que son sommet atteignait le ciel,*
> *et les anges de Dieu y montaient et descendaient! (Gn 28, 12-13)*

Lorsque Jacob s'éveilla de son sommeil, il dit :

> *« En vérité, Yahvé est en ce lieu et je ne le savais pas. »*

Il eut peur et ajouta :

> *« Que ce lieu est redoutable!*
> *Ce n'est rien moins qu'une maison de Dieu*
> *et la porte du ciel! » (Gn 28, 17)*

Le cri de l'humanité exprimé par le prophète Isaïe
est devenu réalité :

> *Ah! si tu déchirais les cieux et descendais! (Is 63,19)*

Le Verbe est devenu chair; les cieux se sont ouverts
et Dieu est descendu pour marcher avec nous comme un pèlerin.
Oui, il est le Fils de Dieu, comme s'est écrié Nathanaël,
mais il est aussi humain, vulnérable et mortel.
Il est le Fils de l'homme
venu nous introduire dans une vision nouvelle
pour l'humanité.

Les paroles de Jésus à Nathanaël peuvent nous paraître étranges
au premier abord,
mais elles sont pleines de sens,
faisant écho à Jacob et aux prophètes.
Elles révèlent d'une façon mystérieuse la réalité du Verbe
descendu du ciel, devenu chair,
et qui retournera vers le Père
avec tous ses frères et sœurs en humanité.

Oui, Nathanaël verra des choses plus grandes encore :
la libération finale de l'humanité,
lorsque nous verrons le royaume de l'amour
et que nous y entrerons.
Ce royaume des cieux nous a été ouvert.
Nous en avons découvert l'entrée : Jésus.

Ils sont des amis

Revenons à ces cinq hommes que Jésus a appelés.
D'abord, ils sont amis; ils viennent de la même région.
À travers leur amitié ils s'attirent et s'appellent vers Jésus.
L'amitié est une réalité profondément humaine,
trésor de chaque personne et fondement de la communauté.
Des amis ont une même sensibilité,
ils cherchent ensemble un sens à leur vie.
Être amis, c'est s'entraider,
se soutenir quand l'un ou l'autre est en difficulté,
travailler et lutter ensemble,
aller de l'avant ensemble.
L'amitié est fidélité.
Aristote dit que personne ne voudrait vivre sans amis.
Cicéron dit que l'amitié est comme le soleil
qui nous éclaire et nous réchauffe.
Jésus, le Verbe fait chair, sait l'importance de l'amitié.
Elle est au cœur de son message :
il veut devenir l'ami de chacun
pour que nous devenions amis de Dieu.

Il appelle chacun personnellement à le suivre.
Chacun est unique.
Ce n'est pas un appel collectif.
Jésus ne cherche pas à gagner des voix
à la manière d'un politicien.
Il appelle chaque personne à le suivre et à devenir son disciple.

Qu'ont-ils donc de spécial, ces cinq hommes?
Pourquoi sont-ils si importants au début de cet évangile?
En entrant davantage dans l'évangile de Jean,
nous rencontrerons d'autres disciples,
apparemment plus proches du cœur de Jésus,
et qui le comprennent mieux que ces hommes,
qui se disputaient souvent entre eux,
chacun voulant être le plus important.
Il y a Marthe, Marie et Lazare de Béthanie, par exemple,
et bien sûr Marie et Joseph, la famille de Jésus.
Pourquoi ces cinq hommes sont-ils mentionnés
si tôt dans l'évangile?
Ils sont cinq, mais bientôt ils seront douze.
Ce sont eux que Jésus enverra aux quatre coins du monde,
pour annoncer et révéler sa présence et son amour.
Ils seront les bergers
qui garderont et guideront le troupeau des croyants
et les nourriront de la parole et de la présence de Jésus.

D'autres disciples seront appelés à vivre avec Jésus
en communauté, comme Marie et Joseph,
à vivre les souffrances et les joies de la vie communautaire,
à vivre la communauté comme lieu de prière et d'adoration,
lieu d'accueil et d'hospitalité —
en particulier pour ceux qui sont faibles et dans le besoin —
lieu d'écoute et de partage de la parole de Dieu,
lieu de célébration et d'apprentissage du pardon.
Ces douze auront un rôle particulier
comme serviteurs et bergers de l'Église naissante
et assumeront de ce fait une certaine autorité.
Ils seront appelés à guider, à garder, à nourrir le peuple de Dieu
et à continuer la mission de Jésus dont le message est universel.
Ils ne sont pas nécessairement plus proches de Jésus
du fait de leur mission.
Seul l'un d'entre eux restera avec Jésus à la Croix.
Et c'est Marie de Magdala et non Pierre

qui la première verra Jésus ressuscité.
Tous les disciples de Jésus sont appelés à vivre son message.
Chacun a sa mission spécifique, cachée ou visible;
chacun est appelé à demeurer avec Jésus d'une façon particulière,
selon son appel.

Suivre Jésus

Cet évangile commence avec deux disciples qui suivent Jésus
et se termine sur cette parole de Jésus à Pierre :
« Suis-moi » (*Jn* 21, 19).
Ils sont appelés à se laisser former par lui,
à découvrir petit à petit qui *il* est
et qui *ils* sont.
Ils ne savent pas toujours où Jésus les conduit,
mais ils lui font confiance
et marchent avec lui.
Nous aussi, nous sommes appelés à suivre Jésus,
jour après jour,
sans toujours savoir où il nous conduit,
mais lui faisant confiance, cherchant à devenir son ami.

En grec le mot « *suivre* » ne signifie pas seulement
« *marcher sur les traces* » d'un maître,
mais aussi *l'accompagner, être avec.*
Pour le moment, ces cinq hommes sont appelés
à être disciples de Jésus;
plus tard, Jésus les appellera « amis ».
Les prophètes d'Israël étaient choisis par Dieu
et envoyés sur-le-champ.
Dès le début, leur mission était claire.
Mais pour ces cinq hommes, il n'en est pas ainsi.
Jésus veut d'abord former leurs cœurs et leurs esprits,
pour qu'ils puissent devenir de bons serviteurs et bergers.

Nous connaissons les difficultés et les risques qui guettent
ceux parmi nous qui portent une responsabilité.
Nous pouvons aimer le pouvoir spirituel
et chercher à le préserver pour notre propre gloire.
Nous oublions si facilement la compassion et l'humilité de Jésus.
C'est pourquoi, avant d'envoyer ces hommes,
Jésus veut qu'ils *soient avec* lui,
qu'ils *demeurent en* lui et deviennent ses amis,
afin qu'ils n'annoncent pas tant une théologie, une doctrine,
une vision sociale ou politique
qu'une *personne* : *Jésus*,
une personne qu'ils aiment,
avec laquelle ils ont une relation vivante,
une personne qui transforme leur vie.

Jésus a passé une trentaine d'années
à vivre la bonne nouvelle,
à Nazareth, avec Marie et Joseph,
avant de l'annoncer !
Nous aussi, nous sommes appelés à vivre et à être avec Jésus
avant de parler de lui et de son message.
Comment parler de lui
si nous ne le connaissons pas personnellement ?

L'évangile de la croissance

Dans ce chapitre de l'évangile de Jean,
Jésus rassemble autour de lui un petit groupe d'hommes.
C'est le début de leur chemin avec Jésus.
Il commence dans l'enthousiasme : ils ont trouvé le Messie,
« celui qui doit venir » pour libérer leur peuple.
Leur enthousiasme grandit
à mesure que Jésus accomplit des miracles.
Ils croient de plus en plus en lui.
Il est vraiment le Messie.
Beaucoup d'entre nous vivons cet enthousiasme
lorsque nous commençons à suivre Jésus

dans une communauté, avec des amis.
Nous nous donnons à un idéal.
Nous admirons nos responsables et voulons leur ressembler.
C'est l'enfance de notre itinéraire spirituel.
Par la suite, nous ferons l'expérience de tout ce qui est faible
et insuffisant dans notre communauté,
dans l'Église et en nous-mêmes.
Nous vivrons des conflits et des oppositions.
Nous découvrirons qu'il n'est pas facile de poursuivre
et de servir un idéal.
Il nous faudra lutter pour demeurer vrais et libres,
être serviteurs et bergers, comme Jésus.
Il nous faut grandir, passer de l'enfance
et de l'adolescence spirituelles à la maturité spirituelle,
et découvrir la présence de Dieu dans la dureté de la réalité.
Plus tard, nous connaîtrons la faiblesse physique et parfois l'échec.
Comme Jésus et avec lui, nous serons appelés à entrer
dans une relation nouvelle avec Dieu
durant ces moments de souffrance.
Nous découvrirons l'humilité et la folie
— aux yeux de la sagesse humaine — de Dieu.

Le parcours ne fait que commencer pour les premiers disciples.
Nous sommes nous aussi appelés à nous mettre en route
sur un chemin de foi avec Jésus.

4

Faits pour les noces

Jean 2, 1-12

Par un miracle à Cana,
Jésus révèle que l'amour
est notre destin ultime
et que nous sommes tous
appelés
à l'extraordinaire repas
des noces divines.

Mais pour vivre
cette célébration,
les eaux de notre humanité
doivent être transformées
en vin nouveau, le vin de l'amour divin.

Jésus, l'Agneau de Dieu, amène ses disciples à un repas de noces

La toute première chose que fait l'Agneau de Dieu
dans cet évangile,
c'est de choisir cinq compagnons de Galilée,
là où lui-même vivait, habitait, était connu.
Ces hommes juifs étaient destinés à être envoyés
aux quatre coins du monde
pour annoncer l'amour de Dieu, révélé en Jésus.
Ils n'avaient reçu aucune formation particulière,
mais ils étaient ouverts et de bonne volonté.
Certains, dont la foi et l'espérance avaient été ravivées
par Jean le Baptiseur, attendaient le Messie
qui les libérerait du joug des Romains,
les maîtres du monde.

On aurait pu imaginer que Jésus veuille
donner une formation spirituelle et intellectuelle à ces hommes,
appelés dans l'avenir
à jouer un rôle important.
Il aurait été normal que Jésus prenne du temps avec eux,
partage et prie avec eux,
les emmène dans le désert pour une expérience spirituelle
ou dans une école pour approfondir leur connaissance
de la Torah, des Écritures et des prophètes.
Mais où Jésus les emmène-t-il d'abord?
À une grande fête, à des noces, à Cana de Galilée!
C'est là qu'ils commencent leur chemin dans la foi.
En ce temps-là, les noces duraient environ une semaine.
En araméen, le mot « noces » a les mêmes racines
que le mot « boire »,
signe que c'était un moment de grandes réjouissances.
Les gens venaient de partout pour rencontrer des amis
et des membres de la famille.
Les noces étaient des occasions de grandes retrouvailles
familiales et villageoises.

Les noces sont une merveilleuse réalité humaine.
Les gens se parent de leurs plus beaux vêtements,
ils chantent, dansent,
plaisantent, rient et s'amusent ensemble.
Jésus plonge donc ses disciples dans la plénitude de leur humanité.
Je ne peux pas m'imaginer Jésus restant assis tout seul,
avec un visage sérieux,
parlant tranquillement avec une ou deux personnes,
ou arrivant au dernier moment pour accomplir un miracle!
Au contraire, je le vois prenant part à la fête,
chantant et se réjouissant avec tout le monde,
profondément heureux de célébrer la joie des noces
avec des gens qu'il connaît et qu'il aime.
Il est particulièrement attentif aux plus pauvres, aux plus fragiles,
aux plus isolés parmi les convives.
Jésus est si merveilleusement humain!
Jésus participe pleinement à la fête
parce que les noces sont une célébration de l'amour.
Et il est venu révéler, fortifier et approfondir l'amour.
Pour Jésus, le mariage n'est pas une prison
d'une ennuyeuse fidélité,
mais le signe d'une union sacrée, enveloppée d'amour,
qui permet au couple de grandir dans le pardon, la tendresse,
la bonté et la compassion.
De nos jours, certains couples,
sans être mariés officiellement ou légalement,
sentent cependant que leur union est sacrée.
C'est une alliance d'amour.

Dans ce récit du festin des noces à Cana,
Jésus va faire un miracle : il va changer l'eau en vin.
Certains aujourd'hui peuvent rire d'une telle idée.
Changer de l'eau en vin!
Combien aimeraient avoir Jésus sous la main en permanence
pour changer l'eau en alcool!

Je vous suggère de mettre votre incrédulité de côté
pour un moment
et de ne pas laisser l'aspect « extraordinaire » de la scène
vous empêcher de comprendre
la profondeur de ce qui nous est révélé dans ce récit.

Beaucoup d'entre nous sommes pris dans des vies épuisantes
et avons besoin d'alcool et de distractions
pour oublier la grisaille de l'existence.
L'eau représente le « quotidien »; le vin représente la fête.
Si nous voyons la religion comme quelque chose d'ennuyeux,
nous aurons du mal à imaginer Jésus changeant la morosité en joie.
N'est-ce pas le miracle que nous attendons tous?
Derrière cet événement de Cana, Jésus nous propose,
sous forme symbolique, une transformation :
le devoir fastidieux devient une manifestation d'amour.

Ils n'ont plus de vin

Au beau milieu des festivités,
survient un moment de crise et de panique.
Il n'y a plus de vin!
Quelle humiliation pour les deux familles des mariés
— probablement des pauvres —
de ne pas pouvoir offrir suffisamment de vin!
Il semble que la mère de Jésus participe au mariage
plus comme aide que comme invitée.
Elle joue un rôle important dans cette histoire;
son nom revient trois fois.
Lorsqu'elle s'aperçoit de l'humiliation des mariés
et de leurs familles,
émue de compassion, elle va trouver Jésus et lui dit :

> « *Ils n'ont plus de vin.* »

Jésus saisit immédiatement ce que cela signifie
pour ces gens pauvres
mais ne semble pas prêt à faire quelque chose.

« Femme », dit-il à sa mère, « qu'y a-t-il entre toi et moi? »

ce qui est une façon sémite d'exprimer un refus d'agir.
Et il ajoute :

« Mon heure n'est pas encore venue. » (v. 3-4)

Cet événement est le premier grand événement
de la vie publique de Jésus dans l'évangile de Jean.
Il a une signification profonde.
Marie, intercédant pour les pauvres et les humiliés,
est présente au début de la vie publique de Jésus.
Elle sera présente à la fin, à la croix,
où Jésus, une fois encore, l'appellera *« femme »* en signe de respect.

Son refus apparent
suscite en Marie un geste et des paroles
qui ne semblent pas en tenir compte.
Elle va dire aux serviteurs :

« Tout ce qu'il vous dira, faites-le. » (v. 5)

Elle a toute confiance en Jésus.
Elle connaît son amour des pauvres et des petits.
Elle sait qu'il va faire quelque chose.
Le refus apparent de Jésus à Marie

« Qu'y a-t-il entre toi et moi? »

a donc une signification plus profonde.
Jésus est peut-être en train de dire que le moment est venu pour lui
de partir de Nazareth et de la quitter
pour annoncer son message d'amour à travers Israël.
C'est le commencement d'une nouvelle étape dans la vie de Jésus
comme dans celle de Marie.
Une étape qui le mènera au rejet
et à la mise à mort, à « l'heure » de la croix,
lorsque sera versé son sang, vin nouveau de l'amour divin,
et là encore, Marie sera présente.

L'eau changée en vin

Jésus dit aux serviteurs de remplir d'eau six énormes jarres.
Ces jarres servaient aux rituels de purification
et contenaient chacune 75 ou 100 litres.
Cela a dû prendre du temps, et beaucoup de seaux d'eau.
Puis Jésus leur dit de puiser de l'eau et d'en porter au maître du repas.
Quelle confiance ces serviteurs
— sûrement des gens simples, humbles — avaient en Jésus!
Cela a dû leur sembler insensé
d'apporter de « l'eau » au maître du repas.
Imaginez leur surprise en s'apercevant que c'est du vin!
Jésus se sert de la foi des humbles pour faire des miracles!

> *Lorsque le maître du repas eut goûté l'eau changée en vin,*
> *— et il ne savait pas d'où il venait,*
> *tandis que les serviteurs le savaient, eux qui avaient puisé l'eau —,*
> *il appelle le marié et lui dit :*
> *« Tout le monde sert d'abord le bon vin,*
> *et quand les gens sont ivres, le moins bon.*
> *Toi, tu as gardé le bon vin jusqu'à présent! » (v. 9-10)*

Le vin coule à flots,
des centaines de litres d'un vin excellent!
Et les convives avaient déjà bien bu!
Aujourd'hui, nous serions plus prudents… peut-être!
Mais Dieu fait tout avec surabondance;
il nous aime sans mesure et veut nous combler de vie et de joie.
Dieu ne cesse de nous partager son amour et sa lumière,
élargissant nos cœurs
pour que nous puissions recevoir toujours plus,
infiniment plus…

L'abondance de vin était le signe
que les temps messianiques étaient arrivés.
C'est ce que le prophète Amos avait annoncé :

Voici venir des jours, dit le Seigneur,
où des montagnes et de toutes les collines
coulera du vin doux.
Je rétablirai mon peuple Israël;
ils rebâtiront les villes dévastées et y habiteront,
ils planteront des vignes et en boiront le vin. (Amos 9, 13-14)

Notre destinée ultime : le festin des noces de l'amour

Dans son évangile, Jean veut nous révéler d'une façon particulière
la signification de ce festin de noces,
il nous y amène peu à peu.
L'évangile commence avec Jean le Baptiseur près du Jourdain.
Le lendemain, celui-ci voit Jésus et dit :

« *Voici l'Agneau de Dieu.* » *(v. 20)*

Le lendemain encore, les deux disciples
se mettent à suivre Jésus, l'Agneau (v. 35).
Le lendemain encore, Jésus se rend en Galilée (v. 43).
Quatre jours.
Et au début de ce chapitre, nous lisons :

« *Le troisième jour* ».

Les noces ont donc lieu le septième jour.
« Le troisième jour » est un symbole de la résurrection.
C'est le troisième jour que Jésus est ressuscité des morts.
Ce « troisième jour » annoncé par le prophète Osée :

« *Venez, retournons vers Yahvé.*
Il a déchiré, il nous guérira;
il a frappé, il pansera nos plaies;
après deux jours il nous fera revivre,
le troisième jour il nous relèvera
et nous vivrons en sa présence. » *(Os 6, 1-2)*

Ces six jours qui amènent à la fête des noces
font écho aux six jours de la création.
Le septième jour est le jour de l'accomplissement.

> *Le septième jour, Dieu conclut l'ouvrage qu'il avait fait*
> *et il se reposa le septième jour de tout l'ouvrage qu'il avait fait.*
> *Dieu bénit le septième jour et le sanctifia*
> *car il s'était reposé après tout son ouvrage de création. (Gn 2, 2-3)*

« *Le septième jour* » fait écho au dernier jour
où Dieu sera tout en tous,
où nous ressusciterons devant sa face dans la gloire,
enveloppés dans l'intimité de son amour.
Ce jour sera celui de la révélation des noces de l'Agneau
auxquelles nous sommes tous conviés
et qui sont annoncées dans le dernier livre de la Bible :

> *Alors j'entendis comme le bruit d'une foule immense,*
> *comme le mugissement des grandes eaux*
> *et comme le grondement de violents tonnerres;*
> *on clamait : « Alleluia! Car il a pris possession de son règne,*
> *le Seigneur notre Dieu, le Tout-Puissant.*
> *Soyons dans l'allégresse et dans la joie, rendons gloire à Dieu,*
> *car voici les noces de l'Agneau, et son épouse s'est faite belle » [...]*
> *Puis les anges me dirent : « Écris ceci :*
> *Heureux les invités au festin des noces de l'Agneau. » (Ap 19, 6-9)*

Les derniers mots de la Bible sont :

> *L'Esprit et l'Épouse disent « viens »! [...]*
> *Amen, viens, Seigneur Jésus! (Ap 22, 17-20)*

C'est le cri de l'humanité
qui aspire ardemment à cette plénitude d'amour.
Notre destinée finale,
c'est le festin des noces de l'Agneau de Dieu.
Jean le Baptiseur avait montré Jésus en prophétisant :

« Qui a l'épouse est l'époux;
mais l'ami de l'époux qui se tient là et qui l'entend
est ravi de joie à la voix de l'époux.
Telle est ma joie, et elle est complète. » (Jn 3, 29)

Dans une de ses paraboles, Jésus dit
qu'il en va du Royaume de Dieu comme d'un festin de noces
auquel les invités, des gens « bien » de la société,
refusèrent de venir.
Ils étaient trop pris par leurs multiples occupations (cf. *Mt 22, 2*).
La suite de la parabole,
racontée dans l'évangile de Luc (14, 15),
est riche de sens pour nous à l'Arche et à Foi et Lumière.
Le maître de maison se met en colère.
Il dit à ses serviteurs d'aller sur les chemins et sur les places
et de convier tous les pauvres, les estropiés, les aveugles
les personnes ayant un handicap au banquet de l'amour.
Eux qui sont affamés de relations,
de reconnaissance et de nourriture
répondent en courant à l'invitation!
Comme il est difficile pour ceux qui mettent leurs énergies
dans la réussite humaine
de trouver le temps de répondre à l'amour gratuit.
C'est plus facile pour les pauvres. Ils sont disponibles,
en quête de relations authentiques.

Pourquoi le festin des noces symbolise-t-il le royaume de Dieu?
Au temps de Jésus, le mariage était la célébration d'une union.
Ce l'est encore aujourd'hui dans beaucoup de cultures
et pour beaucoup de gens,
même si pour d'autres le mariage a perdu son sens
et son symbolisme.
Le mariage est un signe de communion
entre un homme et une femme qui se donnent l'un à l'autre,
avec leurs faiblesses et leur vulnérabilité, dans l'humilité.
C'est une promesse de fidélité dans le temps,
jusqu'à la mort, lieu de notre nudité finale.

Ils sont sûrs de leur engagement l'un envers l'autre.
C'est pourquoi la fête des noces est un avant-goût
et un signe de l'éternité,
un signe de l'alliance qui unit Dieu à son peuple.
Dieu n'a-t-il pas créé l'homme et la femme pour être,
à travers leur amour l'un pour l'autre,
image de la Trinité, Père, Fils et Esprit Saint
et pour donner la vie à des enfants?

Si ce désir d'une alliance d'amour existe encore aujourd'hui,
pour beaucoup un doute plane sur la fidélité à long terme.
Est-elle possible?
Les fêtes des noces sont souvent assombries
par la perspective d'un divorce facile.
Quelque chose s'est détraqué; le symbole originel a été détruit.
Dans toutes les cultures, à toutes les époques,
l'égalité que suppose l'amour
s'est heurtée au besoin de l'homme de dominer
et d'utiliser la femme comme un objet;
elle n'a pas toujours été vue comme la bien-aimée.

Jésus est venu pour faire toute chose nouvelle,
pour transformer les cassures de notre humanité
en une unité nouvelle,
comme il a changé l'eau en vin.
S'il commence par amener ses disciples à un festin de noces,
ce n'est pas seulement pour souligner la force et la beauté
du lien qui unit l'homme et la femme
et qui se traduit dans l'union de leurs corps,
c'est aussi pour révéler à ses disciples et à chacun d'entre nous
notre soif la plus profonde :
notre désir et notre besoin d'aimer et d'être aimés.

Le besoin d'être aimé

C'est notre aspiration la plus profonde,
souvent cachée dans notre inconscient,
plus profonde même que notre besoin d'efficacité
ou notre désir d'absolu.
Aristote dit que lorsque les gens ne se sentent pas aimés,
ils cherchent à être admirés.

Notre soif d'aimer et d'être aimés peut être détournée
et pervertie par un monde de fantasmes et d'images.
Nous sommes tous plus ou moins blessés dans nos affections
et notre capacité de relation.
Nous rêvons d'une union d'amour,
mais nous avons peur de l'engagement et même de la relation.
Nos désirs sexuels peuvent être coupés
d'une relation qui nous engage.
C'est comme si l'angoisse était au cœur de notre sexualité,
une sexualité qui semble s'être vidée de son sens
et qui peut devenir un jeu
où chacun est perdant.

Bien des gens, certes, vivent un amour vrai, gratifiant,
mais nombreux sont ceux qui sont frustrés sur le plan affectif.
Certains ont connu des relations difficiles, des ruptures,
des mariages qui se sont terminés par un divorce.
Certains semblent incapables
de trouver le bon partenaire de leur vie.
Pour d'autres, les relations sexuelles sont une quête continuelle
d'un bonheur qu'ils semblent incapables d'atteindre,
parce qu'ils ont peur de l'engagement,
peur de relations vraies et libératrices.
Bien souvent, les personnes ayant un handicap ne peuvent vivre
une relation profonde, intime, fidèle, dans le mariage.
Tant de gens sont enfermés dans une terrible solitude,
le sentiment de ne pas être aimables.
Ils sont en proie à l'angoisse
et se sentent coupables d'exister.

Un chemin d'espérance

En amenant ses disciples au festin des noces,
Jésus éveille notre espérance.
Il nous convie tous à cette célébration ultime de l'amour.
Notre besoin d'aimer n'est pas une mystification,
éveillant en nous le désir d'un amour
inaccessible, infini, éternel,
vite écrasé par nos limites et nos failles humaines.
On ne nous a pas trompés : l'amour est possible.
En changeant l'eau en vin, Jésus nous révèle qu'il veut transformer
l'« eau » de notre humanité en un vin qui réjouit le cœur
— et ce, dès maintenant!
Pour le faire, Jésus a besoin de notre aide,
comme il a eu besoin de la foi, de la confiance
et de l'effort de ces serviteurs
qui ont rempli d'eau à ras bord les six jarres.
Il a besoin de notre confiance et de notre foi.
Il a besoin de nous pour travailler à cette transformation intérieure
et vivre pleinement notre humanité.
L'« éternelle » fête des noces à laquelle Jésus nous convie
n'est pas seulement la félicité que nous connaîtrons après la mort;
l'éternelle fête des noces peut commencer aujourd'hui
si nous entrons
dans une relation personnelle de confiance et d'amitié avec Jésus.
Cette relation peut progressivement s'intensifier et s'approfondir.
C'est le cantique des cantiques
où nous découvrons que nous sommes les bien-aimés de Jésus.
Il est notre bien-aimé.

Célébrons la vie

Si cet évangile commence avec une grande fête,
très belle et très humaine,
avec des chansons, des rires et du vin,
n'est-ce pas aussi pour nous rappeler
l'importance des repas et des fêtes dans nos vies?

La religion n'est pas uniquement une affaire « sérieuse »,
faire le bien, connaître la doctrine,
accomplir son devoir, se garder de la convoitise.
Le cœur de la religion de Jésus, c'est la relation, la fête
et la communion dans la joie de l'amour.
Nous sommes faits pour la fête.
L'Eucharistie n'est-elle pas le lieu de cette fête,
de cette communion et de cette unité?

Le « quotidien » peut souvent devenir lourd
et se réduire à une suite de corvées à faire.
Mais il y a aussi les repas, les loisirs, les moments de détente
où nous nous réunissons
non pour *faire* ou *produire* des choses
mais pour *être* ensemble, pour célébrer notre amitié.
De nos jours,
beaucoup d'entre nous ont l'expérience de « soirées »
bien arrosées, qui peuvent
nous faire oublier ce qu'est une vraie fête.
Une fête est un moment de joie parfaite,
un moment profondément humain
où nous rendons grâce à Dieu de nous avoir arrachés
à l'angoisse de la solitude et de l'isolement
et de nous avoir unis en communauté, dans des amitiés fidèles.
Nous célébrons les liens qui nous unissent.
Nous révélons les uns aux autres notre valeur,
en particulier à ceux qui sont plus faibles, plus fragiles
du fait de leur âge, d'une maladie ou d'un handicap.
Le dimanche, jour de repos, est un jour de fête
et d'approfondissement des relations.
L'année est ponctuée de fêtes :
anniversaires, Noël, Pâques, naissances et même morts.
Nous sommes appelés à vivre ces jours de fête
comme des moments où le Dieu d'amour et de joie
est avec nous, nous appelant à raviver notre espérance

en la célébration finale à venir.
Nous sommes tous faits pour le bonheur et la plénitude de la joie.

Laissez-moi vous raconter une histoire
qui illustre un de ces moments de fête.
Une communauté de l'Arche a été fondée au Kerala (Inde)
il y a vingt-cinq ans.
Ramesh, un jeune Hindou
ayant des difficultés intellectuelles et psychologiques,
fut l'un des premiers à y être accueilli.
Récemment, il est allé passer quelques jours chez son frère.
En repartant, il lui a dit, ainsi qu'aux voisins et amis :
« Aujourd'hui, c'est le jour de mes noces. Venez! »
Les gens l'ont regardé en souriant.
Il a pris le bus et en rentrant dans la communauté,
il a dit au responsable : « Aujourd'hui, c'est le jour de mes noces! »
Il est allé un moment à l'atelier, mais il se sentait un peu fatigué.
Il est allé s'allonger dans sa chambre,
où il est mort d'une crise cardiaque.
« Aujourd'hui, c'est le jour de mes noces! » disait-il.
Et il avait raison!

5

Notre monde n'est-il qu'un vaste marché?

Jean 2, 13-22

Jésus nous révèle

que son corps

est la demeure de Dieu,

où nous trouvons la vie.

Bien souvent,

nous cherchons la vie

dans l'avoir,

dans les possessions,

et oublions

que nous sommes, nous aussi,

la demeure de Dieu.

Dans la maison de son Père

En arrivant à Jérusalem, Jésus se rend d'abord au Temple,
la « maison de son Père ».
Pour les Juifs, le Temple est le signe de la présence de Dieu,
la « demeure » de Dieu au milieu d'eux.

Mais dans le Temple, que trouve-t-il?

> *Des vendeurs de bœufs, de brebis et de colombes*
> *et des changeurs assis à leurs tables.*

Les gens avaient fait de la maison de son Père
une maison de commerce!
Jésus entra dans une grande colère :

> *Se faisant un fouet de cordes, il les chassa tous du Temple*
> *avec les brebis et les bœufs.*
> *Il répandit la monnaie des changeurs*
> *et renversa leurs tables. (Jn 2, 14.16)*

Jésus accomplissait la prophétie de Malachie :

> *Voici que je vais envoyer mon messager préparer le chemin devant moi,*
> *et le Seigneur que vous cherchez*
> *entrera soudain dans son sanctuaire [...]*
> *Il purifiera les fils de Lévi et les affinera comme or et argent,*
> *jusqu'à ce qu'ils présentent des offrandes justes au Seigneur.*
> *(Ml 3, 1-3)*

Au lieu de louer Dieu, les gens faisaient de l'argent une idole.
Ils vendaient des animaux pour le sacrifice à un prix exagéré.
Les changeurs prenaient une commission excessive,
appauvrissant ceux qui étaient déjà pauvres
du fait de la redevance du Temple dont ils devaient s'acquitter
avec l'argent du Temple et non l'argent romain.
La cupidité est au cœur de tant d'injustices dans notre monde.
L'argent procure le pouvoir et le pouvoir enrichit.
Des gens, y compris des enfants, sont utilisés comme esclaves,

exploités par des trafiquants au prix de leur santé et de leur vie.
Les guerres et les conflits ont si souvent pour cause
la recherche immodérée du profit.
L'argent séduit, serait-ce pour « faire le bien »!
Dans l'évangile de Matthieu, Jésus dit que nous ne pouvons pas
servir deux maîtres, Dieu et l'argent :

> *soit nous haïrons l'un et aimerons l'autre,*
> *soit nous nous attacherons à l'un et mépriserons l'autre. (Mt 6, 24)*

Aujourd'hui nous sommes immergés dans une culture de l'argent.
Au lieu d'être utilisé
comme un *moyen* d'aider les gens à vivre
et à accéder aux biens essentiels,
l'argent est devenu une fin en soi.
On a beau parler de commerce équitable
et du « juste » prix des choses,
il reste que le prix des choses est lié à l'offre et à la demande :
plus le bénéfice est important, mieux c'est!

La menace du monde actuel,
avec son économie globale,
n'est pas seulement un capitalisme débridé
mais une commercialisation à outrance.
La publicité et les relations publiques
s'efforcent de former nos cultures,
nos pensées, nos imaginaires et nos vies.
Des images et des clichés séduisants et très étudiés,
qui jouent sur une sexualité exacerbée,
sur la violence et la soif de pouvoir,
sont utilisés pour faire vendre.
Bien des entreprises ont pour mission
de susciter le désir et le besoin de « choses superflues,
d'emploi facile et auxquelles il est difficile de résister ».
Ainsi elles n'essaient plus de vendre
ce qui est bon pour les gens,
pour leur croissance vers plus de maturité et d'humanité.

Elles vendent ce qui leur rapportera le plus d'argent,
ce qui leur procurera le plus de bénéfices,
à elles-mêmes et à leurs actionnaires.
Plus, toujours plus…

De même, les télévisions commerciales,
aux mains de grosses entreprises,
offrent la sécurité et la promesse d'un bonheur instantané.
Les publicitaires sont formés à l'utilisation
de techniques psychologiques
pour créer toujours plus de consommateurs
prêts à dépenser toujours plus d'argent.
Ce n'est pas étonnant qu'il y ait tant de cynisme et de corruption
dans le monde du commerce, de l'industrie et de la politique,
y compris parmi ceux qui sont officiellement chargés
de superviser et de contrôler les comptes des entreprises!

Les centres commerciaux géants,
aussi pratiques soient-ils pour permettre aux gens
de gagner du temps et de payer moins cher certains produits,
les entraînent à acheter plus que nécessaire.
Ils remplacent les églises et les temples
comme lieux de rassemblement.

C'est la cupidité et la consommation effrénée
qui ont conduit à la destruction de nombreuses espèces d'animaux,
d'insectes, d'oiseaux, de poissons, de plantes
nécessaires à notre santé, à l'équilibre climatique délicat
et au bien-être de notre belle planète!

L'argent est devenu partout le pivot des cultures!
Il sert à cultiver un individualisme intense :
« la richesse, tous les signes de la richesse,
maisons, voitures, gadgets,
pour *moi, ma* famille, *mon* groupe! »
Si l'argent était réparti plus équitablement,
si nous cherchions à l'utiliser

pour apporter plus de justice et de paix,
notre monde pourrait devenir meilleur.
Mal utilisé et mal dépensé, il alimente de plus en plus d'injustices,
de conflits et de massacres.

Au début de l'évangile de Jean, nous voyons Jésus célébrer
une réalité très humaine :
un repas de noces, lieu de la célébration de l'amour.
Il nous rappelle maintenant le danger d'adorer l'argent.

Jésus révèle que son corps est le nouveau Temple de Dieu

Il est facile d'imaginer le désordre, les cris,
le brouhaha des animaux,
le tintement des pièces d'argent roulant sur le sol
tandis que Jésus chasse les animaux hors du Temple!
Les changeurs et ceux qui essaient de retenir leurs animaux
hurlent de colère.
C'est un chaos total!
Jésus, un fouet à la main,
rempli de « zèle pour la maison de son Père »,
ne supporte pas de voir ce lieu saint
— où les Juifs étaient appelés à écouter Dieu
et à être fidèles à son alliance d'amour —
transformé en une maison de commerce.

Furieux, marchands et changeurs se précipitent
chez les prêtres du Temple qui veulent savoir
de quel droit Jésus fait un tel scandale.
De quelle autorité Jésus agit-il ainsi?

> *Quel signe nous montres-tu pour agir ainsi?*
> *Jésus répond : « Détruisez ce sanctuaire*
> *et en trois jours je le relèverai! »*
> *« Il a fallu quarante-six ans pour construire ce sanctuaire,*
> *et toi, en trois jours, tu le relèveras? » (v. 18-20)*

lui répondent-ils en se moquant de lui.
Jean nous donne alors une clé pour comprendre Jésus :

mais lui parlait du sanctuaire de son corps (v. 18-21).

Les disciples ne comprendront le sens de ces paroles
qu'après la résurrection,
lorsque le corps de Jésus ressuscitera
le troisième jour après sa mort.
Jésus ne parle plus du caractère sacré du Temple
mais du caractère sacré de son propre corps.

Il révèle quelque chose d'entièrement nouveau.
Le Temple de Jérusalem est et sera toujours un lieu saint.
Mais désormais, c'est le corps de Jésus qui est le nouveau Temple,
le lieu saint où Dieu demeure et où nous pouvons l'adorer.
De son corps brisé et ressuscité jailliront la vie,
l'amour, la guérison des cœurs et le pardon.

Ézéchiel n'avait-il pas annoncé ce nouveau Temple
d'où couleraient en abondance
des eaux qui donnent vie et qui guérissent (cf. *Ez* 47, 9-11)?
Jésus est au centre de la relation de l'humanité à Dieu.
Dieu n'est plus loin, là-haut, dans les cieux,
symbolisés par la magnificence
et la majesté du Temple de Jérusalem.
Dieu a dressé sa tente parmi nous.
Il marche à nos côtés, avec toute la vulnérabilité d'un être humain,
traversant avec nous le désert de la vie.
Ce nouveau sanctuaire n'est pas fait de matériaux précieux,
mais de chair et de sang,
pour permettre une rencontre, une présence aux personnes
et une présence qui deviendra relation,
communion des cœurs,
communauté.

Nos corps sont le Temple de Dieu

Jésus, blessé par la profanation du Temple de Jérusalem,
la « maison de son Père », s'élève aussi
contre la profanation du temple de nos propres corps.

Nous aussi, nous sommes appelés à être la demeure de Dieu.
Plus loin dans l'évangile, Jésus dira que
si nous gardons ses paroles,
son Père et lui viendront faire en nous leur demeure.
Paul dit :

> *Ne savez-vous pas que votre corps est un temple du Saint Esprit,*
> *qui est en vous et que vous avez reçu de Dieu? [...]*
> *Glorifiez donc Dieu dans votre corps. (1 Co 6, 19)*

Etty Hillesum, une jeune juive néerlandaise
qui mourra dans un camp d'extermination nazi,
avait une foi indéfectible en l'être humain
et un sens profond de la présence divine en chacun.
Alors qu'elle était dans le camp de transit de Westerbor
attendant avec d'autres Juifs d'être déportée à Auschwitz,
elle écrivait que son unique désir était d'aider les gens à découvrir
le trésor de leur personne,
chacune appelée à être la « demeure de Dieu » :

> *« Et je te le promets, oui je te le promets, mon Dieu,*
> *je te chercherai un logement*
> *et un toit dans le plus grand nombre de maisons possible.*
> *Il y a tant de maisons inhabitées*
> *où je t'introduirai comme invité d'honneur. »*

Aujourd'hui, nous semblons avoir perdu le sens du rôle
et de la place du corps.
Beaucoup d'entre nous n'avons pas conscience
de l'espace sacré qu'il contient,
ce lieu où nous pouvons réfléchir et contempler,
cet espace d'où peut jaillir l'émerveillement,

lorsque nous regardons les montagnes, le ciel,
les fleurs, les fruits et tout ce qui est beau dans l'univers,
ou que nous contemplons des œuvres d'art.
C'est le lieu de notre être profond,
le lieu de la paix intérieure où Dieu demeure;
le lieu où nous recevons la lumière
et écoutons le murmure de l'Esprit.
C'est le lieu où nous faisons nos choix de vie
et d'où jaillit notre amour pour les autres.

Nos sociétés devenues de plus en plus affairées et bruyantes
peuvent nous faire oublier ce lieu silencieux et sacré en nous.
Il peut être profané,
devenir comme une place de marché, un centre commercial,
envahi de besoins superficiels et de toutes sortes de futilités.
Mais pire encore, nous pouvons profaner le corps des autres.
Nous ne les voyons plus comme une demeure sacrée de Dieu,
nous incitant à un profond respect,
mais comme des objets de désir,
comme des choses qui s'achètent.

Nous traitons notre mère la terre de la même façon.
Cette terre, qui nous est confiée pour que nous l'habitions,
la cultivions et la rendions encore plus belle,
est profanée par la cupidité.
Dans son prologue, Jean nous dit que le Verbe est caché
dans la création.
La création elle aussi est le Temple de Dieu.

La souffrance du cœur de Jésus
lorsqu'il a vu le Temple de Jérusalem
transformé en une maison de commerce
est la même aujourd'hui
lorsqu'il voit des corps et des cœurs
transformés en objets de commerce,
et qui ne sont plus source de vie et d'amour pour d'autres.

Conflit entre le Temple et la Miséricorde

L'histoire du Temple de Jérusalem est à la fois belle et triste.
Les rituels, le culte extérieur, et même les discussions théologiques,
ont, à certains moments, pris le pas sur l'amour de Dieu
et les œuvres de miséricorde;
le Temple a été profané; les sacrifices, vidés de sens.
Le prophète Jérémie a tempêté contre de telles situations :

> *Ne vous fiez pas aux paroles mensongères :*
> *« C'est le Temple du Seigneur,*
> *le Temple du Seigneur, le Temple du Seigneur! »*
> *Mais si vous améliorez réellement vos voies et vos œuvres,*
> *si vous avez un vrai souci du droit, chacun avec son prochain,*
> *si vous n'opprimez pas l'étranger, l'orphelin et la veuve,*
> *si vous ne répandez pas le sang innocent [...]*
> *alors je demeurerai avec vous dans ce lieu. (Jr 7, 4-7)*

Dieu ne supporte pas les rituels vides de sens
qui ne viennent pas du cœur.
C'est pourquoi Isaïe disait au peuple, et nous dit,
que le jeûne et les rituels qui plaisent à Dieu
sont de délier les liens injustes, de libérer les opprimés,
de partager notre pain avec ceux qui ont faim
et d'accueillir chez nous les pauvres sans abri (*Is* 58, 6-7).
Dans l'évangile de Matthieu, Jésus cite le prophète Osée (*Os* 6, 6)
qui proclamait au nom de Dieu :

> *C'est la miséricorde que je désire et non le sacrifice.*

Il en va de même dans l'histoire de la chrétienté,
lorsque les gens vont à l'église le dimanche pour prier Dieu
mais ne partagent pas leur pain ni leur amour
avec ceux qui sont seuls et dans le besoin.

L'Église est le lieu où,
au milieu des exigences de nos vies quotidiennes,
nous pouvons avec d'autres, formant une communauté de croyants,

parvenir à ce lieu de silence, notre sanctuaire intérieur,
pour écouter la parole de Dieu, entendre le murmure de l'Esprit
et accueillir en notre être la présence du Verbe fait chair en Jésus.
En accueillant Jésus, nous devenons un avec lui.
Il nous appelle à nous accueillir les uns les autres
et, ensemble, à révéler au monde la compassion
et la miséricorde de Dieu.

6

Nés de l'Esprit

Jean 3, 1-21

Pour vivre le message de cet évangile,
il nous faut renaître d'en haut,
de l'Esprit Saint.

Nous grandissons alors
dans une relation de confiance avec Jésus
et aimons les autres
comme Dieu les aime.

Ouverts à un amour nouveau

L'évangile de Jean soulève une question pertinente
pour chacun de nous.
Nous avons tous besoin de sécurité
et en même temps, pour vivre pleinement,
nous avons aussi besoin de prendre des risques.
Trop de sécurité nous étouffe,
trop d'insécurité nous fait peur et nous angoisse.
Comment faire des projets pour l'avenir
tout en restant ouverts à l'inattendu?

Tandis que Jésus était à Jérusalem,
Nicodème, un des chefs religieux, un pharisien,
vint le trouver *« de nuit »*.
L'évangéliste précise *« de nuit »* sans doute pour signifier
l'inquiétude de Nicodème
que d'autres chefs religieux aient vent de cette visite.
Certains d'entre eux étaient peut-être déjà irrités
par les activités de Jésus
et les miracles qu'il accomplissait.

Nicodème est sûr de lui. Il *sait*.
C'est un chef, sûr de son pouvoir et de ses certitudes.
Il ressemble aux prêtres et aux lévites
envoyés par les autorités de Jérusalem
pour interroger Jean le Baptiseur.
Nicodème veut se faire une idée sur Jésus.
Il entame la conversation avec respect,
mais comme un homme ayant autorité :

> *« Rabbi, nous savons que tu es un maître*
> *qui vient de la part de Dieu;*
> *personne ne peut faire les miracles que tu fais*
> *si Dieu n'est pas avec lui. (Jn 3, 2)*

Face à ces certitudes, Jésus va amener Nicodème
à une autre façon *d'être et de vivre.*
Il répond d'une façon ambiguë :

> *« En vérité, en vérité, je te le dis, à moins de naître d'en haut,*
> *nul ne peut voir le Royaume de Dieu. » (v. 3)*

En bon sémite, Nicodème répond par une question :

> *« Comment un homme peut-il naître, étant vieux?*
> *Peut-il une seconde fois entrer dans le sein de sa mère et naître? »*
> *(v. 4)*

Jésus reprend :

> *« En vérité, en vérité, je te le dis, à moins de naître d'eau et d'Esprit,*
> *nul ne peut entrer dans le Royaume de Dieu [...] »*

> *« Ne t'étonne pas, si je t'ai dit :*
> *il vous faut naître d'en haut.*
> *Le vent souffle où il veut*
> *et tu entends sa voix,*
> *mais tu ne sais pas d'où il vient*
> *ni où il va.*
> *Ainsi en est-il de quiconque est né de l'Esprit. » (v. 6-8)*

En réponse aux certitudes, aux *« nous savons »* de Nicodème,
Jésus propose une autre voie :
« ne pas savoir »,
naître d'« en haut ».
C'est-à-dire redevenir comme un enfant,
un enfant de Dieu, une personne nouvelle,
à l'écoute de l'Esprit de Dieu et se laissant guider par Lui.

Ce désir de renaître n'est-il pas le nôtre?
Ne souhaitons-nous pas souvent « recommencer à neuf »,
laissant derrière nous les blessures,
les habitudes et les façons de faire du passé,

qui nous emprisonnent dans nos peurs, nos égoïsmes,
nos besoins de réussite,
dans les valeurs de notre société,
et nous empêchent de progresser vers une liberté plus grande?
Le message de Jésus est un message de transformation.

Intuition et raison

Depuis notre enfance, on nous a appris à être autonomes
et à devenir indépendants,
à être compétents et à planifier notre vie,
en la fondant parfois
sur des certitudes morales ou religieuses.
De telles certitudes sont sécurisantes.
On nous encourage à contrôler les choses
et à prendre notre vie en mains;
c'est important et nécessaire.
Mais Jésus montre un chemin nouveau
qui implique le risque, l'insécurité et la vulnérabilité,
qui fait appel à l'intuition et à la confiance plus qu'à la raison.

Un jour, un journaliste m'a demandé comment j'avais su
que je devais quitter la marine pour suivre Jésus,
comment j'avais su que ma vocation
était de vivre avec des personnes handicapées.
Ma réponse l'a surpris. Je lui ai demandé : « Êtes-vous marié? »
Il a semblé embarrassé par ce renversement des rôles
et par ma question.
Pour le mettre à l'aise, je lui ai posé une autre question :
« Pourquoi avez-vous demandé à cette femme-là
de vous épouser? »
Il restait perplexe.
Je lui ai dit : « Il y a des moments dans la vie
où on n'agit pas avec sa raison
mais on sait intuitivement, dans son cœur, ce qu'il faut faire. »

Nous sentons les choses. Elles ne sont pas toujours planifiées.
C'est là qu'intervient l'Esprit
qui nous inspire de dire ou de faire
des choses que nous n'aurions pas prévues.
Paul, dans sa lettre aux Galates, nous donne quelques repères :

> *Laissez-vous mener par l'Esprit [...]*
> *Le fruit de l'Esprit est amour, joie, paix, patience, bienveillance,*
> *bonté, confiance, douceur et maîtrise de soi;*
> *contre de telles choses, il n'y a pas de loi. (Ga 5, 16-23)*

L'Esprit nous appelle à suivre plus totalement Jésus
et à devenir comme lui.
L'Esprit nous appelle à vivre
en communion avec Dieu et entre nous.
Nous ne savons pas toujours où il nous conduit.
Nous ne pouvons pas contrôler l'Esprit,
nous devons nous laisser guider par lui.
Cela peut nous amener à prendre des risques,
à subir même parfois la désapprobation de notre famille
ou des autorités religieuses.

Dieu intervient dans nos vies
précisément quand nous ouvrons nos cœurs et nos intelligences
pour qu'il nous montre le chemin.
C'est dans notre pauvreté et notre insécurité que Dieu vient.
C'est quand nous ne savons plus que faire
et que nous demandons à Dieu la lumière
qu'il nous la donne.

Chaque fois que nous entrons dans une relation d'amitié,
nous prenons un risque.
L'amour est un don de soi à l'autre.
Nous ne savons pas comment les choses tourneront,
si nous resterons fidèles, si l'autre le sera.
Lorsque nous entrons en relation avec une personne fragile,
blessée, handicapée ou en grande détresse,

nous ne savons pas où cette relation va nous mener.
Aimer, c'est accepter de ne pas contrôler l'autre;
c'est devenir vulnérable.
C'est pourquoi il est important de discerner
avec une personne sage, remplie de Dieu,
si tel geste, telle activité, tel projet ou telle expérience intérieure
sont de Dieu
ou s'ils résultent de notre besoin
de prouver que nous sommes capables
ou de nous sentir importants.

Dieu ne nous conduit pas seulement individuellement.
Il nous conduit *avec* d'autres, en communauté, en Église.
Dieu guide l'Église et l'humanité tout entière
comme il a conduit les Israélites à travers le désert.
La colonne de feu brillait durant la nuit
et la nuée les conduisait durant le jour.
Aujourd'hui, la colonne de feu est moins visible;
elle est cachée dans le cœur des gens.
C'est pourquoi il nous faut discerner avec d'autres
ce que Dieu dit aujourd'hui à notre monde et à nos Églises.
Où Dieu nous mène-t-il?
Où faut-il mettre nos énergies aujourd'hui
pour que le Dieu de la paix soit manifesté?

Il nous faut mettre en question certaines certitudes,
certaines doctrines économiques et culturelles
de nos économies libérales
qui encouragent la cupidité, l'individualisme
et la concentration du pouvoir.
Plus de la moitié de la planète vit dans la misère
tandis que d'autres nagent dans l'opulence.
Certaines structures ecclésiales qui renforcent le pouvoir clérical
sont aussi appelées à évoluer sous l'inspiration de l'Esprit
pour découvrir l'Église comme un corps.
Nous avons tous besoin de nous laisser guider
par le souffle léger de l'Esprit de Dieu.

Certitudes et risque

Nicodème avait des certitudes. Il connaissait la loi.
Les certitudes théologiques et les lois
sont importantes et nécessaires.
Nous avons besoin de connaître l'Écriture.
Nous avons besoin d'une communauté de foi,
d'un lieu d'appartenance.
Nous avons besoin de l'Église.
Nous avons besoin de maîtres.
Nous avons besoin d'une tradition établie
par ceux qui nous ont précédés, qui ont suivi Jésus et l'ont aimé.
Tout cela nous donne des fondements solides
qui nous permettent d'aimer en vérité
et de vivre une vie spirituelle et mystique profonde.

Mais les certitudes et la loi peuvent aussi
nous enfermer en nous-mêmes,
dans l'autosatisfaction du savoir, de la vertu
et de la supériorité morale.
Elles peuvent nous empêcher d'écouter les autres
et d'être ouverts aux chemins nouveaux de Dieu.
Elles peuvent étouffer la soif de l'Esprit.
Ceux qui ne vivent que de certitudes et de lois,
se cachant derrière elles,
ont tendance à vouloir contrôler les autres,
craignant toute « nouveauté » qui échapperait à leur contrôle.
Ils ont peur du changement et risquent d'étouffer l'Esprit
dans le cœur des autres et dans leur propre cœur.
Les certitudes et le pouvoir sont séduisants;
ils donnent une sécurité, une confiance, une identité même;
Nous sommes *quelqu'un* si nous avons des certitudes
et un pouvoir.

D'un autre côté, certains veulent prouver qu'ils sont libres,
ce qui en l'occurrence signifie faire ce qu'ils veulent,
sans contrainte,

sans se soucier des conséquences sur les autres,
ou sur leur être profond.
Ils veulent agir sans référence à la parole de Dieu
ni à la communauté des croyants,
sans vision vraie et claire de ce qu'est l'être humain.
Certains voient même leur liberté comme le pouvoir
de transgresser la loi, de choquer,
pour prouver qu'ils sont quelqu'un.

La vraie liberté a besoin d'être fortement enracinée dans la foi,
dans la parole de Dieu,
dans la communauté.
Elle implique l'humilité et une soumission à Dieu et à la vérité.
Elle implique l'aide des autres
avec qui nous découvrons ce qui est de Dieu.

Cet évangile révèle la tension qui existe
entre les certitudes et le pouvoir, d'une part,
et l'humilité, l'ouverture et l'amour, d'autre part;
entre être un maître qui sait
et un disciple qui cherche.
Voici la réponse que Jésus nous donne :
à moins de renaître de l'Esprit et de nous laisser conduire par Dieu,
d'être ouverts aux chemins de Dieu
et véritablement ouverts aux autres,
nous ne pouvons être ni de bons bergers ni de bons maîtres.
Cela veut dire qu'il nous faut mourir à notre moi,
à notre besoin de contrôler,
mais aussi à notre besoin de nous rebeller et de faire nos preuves.
Cela veut dire qu'il faut nous arrêter pour écouter l'Esprit de Dieu.

Comment se fait cette renaissance?

Nicodème, ce maître juif sûr de lui et de sa théologie,
s'ouvre à présent et demande humblement à Jésus :

> *Comment cela peut-il se faire? (v. 9)*

Jésus est surpris par l'incompréhension de Nicodème :

> *Tu es maître en Israël, et ces choses-là, tu ne les saisis pas? (v. 10)*

Tous les grands prophètes hébreux n'avaient-ils pas annoncé
le don de l'Esprit
qui renouvellerait les gens et changerait leurs cœurs?

Ce don de l'Esprit et de la vie annoncé par les prophètes
est symbolisé par l'*eau*.
L'eau qui nettoie, purifie et donne la vie.
Le prophète Ézéchiel a vu couler du Nouveau Temple
les eaux qui guérissent et donnent la vie (*Ez* 47, 9-12),
et au nom de Dieu il a annoncé :

> *Je répandrai sur vous une eau pure*
> *et vous serez purifiés; de toutes vos souillures*
> *et de toutes vos idoles je vous purifierai.*
> *Je vous donnerai un cœur nouveau,*
> *je mettrai en vous un esprit nouveau,*
> *j'ôterai de votre chair le cœur de pierre*
> *et je vous donnerai un cœur de chair. (Ez 36, 25-26)*

Le prophète Joël avait annoncé que l'Esprit de Dieu serait répandu
non seulement sur les chefs religieux, les prophètes
et les théologiens,
mais sur *toute chair* (*Jl* 3, 1).
Comment Nicodème a-t-il pu oublier
toutes ces promesses de Dieu révélées par les prophètes?
Qu'est-ce qui l'a fait s'accrocher
à des pratiques humaines et religieuses,
à des certitudes théologiques

vides de souffle et d'Esprit
et l'a rendu aveugle aux façons de faire de Dieu,
toujours surprenantes?
Qu'est ce qui *nous* rend aveugles aux façons de faire de Dieu
et à ce qui est nouveau?
Qu'est-ce qui fait que nous nous accrochons à nos idées
et à nos projets,
à des formes religieuses légales, vides de vie?
C'est que nous sommes attachés aux valeurs de la société,
aux idoles que sont le pouvoir, la compétition, l'argent,
toutes choses qui nous empêchent de découvrir d'autres façons
de vivre et de lutter pour un monde plus juste,
et d'écouter le souffle léger de Dieu.

Un don nouveau

Jésus révèle qu'il est celui qui est venu accomplir
les promesses de Dieu
annoncées par les prophètes.
Il est celui qui nous donnera cette vie nouvelle dans l'Esprit.
Baptisés dans l'eau et dans l'Esprit, nés de nouveau,
nous entrons dans le Royaume de Dieu
et devenons enfants de Dieu, comme lui.
Nous devenons membres d'un peuple nouveau,
le peuple de Dieu, l'Église.
Peu à peu, nous sommes délivrés et purifiés
de nos blocages et de notre péché.
Nous sommes appelés à renoncer progressivement
à nos vieilles habitudes,
à nos certitudes et à nos sécurités trop humaines,
à mourir à nos besoins égoïstes,
pour vivre de l'Esprit de Jésus
et devenir des hommes et des femmes de compassion.
Ensemble, nous sommes appelés à œuvrer pour la paix,
en communauté et en Église.

Par notre confiance en Jésus, nous renaissons dans l'Esprit

Dans cette rencontre avec Nicodème, Jésus parle de lui-même
comme de celui qui est descendu du ciel : le Fils de l'Homme.
Il révèle que *nous vivrons* si nous tournons nos regards vers lui
et croyons en lui
lorsqu'il sera élevé sur la Croix,
comme Moïse avait promis aux Israélites mordus par les serpents
qu'ils vivraient s'ils regardaient le serpent de bronze
placé sur un étendard (cf. *Nb* 21, 9).

> *Nul n'est monté au ciel*
> *hormis celui qui est descendu du ciel, le Fils de l'Homme.*
> *Comme Moïse éleva le serpent dans le désert*
> *ainsi faut-il que soit élevé le Fils de l'Homme*
> *afin que quiconque croit en lui ait la vie éternelle. (v. 13-14)*

C'est par notre foi et notre confiance en Jésus
que nous recevons le don de la vie éternelle
et renaissons « d'en haut », de l'Esprit.

Confiance

J'aime penser à Antonio,
un jeune homme ayant de lourds handicaps,
incapable de marcher, de parler ou d'utiliser ses mains.
Il est arrivé dans notre communauté
après vingt ans passés à l'hôpital.
Il avait accepté ses handicaps d'une façon très belle.
Une grande paix rayonnait sur son visage,
sauf lorsqu'il se sentait seul et un peu triste.
Il manifestait une totale confiance envers les assistants
qui s'occupaient de lui, lui donnaient le bain, le nourrissaient.
Il n'exprimait pas son amour par des cadeaux généreux,
mais par son extraordinaire confiance qui ne cessait de grandir.

Il y a différentes formes de confiance
et différents niveaux de confiance.

Il y a la confiance que des enfants ont en leurs parents
ou leurs professeurs,
la confiance entre un malade et son médecin,
la confiance d'une paroisse en son curé,
la confiance entre amis, entre amoureux,
la confiance sereine d'un vieux couple.

La confiance est une relation dynamique qui grandit et évolue.
Elle est ouverture à l'autre,
don de soi qui,
loin de nous déposséder,
nous révèle notre visage unique.
La confiance peut naître spontanément
lorsque nous sommes attirés par quelqu'un et devenons amis.
Puis quelque chose se passe :
l'autre n'est pas celui que nous imaginions.
Nous ne nous comprenons plus et voilà que surgit le conflit.
Il nous faut alors trouver des racines plus profondes à la confiance.
La confiance grandit souvent à travers une crise, une épreuve.
Elle se raffermit à travers les pardons mutuels.

Cet évangile révèle comment les disciples, et nous-mêmes,
sommes appelés à grandir dans la confiance,
dans une relation d'amour avec Jésus.
La foi n'est pas d'abord l'adhésion à une doctrine,
c'est croire en la personne de Jésus
et mettre sa confiance en lui, en ses paroles et son message.
Cette confiance naît
lorsque les gens voient Jésus accomplir des choses
que personne d'autre ne peut faire.
Ils sont attirés vers lui;
ils comprennent qu'il doit venir de Dieu
et sont remplis d'admiration et de crainte devant lui.
Puis leur expérience de Jésus change et s'approfondit.
Elle devient une relation de confiance en Jésus

qui leur offre son amitié.
Ainsi grandit la relation.

Il y a des moments où nous ne comprenons plus Jésus,
ni son message;
des moments de doute, de colère et de révolte,
surtout lorsqu'il nous demande des choses
que nous avons du mal à accepter ou à faire.
Mais la confiance se construit peu à peu,
pour devenir inébranlable, entière.
Nous nous ouvrons davantage à Jésus,
Fils de l'Homme et Fils de Dieu,
à son amour, à son amitié,
et à d'autres dans la communauté des croyants,
quoi qu'il arrive, quel qu'en soit le coût ou la peine.
En dépit de l'apparent silence ou de l'absence de Jésus,
nous lui donnons notre confiance.
Voilà le don de Dieu, don d'une vie nouvelle,
que nous recevons comme une petite semence à notre baptême
lorsque nous sommes purifiés par l'eau et par l'Esprit.
Cette semence a besoin d'être nourrie
— souvent à travers la souffrance et les luttes —
pour croître peu à peu,
jusqu'à un abandon inconditionnel à Dieu.
Cette croissance dans la confiance en Jésus
est le thème central de l'évangile de Jean.
C'est l'histoire des premiers disciples,
c'est aussi notre histoire.

Cette vie nouvelle est *vie éternelle*

Dans ce passage avec Nicodème, Jésus nous dit
que si nous croyons en lui
nous aurons la vie *éternelle*.
Éternelle ici ne fait pas référence à quelque chose
que nous vivrons après la mort,
il s'agit de la vie que Dieu nous donne *aujourd'hui*.

C'est la vie de l'Éternel en chacun de nous,
jaillissant en nous et à travers nous.
Elle nous est donnée lorsque nous renaissons d'en haut
par le baptême
et par notre confiance en Jésus.

Lorsque nous entrons en relation avec Jésus
et commençons à le suivre,
nous recevons la vie qui est en lui,
qui est sa relation avec son Père.
L'Agneau de Dieu nous conduit au banquet de l'amour, aux noces.
Grandissant en amitié et en communion avec Jésus,
nous commençons à reconnaître cette vie éternelle en nous
et en d'autres
et nous sommes moins attirés par les idoles de l'argent et du pouvoir.
Nous commençons à voir les autres comme Jésus les voit,
à les aimer comme il les aime,
et à nous voir et nous aimer nous-mêmes
comme Jésus nous voit et nous aime.
La vie et la confiance nous amènent à demeurer en Jésus
comme lui demeure en nous.
En s'approfondissant,
elles nous conduisent à une transformation en Dieu.
Transformés, nous pouvons faire des choses
qu'humainement nous ne pourrions pas faire par nous-mêmes :
aimer nos ennemis, pardonner, et pardonner indéfiniment,
vivre avec les pauvres et les faibles,
être miséricordieux comme le Père est miséricordieux.

Dieu a envoyé son Fils pour que nous ayons la vie :

> *Dieu a tant aimé le monde qu'il a donné son Fils unique*
> *afin que quiconque croit en lui*
> *ne périsse pas mais ait la vie éternelle.*
> *Car Dieu n'a pas envoyé son Fils dans le monde*
> *pour condamner le monde,*
> *mais pour que le monde soit sauvé par lui. (v. 16-17)*

Le mot grec qu'on traduit par « *sauver* »
peut se traduire par « *guérir* » d'une maladie,
d'un désordre, de la violence, du péché;
par « *libérer* » de l'oppression, des forces occultes,
d'une prison, de contraintes qui empêchent la vie;
ou par « *arracher quelqu'un à un danger mortel* ».
Jésus est venu nous libérer de toutes ces entraves et ces peurs
qui nous enferment,
et nous ouvrir à l'amour.
Il est venu nous donner la vie même de Dieu
pour qu'elle puisse jaillir en nous et à travers nous.
Cette vie jaillit en nous parce que Jésus a été élevé sur la croix,
qu'il est ressuscité,
et qu'il a été élevé dans la gloire du Père.

Nous ouvrir à cette vie nouvelle
c'est comme se mettre en route, partir en pèlerinage.
Nous marchons vers une terre sainte,
conduits par l'Esprit de Jésus.
Le chemin peut parfois être rude et tortueux.
Il peut y avoir des perturbations et des vents violents.
La route à suivre n'est pas toujours claire.
Certaines personnes peuvent être fermées
pour différentes raisons, parfois psychologiques.
Peut-être que, enfants ou adultes, elles ont dû se défendre
et prouver leur valeur,
ou qu'elles se sont senties rejetées
parce qu'elles avaient un handicap,
ou qu'elles ont perdu confiance en elles
et ne savent plus qui elles sont.
Certaines ont dû se protéger d'une idée fausse de Dieu,
d'un Dieu « Tout-Puissant »
qui les culpabilisait ou les jugeait sévèrement.
D'autres ont été blessées par leur propre Église,
par un manque de compréhension et de compassion.
On ne leur a pas parlé de cet agneau plein de douceur,
venu pour nous mener vers la liberté.

Il faut du temps pour que nos murs de protection soient ébranlés
et que commence notre chemin vers la libération.

Nés d'en haut, de l'eau et de l'Esprit,
nous sommes appelés à croître dans l'amour.
La semence de l'Esprit a été plantée en nous.
Nous devons apprendre à nourrir cette semence
pour qu'elle grandisse et donne du fruit.
Ce chemin, pèlerinage d'amour, commence et s'approfondit
lorsque nous entendons Dieu murmurer au fond de notre cœur :
« Je t'aime tel que tu es.
Je t'aime tellement que je suis venu te guérir et te donner la vie.
N'aie pas peur. Ouvre ton cœur.
Tu peux être toi-même.
Tu n'as pas besoin d'être remarquable ou parfait.
Tu es aimé tel que tu es.
En découvrant combien tu es aimé,
tu pourras répondre à cet amour et grandir dans l'amour. »

Pourquoi certains refusent la vie

Si nous restons immobiles derrière les murs de nos certitudes,
de notre pouvoir
et de notre besoin de sécurité,
nous resterons enfermés dans la peur, la violence
et les puissances de ténèbres qui nous habitent,
enfermés dans la dépression et la culpabilité;
nous refuserons de grandir et de nous laisser conduire par l'Esprit.

Pourquoi refusons-nous la Lumière?
De quoi avons-nous peur?

> *Quiconque commet le mal hait la lumière et ne vient pas à la lumière,*
> *de peur que ses œuvres ne soient démontrées coupables. (v. 20)*

Nous avons tous peur d'être vus comme mauvais et coupables.
Nous ne voulons pas que les gens découvrent
les zones d'ombre qui sont en nous.

Nous les cachons derrière une apparence de bonté,
de certitudes et de pouvoir.

Nous ne voulons pas que nos mauvaises actions
soient mises en lumière
parce que nous avons peur d'être rejetés,
de devenir la proie de la solitude et de l'angoisse,
si les gens nous voient tels que nous sommes vraiment,
avec toutes nos faiblesses et nos limites.
Nous ne pouvons accepter notre pauvreté et notre vulnérabilité
que lorsque nous nous savons aimés tels que nous sommes.
Quand nous comprenons que nous n'avons pas besoin
d'être intelligents ou forts pour être aimés,
alors nous pouvons vivre dans la vérité, venir à la lumière
et nous laisser conduire par l'Esprit de Dieu.
Nous sommes délivrés de la peur :

> *« Celui qui fait la vérité vient à la lumière*
> *afin que soit manifesté que ses œuvres*
> *sont faites en Dieu. » (v. 21)*

7

Jésus est venu pour nous donner la vie

Jean 4, 1-42

*Jésus rencontre une femme brisée
et lui donne une vie nouvelle.*

*Transformée,
elle donne à son tour
la vie aux autres.*

*Jésus nous communique
une vie nouvelle
pour que
nous la transmettions à notre tour.*

*Cette vie est relation,
communion.*

Jésus rencontre une femme brisée

Jésus est venu dans le monde pour nous introduire tous
dans une communion avec Dieu,
et nous donner une vie nouvelle.
Jésus ne commence pas sa mission
en allant d'abord chez les riches
ni même chez les pauvres d'Israël.
Il va chez les Samaritains et rencontre une femme
qui avait vécu beaucoup de ruptures affectives,
une femme qui appartenait à un groupe considéré par les Juifs
comme hérétique.
Les Samaritains étaient un parti religieux dissident
du judaïsme traditionnel.
Ils adoraient Dieu sur le mont Garizim en Samarie
et refusaient de reconnaître le Temple de Jérusalem
comme le lieu sacré où Dieu demeure.
Ils reconnaissaient la parole de Dieu dans les cinq premiers livres
de la Bible, la Torah ou le Pentateuque,
mais ne reconnaissaient ni les prophètes ni les autres livres saints.
Bien qu'ils soient eux aussi des enfants d'Abraham,
il y avait beaucoup de méfiance et de haine
entre Juifs et Samaritains.
Un jour, voulant insulter Jésus et montrer que c'était un hérétique,
des pharisiens lui ont crié :

« *Tu es un Samaritain et le démon est en toi!* » (Jn 8, 48)

Ce n'est jamais facile d'appartenir à un groupe minoritaire
méprisé et sans pouvoir.
Le sentiment d'être rabaissé et considéré comme insignifiant
peut susciter une forme de colère ou de désespoir collectif.

Nous allons découvrir que cette femme que Jésus rencontre
près du puits a une histoire de relations brisées.
Elle a vécu avec cinq hommes
et l'homme avec lequel elle vit maintenant n'est pas son mari.

Non seulement elle appartient à une minorité méprisée,
mais encore elle est rejetée par les siens.
C'est une femme qui a une image négative d'elle-même.
Elle est habitée par un sentiment profond
de culpabilité, d'indignité,
et la certitude que personne ne pourra jamais l'aimer véritablement.
Est-ce parce qu'elle se sent rejetée et raillée par les siens
qu'elle vient puiser de l'eau toute seule, à midi,
alors que le soleil est au zénith?
La plupart des femmes vont au puits de bonne heure le matin.
Mais une femme qui se sent rejetée et honteuse
essaie sans doute d'éviter les autres femmes du village,
elle vient puiser de l'eau à un moment
où elle ne risque pas de les rencontrer.

Jésus, nous dit-on, est fatigué et assis près du puits.
C'est la seule fois dans les évangiles où nous entendons dire
que Jésus est fatigué.
Il est seul; les disciples sont allés au village voisin
acheter de quoi manger.
Il est fatigué de sa longue marche sous le soleil de Judée.
Il est peut-être fatigué aussi d'être avec ces hommes
qui ne semblent pas le comprendre et se disputent entre eux.

La femme samaritaine s'approche pour puiser de l'eau.
Jésus se tourne vers elle et lui demande :

« *Donne-moi à boire.* » *(v. 7)*

Il a soif et mendie de l'eau.
Elle est surprise et choquée :
un Juif ne parle jamais à un Samaritain;
un homme juif ne parle jamais à une femme seule!
D'après son accent et son vêtement, Jésus est manifestement
un Juif de Galilée.
Il se comporte de façon surprenante,
à l'encontre de toutes les normes culturelles.

Il renverse le mur qui divise les Juifs et les Samaritains.
Il a soif d'unité entre tous les enfants d'Abraham.
Il a soif de les rassembler.

> *« Comment! toi qui es Juif, tu me demandes à boire*
> *à moi qui suis une femme samaritaine? » (v. 9)*

répond-elle vivement.
Les Juifs en effet, note l'évangéliste, n'ont pas de relation
avec les Samaritains.

Comment approcher ceux que la vie a brisés

Je trouve très touchante la façon dont Jésus entre en relation
avec cette femme fragile, brisée.
Il sait combien elle a une image négative d'elle-même.
Il ne la juge pas, ne la condamne pas.
Il ne se montre pas condescendant, ne lui fait pas la morale.
Il vient vers elle comme un mendiant fatigué, assoiffé,
lui demandant de faire quelque chose pour lui.
Il entre en dialogue et entame une relation avec elle.
Elle qui n'a plus aucune confiance en sa propre valeur,
voici que Jésus lui fait confiance.
Ce faisant, il la relève et lui redonne sa dignité.

Jésus nous montre comment aller
vers ceux qui sont blessés et brisés,
non comme quelqu'un de supérieur, « d'en haut »,
mais humblement, « d'en bas », comme un mendiant.
Ces gens qui ont déjà honte d'eux-mêmes
n'ont pas besoin de quelqu'un qui les renforce dans leur honte,
mais de quelqu'un qui leur redonne espoir et leur fasse découvrir
qu'ils sont uniques, précieux, importants.
Les accepter et les aimer de cette manière,
c'est les aider à trouver la vie.
Nous en sommes si souvent témoins dans les communautés
de l'Arche et de Foi et Lumière

où nous accueillons des hommes et des femmes
qui ont perdu toute confiance et toute estime d'eux-mêmes
en raison de leurs handicaps.
Pour grandir et guérir, ils ont besoin
de quelqu'un qui les apprécie, les confirme et les aime
tels qu'ils sont, dans leur fragilité et leurs failles.

Rencontres près du puits : rencontres d'amour

Jésus rencontre cette femme près du puits.
Dans l'Écriture, les rencontres près d'un puits
ont une signification symbolique.
C'est près d'un puits que le serviteur d'Abraham,
venu chercher une épouse pour Isaac,
le fils bien-aimé de son maître, a rencontré Rébecca.
En arrivant près du puits, le serviteur pria ainsi le Seigneur :

> « *La jeune fille à qui je dirai : "Incline donc ta cruche, que je boive"*
> *et qui répondra : "Bois et j'abreuverai aussi tes chameaux",*
> *ce sera celle que tu as destinée à ton serviteur Isaac,*
> *et je connaîtrai à cela que tu as montré ta bienveillance*
> *pour mon maître. »* (Gn 24, 14-15)

Jacob lui aussi a rencontré sa future femme, Rachel,
près d'un puits (*Gn* 29).
De même que Moïse a rencontré Zeppora, sa future épouse,
près d'un puits (*Ex* 2, 16-20).
La rencontre de Jésus et de cette femme samaritaine près du puits
est une rencontre d'amour.
Jésus, l'époux divin, est venu pour révéler son amour
à tous ceux qui cherchent à puiser au puits de l'amour.

L'eau donne la vie

Jésus poursuit le dialogue et dit à cette femme :

> « *Si tu savais le don de Dieu*
> *et qui est celui qui te dit : "donne-moi à boire",*

c'est toi qui l'en aurais prié
et il t'aurait donné de l'eau vive. » (v. 10)

Elle lui répond, avec vivacité :

« Seigneur, tu n'as rien pour puiser
et le puits est profond.
D'où l'as-tu donc, l'eau vive?
Serais-tu plus grand que notre père Jacob, qui nous a donné ce puits
et y a bu lui-même, ainsi que ses fils et ses bêtes? » (v. 11-12)

Jésus répond :

« Qui boira l'eau que je lui donnerai n'aura plus jamais soif;
l'eau que je lui donnerai deviendra en lui source d'eau
jaillissant en vie éternelle. » (v. 13-15)

L'eau donne la vie.
Lorsqu'il ne pleut pas, la terre est sèche,
les récoltes ne germent pas
et les gens meurent de faim.
Combien de jours peut-on vivre sans boire?
Le symbolisme est frappant.
Jésus est venu étancher notre soif de présence,
notre soif d'être accueillis,
notre soif de sens lorsque nous sommes dans la confusion.
L'eau que Jésus nous donne est celle de sa lumière et de sa présence,
qui enlève les angoisses de la solitude
et nous fait revivre.
L'eau est le symbole de l'Esprit,
la vie même de Dieu que Jésus est venu nous faire partager.

Jésus nous révèle que si nous buvons à la source de l'amour
et de la compassion de Dieu,
nous deviendrons à notre tour des sources d'amour
et de compassion.
Si nous accueillons l'Esprit de Dieu,

nous donnerons l'Esprit de Dieu.
La vie que nous recevons est celle que nous donnons.

Être en relation

Dans son livre *Je et Tu*, le philosophe juif Martin Buber
nous dit combien dans les civilisations et les cultures
où il y a beaucoup de *choses*,
nous risquons de devenir moins disponibles aux *gens*
pour être avec eux, les comprendre et partager.
Nous devenons trop pris par *les choses :*
avoir des choses, faire des choses,
vendre et acheter des choses.
Nous risquons d'oublier que la joie et la richesse
des êtres humains,
c'est d'être avec d'autres, pour ensemble célébrer la vie.
La relation n'a pas pour but
de *faire des choses pour* les gens,
encore moins de les posséder
ou de les utiliser pour notre plaisir, pour combler notre vide.
La relation est pour révéler à chacun qu'il est unique, précieux,
qu'il a des dons à partager.
C'est vivre une communion des cœurs
à travers laquelle nous nous aidons à acquérir
une liberté plus grande.
La vie coule de l'un à l'autre.

Pour Jésus, les connaissances, les compétences,
les choses ne sont pas importantes en elles-mêmes :
elles sont en vue de la relation.
Ce sont les personnes qui comptent, vous, moi, chacun,
quelles que soient nos origines ou notre culture.
C'est ce que Jésus révèle dans cette rencontre
avec la femme samaritaine.
Il révèle qu'au cœur de toute chose,
de la création, de la vie et de son message d'amour,
se trouve le cœur humain fait pour la relation,

de personne à personne.
Chacune se donne à l'autre et le reçoit.
Chacune aide l'autre à vivre.
Jésus est venu nous donner la vie, la vie éternelle,
la vie même de Dieu,
à travers une relation personnelle avec chacun de nous.
Et nous sommes appelés à communiquer cette vie aux autres.

Accepter en vérité ce que nous sommes

La promesse de Jésus à cette femme et à chacun de nous
de devenir source de vie pour d'autres
ne peut se réaliser que si nous sommes humbles,
si nous reconnaissons notre pauvreté et nos failles,
et si nous nous acceptons tels que nous sommes.
Jésus invite cette femme et nous invite chacun
à revisiter notre passé en vérité,
pas simplement pour l'analyser ou nous y enfermer,
mais pour être libérés de son emprise.
Jésus touche la blessure intérieure de cette femme
avec douceur et amour :

> « *Va, appelle ton mari et reviens ici.* » *(v. 16)*

Il touche précisément le lieu de sa pauvreté
et son sentiment de culpabilité :

> « *Je n'ai pas de mari* », *répond-elle.*
> *Jésus lui dit :* « *Tu a raison de dire "je n'ai pas de mari"*
> *car tu as eu cinq maris*
> *et celui que tu as maintenant n'est pas ton mari.*
> *En cela, tu dis vrai.* » *(v. 17-18)*

L'histoire de la Samaritaine est une histoire vraie.
C'était une femme blessée dans sa capacité d'aimer.
Elle est aussi symbolique; elle représente chacun de nous.
Nous sommes tous cette femme samaritaine.

Nous sommes tous plus ou moins blessés affectivement
et avons une histoire de relations brisées.
Beaucoup d'entre nous cachons nos difficultés relationnelles
derrière notre intelligence et notre pouvoir.
Nous avons soif d'admiration
et ne voulons pas reconnaître notre vulnérabilité,
le handicap caché de notre incapacité
à aimer certaines personnes et à leur pardonner.
Nous pouvons être prisonniers du chaos de notre tristesse,
de notre colère, voire de notre haine.

Lorsque j'entends la femme dire : « Je n'ai pas de mari »,
j'entends cette plainte douloureuse de l'humanité,
de tant d'entre nous :
« Je me sens seul et coupable. Je n'ai personne. »
C'est un cri d'angoisse.
Pour pouvoir accueillir l'eau vive qui coule de Jésus,
il nous faut reconnaître tout ce qui en nous est chaos et mort.
Tant que nous sommes pleins de nous-mêmes,
de notre pouvoir et de nos certitudes,
nous pensons pouvoir nous débrouiller tout seuls,
et n'avons besoin de personne.
Nous ne pouvons pas reconnaître notre besoin de Jésus
et d'une vie nouvelle.
Ce n'est que lorsque nous présentons à Jésus notre vide,
notre impuissance et notre cœur brisé
qu'il peut nous remplir de la force de l'Esprit
et nous toucher de son amour.

Mais celui qui vient nous apporter une vie nouvelle est vulnérable.
Il vient vers *nous* et *nous* demande notre aide, comme un enfant.
C'est un Dieu humble qui vient à nous
comme un mendiant nous demandant de l'aide.
C'est lui, le pauvre,
qui va nous éveiller à l'amour
et nous donner une vie nouvelle.

Qui a raison, qui a tort?

La femme, sûrement étonnée que Jésus la connaisse aussi bien,
lui dit :

> « *Je vois que tu es un prophète.* » *(v. 19)*

Alors elle lui pose une question qui brûlait le cœur
de beaucoup de Samaritains
et qui ne pouvait être posée qu'à un prophète.
Qui a raison, les Juifs ou les Samaritains?
Doit-on adorer Dieu dans le Temple ou sur le mont Garizim?
Quelle religion est la bonne? Laquelle détient la vérité?

Jésus lui dit que la question n'est pas là.

> « *L'heure vient — et c'est maintenant —*
> *où les véritables adorateurs adoreront le Père*
> *en esprit et en vérité.* » *(v. 23)*

Ils seront inspirés par l'Esprit Saint,
qui demeurera en eux.
En quelques mots, Jésus lui révèle
ce qui deviendra évident pour Paul des années plus tard
lorsqu'il écrit aux disciples de Rome :

> « *Tous ceux qu'anime l'Esprit de Dieu sont fils de Dieu.*
> *Aussi bien n'avez-vous pas reçu un esprit d'esclave*
> *pour retomber dans la crainte;*
> *vous avez reçu un esprit de fils adoptifs.*
> *Lorsque nous nous écrions "Abba, Père",*
> *l'Esprit en personne se joint à notre esprit*
> *pour attester que nous sommes enfants de Dieu.* » *(Rm 8, 14-16)*

Nous sommes appelés à adorer Dieu en nos cœurs
par l'Esprit Saint qui nous est donné.

La femme samaritaine ne comprend pas bien
où Jésus veut en venir.
Elle dit :

> *« Je sais que le Messie doit venir.*
> *Quand il viendra, il nous expliquera tout. »*

Jésus répond :

> *« JE SUIS, qui te parle »*

qu'on traduit parfois par « c'est moi ».

Cette expression *« Je suis »* est riche de sens ;
elle révèle, nous le verrons plus tard,
le nom même de Dieu, son nom sacré
qu'on trouve dans le livre de l'Exode (*Ex* 3).

Nous connaissions Jésus comme
l'Agneau,
l'Élu,
l'Époux,
le Messie,
le fils de Joseph de Nazareth,
le Fils de Dieu,
le Fils de l'Homme,
le Roi d'Israël,
À présent, c'est son nom divin qui nous est révélé.

« JE SUIS » mendie de l'eau
à une des femmes les plus méprisées,
qui n'est personne, qui n'a pas de nom,
qui n'est rien aux yeux de la société.
Jésus lui révèle qui elle est et qui elle est appelée à devenir :
une source d'eau vive de Dieu,
si elle lui ouvre son cœur et accueille son amour.
La misère et la miséricorde se rencontrent ici au puits.

La femme transformée

Sur ces entrefaites arrivent les disciples
qui s'étonnent de voir Jésus parler à une femme.
Ils veulent qu'il mange ce qu'ils ont acheté au village.
Mais Jésus leur dit :

> *« J'ai à manger une nourriture que vous ne connaissez pas [...]*
> *Ma nourriture est de faire la volonté de Celui qui m'a envoyé*
> *et d'accomplir son œuvre. » (v. 32-34)*

L'œuvre de Jésus est de rassembler les enfants de Dieu dans l'unité
et de les conduire vers le Père.
Il nous invite à vivre une communion des cœurs.
Jésus a vécu quelque chose d'intense avec cette femme,
une rencontre personnelle d'amour.
Elle a touché et nourri son cœur.
Et elle a commencé à lui faire confiance.
L'amour est né entre eux.
Dans des moments pareils, on ne pense pas à manger.
L'union des cœurs est une nourriture.

Jésus a dû être touché aussi que son Père lui ait inspiré
de révéler à cette femme rejetée des siens
son secret, son nom secret : *« Je suis. »*
Jésus ne le révèle à personne d'autre dans l'évangile.
C'est le Père qui le révèle aux disciples.
Il n'y a qu'à cette femme, la plus misérable et la plus seule,
qu'il révèle son nom secret, qui il est : le Messie.
Elle est transformée dans l'amour.
Comment aurait-elle pu imaginer que le Messie, l'Envoyé de Dieu,
lui parle à elle, pauvre femme,
bannie par les siens?
Non seulement il lui a parlé,
mais il lui a humblement demandé de l'eau!
Ce n'est pas possible! Elle doit rêver! Pourtant il est là.
Il lui a dit tout ce qu'elle a fait, sans condamnation ni jugement.

À travers son regard, ses gestes, le ton de sa voix,
elle a perçu non seulement du respect, mais de l'amour.
Comment est-ce possible?

Tout excitée, elle part en courant au village, laissant sa cruche
— car désormais son cœur est rempli d'eau vive.
Elle va trouver les gens pour leur dire :

> *« Venez voir un homme qui m'a dit tout ce que j'ai fait!*
> *Ne serait-il pas le Messie? » (v. 29)*

L'eau vive jaillit d'elle comme Jésus l'avait promis.
Elle a reçu la vie de Jésus et, à son tour, elle donne la vie.
Les gens sont surpris et étonnés de sa transformation.
Ils la suivent, vont à la rencontre de Jésus
et lui demandent de rester avec eux.
L'évangile nous dit :

> *Il demeura deux jours avec eux.*

Ils disent alors à la femme :

> *« Ce n'est plus sur tes dires que nous croyons.*
> *Nous l'avons nous-mêmes entendu*
> *et nous savons que c'est vraiment lui le sauveur du monde. » (v. 42)*

Pour ceux d'entre nous qui reconnaissent
qu'ils sont blessés, mal aimés,
la révélation de l'amour de Jésus est une merveilleuse nouvelle.
Lorsque nous prenons conscience de notre sentiment d'isolement,
de notre soif
et de notre besoin de l'amour divin,
nous pouvons dire comme cette femme :

> *« Donne-moi de cette eau, que je n'aie plus soif! » (v. 15)*

8

Du désespoir à la vie

Jean 5, 1-47

La première fois que Jésus monte à Jérusalem avec ses disciples,
il se rend au Temple, la « maison de son Père ».

La deuxième fois,
il va dans un asile
où gisent une multitude de gens
infirmes et miséreux
dont personne ne veut.
Cet asile est aussi
la « maison de son Père ».

Jésus appelle ses disciples à le suivre
alors qu'il va vers les plus rejetés.
Il leur révèle
qu'il vient guérir
la paralysie de nos cœurs
et nous conduire tous
à la vie.

Jésus à l'asile

Jésus se trouve à Jérusalem.
Il ne va pas d'abord dans des écoles ou des lieux de pouvoir,
mais à l'asile du coin

où une multitude d'infirmes, aveugles, boiteux et impotents (v. 3)

gisaient sur le sol, vivant dans la *dis-grâce*.
Ils n'étaient ni beaux ni attirants,
sûrement laids et sales, rejetés et méprisés.
Et cependant, c'est vers eux que Jésus va d'abord!

J'ai visité beaucoup d'asiles à travers le monde
où des personnes souffrant de handicaps physiques et mentaux
gisent sur leur lit,
ou sont étendues sur le sol, ou tournent en rond.
Ces asiles sont des lieux de désespoir et de violence.
Les gens y ont été placés par leur famille,
qui avait honte d'eux, ne pouvait pas les assumer,
ou ne voulait pas s'en occuper.
Au temps de Jésus, les enfants nés avec un handicap
étaient considérés comme une punition de Dieu.
Eux ou leurs parents devaient avoir péché.
Un handicap était un signe du mal.
Pas étonnant que ces gens aient été cachés!

Vraisemblablement, Jésus entre dans l'asile
avec quelques-uns de ses disciples.
Il veut leur faire comprendre qu'ils seront envoyés d'abord
vers ceux qui sont faibles, exclus ou rejetés.
Pour Jésus, chaque personne,
quels que soient ses dons ou ses handicaps,
est unique et importante;
chacune est enfant de Dieu, aimée de Dieu.

La place des pauvres et des faibles

Paul l'a compris, et il l'exprime très clairement
lorsqu'il écrit aux communautés qu'il a fondées à Corinthe.
Il affirme que Dieu a choisi ce qu'il y a de fou
et de faible dans le monde
pour confondre les puissants et les sages (*1 Co* 1, 27-28).
Nos sociétés, et même nos Églises, ont du mal à le croire.
Nos cultures privilégient l'intelligence, la force,
l'efficacité, la beauté.
De temps en temps, elles se penchent vers les faibles et les pauvres
pour les aider,
mais sans vraiment croire qu'ils sont pleinement humains,
enfants de Dieu,
et qu'ils ont quelque chose à apporter à la société et à leur Église.
Nos cultures d'efficacité ne voient aucun sens à leurs vies.
Aujourd'hui, dans les pays riches, beaucoup de personnes âgées
sont placées dans des foyers,
considérées comme inutiles, improductives.
Bien sûr, nous devons « être gentils » avec elles,
mais on estime qu'elles ont fait leur temps
et n'ont plus rien à donner.

Souvent, les gens bien établis dans la société
peuvent être tellement pris par la recherche des honneurs,
de la richesse, du pouvoir et de la respectabilité
qu'ils évitent les dis-gracieux et les faibles.
Ceux que la société exclut,
qui s'enfoncent dans le désespoir,
recherchent désespérément la relation.
Ce n'est pas le pouvoir qu'ils recherchent,
mais la compréhension, la tendresse et l'amitié.

Un fossé profond sépare ceux qui ont de ceux qui n'ont pas.

« Un grand abîme a été fixé entre nous et vous »,

dit Abraham à l'homme riche en parlant de Lazare, le mendiant,

« afin que ceux qui voudraient passer d'ici chez vous ne le puissent, et qu'on ne traverse pas non plus de là-bas chez nous. » (Lc 16, 26)

En allant à l'asile, Jésus révèle le désir le plus profond
du cœur de Dieu :
combler l'abîme qui sépare les gens,
rassembler dans l'unité les fous et les sages,
les puissants et les pauvres.

Jésus rencontre un homme désespéré

Des fouilles récentes à Jérusalem ont mis à jour cet énorme bassin,
dont les eaux, semble-t-il, étaient thérapeutiques.
C'était un lieu de guérison, considéré comme tel par les Juifs
mais également par les « païens » qui adoraient d'autres dieux.
C'est dans ce lieu païen que se rend Jésus.
Imaginez-le allant d'une personne à l'autre,
touchant chacune avec douceur et compassion,
la regardant comme une personne,
lui disant une parole d'encouragement ou d'apaisement.
Il s'approche d'un homme paralysé qui était là depuis trente-huit ans.
Ému par le malheur de cet homme, Jésus lui dit :

« Veux-tu guérir? » (v. 7)

Cet homme, enfermé dans sa souffrance,
répond du fond de son désespoir.

*« Seigneur, je n'ai personne pour me jeter dans la piscine
quand l'eau vient à être agitée, et le temps que j'y aille,
un autre descend avant moi. » (v. 7)*

Il n'a pas d'amis, pas de famille proche. Personne ne se soucie de lui.
Il est seul, abandonné à son triste sort.
Il fait écho à la Samaritaine lorsqu'elle disait :

« Je n'ai pas de mari. »

Personne ne m'aime.

Cet homme semble faire référence à une croyance
selon laquelle la première personne qui entrait dans l'eau
lorsqu'elle s'agitait, était guérie.
Mais il n'a personne pour l'aider.
Son cri est un cri de solitude.

Jésus est tellement touché par la détresse
et la solitude de cet homme qu'il lui dit :

« Lève-toi, prends ton grabat et marche. » (v. 8)

C'est comme si Jésus ne pouvait pas faire autrement;
il aime cet homme tel qu'il est,
comme il aimait la femme samaritaine.
Il a soif de le libérer de son désespoir
pour qu'il soit pleinement vivant.
Dans cette histoire, Jésus ne répond pas à un cri de foi :
« Guéris-moi! »,
mais au cri de désespoir d'un homme,
au cri d'une humanité qui désespère!
Jésus répond aussi à la souffrance de son propre cœur
de voir la solitude et le désespoir de cet homme paralysé.
Personne ne voulait voir cet homme, mais Jésus le voit.
Personne n'aimait cet homme, mais Jésus l'aime.

Guérir à l'Arche

Dans cet asile, Jésus a guéri un homme
en signe de son amour pour tous ceux qui étaient dans sa situation.
L'attitude de Jésus me touche particulièrement,

du fait qu'à l'Arche nous visitons souvent des asiles.
Parmi tant de gens dont les besoins sont criants,
nous ne pouvons en accueillir que quelques-uns.
Nos communautés ne sont pas une « solution »
pour toutes les personnes ayant un handicap;
elles ne sont qu'un signe,
signe que ceux que nous accueillons sont importants,
et donc que tous sont importants.
Nous pouvons parfois guérir les cœurs, mais pas les corps.
Dans notre communauté de l'Arche au Honduras,
Nadine a accueilli Claudia qui venait d'un asile local.
Claudia avait alors sept ans, elle était aveugle, autiste,
enfermée dans son angoisse.
Il a fallu à Claudia plusieurs années dans la communauté
pour oser croire qu'elle était aimée,
pour trouver la paix et la guérison du cœur.
Ceux qui sont faibles, qui ont besoin d'aide comme Claudia,
éveillent la compassion de ceux qui sont plus forts,
à condition que ceux-ci écoutent et ouvrent leurs cœurs.
Lorsque les faibles et les forts se retrouvent
dans une amitié réciproque, ils comblent l'abîme
et se découvrent liés dans leur humanité commune.

Désespoir

Il y a quelques années, j'ai visité une grande institution au Brésil.
Il était environ dix heures du matin.
J'ai été surpris de découvrir une salle
dans laquelle une quarantaine d'enfants ayant un handicap
étaient encore dans leur lit
et aucun ne pleurait.
Les enfants ne pleurent que lorsqu'ils sentent
que quelqu'un va répondre à leurs pleurs.
Ils ne vont pas gaspiller leurs énergies s'ils sont sûrs
que personne ne va les entendre;
ils s'enferment dans le mutisme; ils n'ont plus d'espérance.

Les gens qui vivent dans des bidonvilles,
ou encore dans des prisons ou des institutions,
peuvent à certains moments se couper des autres;
ils peuvent même se couper de leur propre colère
et se cacher derrière les murs épais du désespoir.
Ils savent que personne ne viendra à leur aide.
Ils sont convaincus qu'ils n'intéressent personne,
qu'ils ne sont pas aimables.
Ils deviennent apathiques.
Ils étouffent toutes leurs énergies vitales
et se transforment en robots.
Ils peuvent survivre mais ils ne vivent plus.

Il faut parfois beaucoup de temps,
lorsqu'on s'approche d'eux avec amour et respect,
pour éveiller à nouveau la vie et l'espoir.
Ils ont été si souvent déçus.
Ils ont peur d'entrer à nouveau en relation
et puis d'être rejetés, une fois de plus.

En Inde, en 1975,
aux débuts de notre communauté de l'Arche à Chennai,
nous avons accueilli Sumasundra, un jeune homme de vingt ans,
qui venait de l'hôpital psychiatrique
où il avait été abandonné enfant.
Il était très handicapé physiquement,
et se traînait sur ses deux jambes toutes déformées.
Il ne savait dire que quelques mots, mais il avait l'esprit vif.
Son arrivée dans la communauté fut une joie pour lui
et il fit beaucoup de progrès.
Il se traînait dans le village pour aller boire du thé
dans une échoppe.
Alors que d'autres membres de la communauté recevaient
des visites de leur famille, il n'en recevait jamais,
et il a pris peu à peu conscience que ses parents ne venaient pas le voir;
il est devenu jaloux des autres.

Il est retombé dans le désespoir parce qu'il voulait retrouver sa mère.
Il se jetait sous les voitures.
Cri pour attirer l'attention? cri de désespoir? désir de se tuer?
Les assistants qui s'occupaient de lui ne le savaient pas,
mais ils ont redoublé d'efforts pour retrouver sa mère,
et ils ont fini par réussir.
Elle est venue le voir : ce fut une très belle rencontre.
Sumasundra a retrouvé l'espérance.
Sa mère avait promis de revenir le voir le mois suivant,
mais elle n'est jamais revenue,
et Sumasundra a sombré dans un désespoir encore plus grand,
se jetant de plus en plus souvent sous des voitures.
Il est devenu trop difficile pour la communauté de le garder.
Le risque qu'il se tue était trop grand, son désespoir, trop profond.
Il est retourné à l'hôpital où il vit toujours.
Son désespoir est venu de ce qu'il a réalisé que sa mère
ne voulait pas de lui,
ne pouvait pas l'accepter avec son corps brisé.
Alors il s'est mis, lui aussi, à haïr et à rejeter son corps.
Lorsque les gens ne sont pas aimés,
ils pensent que c'est parce qu'ils ne sont pas aimables,
parce qu'il y a quelque chose de mal et de laid en eux.
Alors pourquoi vivre?

Bien des gens aujourd'hui vivent dans le désespoir

Nombreux sont ceux qui, aujourd'hui,
sont submergés par le désespoir,
et pas seulement dans les asiles.
Comme si leurs esprits et leurs cœurs étaient paralysés,
à l'image de cet homme dans le récit évangélique.
Ils ne savent que faire ni vers qui se tourner,
face à toutes les divisions, les guerres, les corruptions,
les injustices, la pauvreté, l'hypocrisie
et les mensonges de notre monde.
Ils ont perdu espoir.

D'autres sont paralysés parce qu'ils se sentent non voulus,
mis de côté;
ils sont emprisonnés dans la solitude et l'angoisse.
Bien des jeunes aujourd'hui
ont le sentiment de ne pas avoir de place
dans nos sociétés fortement structurées et compétitives à l'excès.
Ils cherchent une échappatoire dans la drogue, l'alcool, la violence
et une sexualité débridée.
Nous sommes tous plus ou moins bloqués
par des murs de peurs et de préjugés,
incapables d'aimer, de respecter les autres,
ceux qui sont différents,
et de partager avec eux.

Ce chapitre de l'évangile de Jean révèle comment Jésus vient à nous
et rencontre chacun dans ces lieux d'impuissance
et de désespérance où nous nous retranchons,
paralysés par nos propres besoins et notre faiblesse.
À chacun de nous il demande :
« Veux-tu guérir? »

Certains ne veulent pas être guéris.
Pendant trente-huit ans, l'infirme de la piscine de Bethzata avait appris
à survivre avec sa tristesse.
Maintenant, il lui faut se lever, faire des choix,
se faire de nouveaux amis, trouver du travail, aller au Temple.
Il doit apprendre à utiliser cette liberté nouvelle qui lui est donnée
et à devenir responsable de sa vie.
Jusque-là, il pouvait s'en prendre aux autres et les accuser :
personne ne voulait l'aider, lui l'infirme.
Maintenant qu'il est guéri,
il ne peut s'en prendre qu'à lui-même!

Un miracle est un signe de l'amour de Jésus
qui a soif de guérir nos cœurs si souvent fermés
afin que nous puissions devenir pleinement vivants
et grandir dans l'amour.

Nous n'acceptons pas facilement le risque d'être guéris
et d'avoir à devenir plus aimants et ouverts aux autres.
Croyons-nous que nous sommes appelés à devenir à notre tour
instruments de guérison par notre amour?
Les gens qui sont dans le désespoir ont besoin de rencontrer
des hommes et des femmes pleins d'espérance, pleinement vivants,
pour leur révéler qu'ils sont importants et aimables
et les aider à découvrir le sens de leurs vies.
Cet homme paralysé,
comme ces enfants brésiliens immobiles dans leur lit,
était réduit au désespoir.
Lorsque les gens sont dans le désespoir,
ils n'ont plus d'espérance,
ils ne voient plus de sens à leur vie.
Mais quelque chose peut se passer s'ils font une expérience d'amour :
amour d'un nouvel ami, amour de Dieu.
Le désespoir semble disparaître;
ils découvrent un sens à leurs vies.
La dépression, par contre, est une maladie
qui a besoin de soins ou d'une thérapie.
Nous pouvons avoir des amis formidables,
un bon travail et cependant vivre une dépression.
La dépression a des ramifications physiques
et psychologiques profondes.
Ses causes peuvent être multiples :
de nos tentatives à cacher des blessures de l'enfance
à des déséquilibres chimiques de notre cerveau.
La dépression et le désespoir peuvent présenter
des symptômes similaires : sentiment de non-valeur, d'impuissance,
sentiment de ne pas être aimable, mauvais même,
et cela peut nous paralyser;
dans les deux cas, la vie n'a plus de sens.
La dépression peut engendrer le désespoir.
Le désespoir se situe plus sur le plan humain et spirituel
tandis que la dépression est davantage physique et psychologique.
Mais les deux sont souvent mêlés.

Conflit avec certains pharisiens

Jésus a guéri un infirme, lui a dit de se lever
et de prendre son grabat un jour de sabbat, jour sanctifié par Dieu!
Jour où les Juifs étaient invités à se reposer de leur travail
et à donner du temps à Dieu, à écouter la parole de Dieu.

Certains pharisiens au temps de Jésus
étaient comme des chiens de garde,
aboyant contre quiconque se livrait à des occupations
qu'ils considéraient comme « illégales » le jour du sabbat.
Ils interprétaient le mot « travail » d'une façon étroite et rigide :
un homme portant son grabat « travaillait »
et agissait donc à l'encontre de la loi divine.
Ils dirent à l'homme qui venait d'être guéri :
« *Tu n'as pas le droit de porter ton grabat* » (v. 10).
Il répondit que celui qui l'avait guéri
lui avait dit de prendre son grabat et de marcher,
et qu'il ne savait pas qui c'était.
Plus tard, dans le Temple, il rencontra Jésus
et revint trouver les autorités juives pour leur dire
que c'était Jésus qui l'avait guéri.
Le groupe des pharisiens se mirent à rechercher Jésus
pour lui faire des reproches et le persécuter.

Les pharisiens étaient généralement
des hommes profondément religieux.
Ils appartenaient à des fraternités
créées à l'époque où les Juifs avaient subi la domination grecque.
Ils voulaient conserver et approfondir la beauté de leur foi juive.
Ils avaient peur que la philosophie, la richesse, le mode de vie
et la religion des Grecs pénètrent dans le peuple
et affaiblissent leur foi.
Ces fraternités étaient certainement animées d'un idéal élevé
et d'un grand amour de Dieu.
Mais comme beaucoup de fraternités dans diverses traditions religieuses,
certaines étaient devenues légalistes et rigides.

Leurs membres se percevaient comme une élite
qui devait contrôler les autres et leur dire ce qu'il fallait faire.
C'était le cas de ce groupe de pharisiens.
Ils étaient incapables d'accepter que cet homme,
paralysé depuis trente-huit ans,
ait été guéri le jour du Seigneur
et soit désormais en bonne santé et plein de vie.

Pourquoi étaient-ils incapables de reconnaître ce miracle?
Était-ce parce qu'ils étaient paralysés par la peur?
Ce qui les intéressait, ce n'était pas le bien-être des gens
mais uniquement l'observance de la loi,
et par là, le maintien de leurs privilèges et de leur pouvoir.
Les gens comme eux ne cherchent pas
à écouter ceux qui souffrent ni à entrer en relation avec eux.
Ils ne croient pas à la vie, mais au pouvoir.
La liberté nouvelle de cet homme paralysé
a dû irriter ces pharisiens,
révélant par contraste leur propre manque de liberté
et leur peur de toute nouveauté.
Incapables de voir combien leurs cœurs étaient paralysés,
ils étaient convaincus d'avoir reçu de Dieu
la mission de faire appliquer la loi.

En entrant dans cet asile,
en allant vers la « racaille » de la société
et en guérissant cet infirme,
Jésus créait un désordre social.
Il révélait la valeur de cet homme paralysé,
et à travers lui la valeur de toute personne.
Les chefs n'aiment généralement pas le désordre.
Ils ne veulent souvent que maintenir l'ordre établi.

La réponse de Jésus

Jésus aime ces pharisiens.
Il veut percer leur aveuglement
et les convaincre qu'il accomplit cette guérison
avec Dieu et en Dieu.
Il leur dit :

> *« Mon Père et moi nous travaillons toujours. » (v. 17)*

Le travail de Dieu, c'est la vie :
donner la vie, nourrir la vie, appeler à la vie
chaque jour et à chaque instant!
Cela rend les pharisiens encore plus furieux.
Non seulement Jésus viole le sabbat,

> *mais il appelait Dieu son propre Père, se faisant égal à Dieu. (v. 18)*

C'était le pire blasphème.

Pour mieux comprendre ces hommes et leur intransigeance,
leur souci d'obéir à des prescriptions établies par les hommes,
il faut nous rappeler que le grand trésor du peuple Juif était
leur foi en *un* Dieu, le Dieu *unique*, le *seul* Dieu.
Ils avaient conservé ce trésor
face aux croyances des Grecs et des Romains
en une multitude de dieux.
Jésus essaie d'expliquer et de révéler son unité avec Dieu.
Il ne prend pas la place de Dieu; il n'est pas contre Dieu.
Il n'y a pas deux Dieux.
Il est en communion avec Dieu.
Il est le Fils bien-aimé de Dieu
qui fait tout ce que son Père lui demande.
Ils font tout ensemble; toute vie jaillit d'eux.

> *« En vérité, en vérité, je vous le dis,*
> *le Fils ne peut rien faire de lui-même,*
> *qu'il ne le voie faire au Père;*

ce que fait celui-ci, le Fils le fait pareillement.
Le Père aime le Fils
et lui montre tout ce qu'il fait. » (v. 19-20)

« Je ne puis rien faire de moi-même.
Je juge selon ce que j'entends, et mon jugement est juste,
parce que je ne cherche pas ma volonté,
mais la volonté de celui qui m'a envoyé. » (v. 30)

Jésus n'a pas d'identité en dehors de son Père.
Son existence même est communion avec le Père.
Il ne peut être séparé du Père
car il est un avec lui.
Le Père et le Fils sont dans une unité d'amour et de lumière.
Dans cette unité, ils sont source de toute vie et de toute création.
Jésus révèle que la guérison de cet homme paralysé
est une manifestation de la présence et de l'amour de Dieu,
qui veut guérir la paralysie intérieure de chacun de nous.

Jésus veut aider ces chefs religieux
à croire au pouvoir de Dieu à l'œuvre en lui.
Il ne veut pas qu'ils restent enfermés
dans leurs préjugés et leurs jugements préconçus;
Jésus dialogue avec eux;
il essaie de les aider à comprendre et à poser un acte de foi,
mais une foi fondée sur le miracle qu'il vient d'accomplir
et sur le témoignage de Jean le Baptiseur.
Jésus leur demande de ne pas en arriver trop vite à des conclusions
ni de réagir à partir de leurs idées préconçues,
mais d'entrer davantage en eux-mêmes,
d'écouter le murmure de Dieu
et de scruter plus attentivement les Écritures.

Mais, comme tant d'entre nous, ces pharisiens
sont coincés dans leurs préjugés.
Ils ne veulent pas être guéris de leur dureté de cœur.

Jésus ajoute :

> « *Vous ne voulez pas venir à moi pour avoir la vie. (v. 40)*
> *Je viens au nom de mon Père et vous ne m'accueillez pas;*
> *qu'un autre vienne en son propre nom, celui-là vous l'accueillerez.*
> *Comment pouvez-vous croire,*
> *vous qui recevez votre gloire les uns des autres,*
> *et ne cherchez pas la gloire qui vient du Dieu unique. » (v. 43-44)*

Jésus touche là notre péché fondamental :
nous recherchons sans cesse la gloire humaine
et l'admiration les uns des autres;
nous refusons de voir et d'accueillir les signes
de la présence de Dieu dans la réalité de notre monde,
dans ce que nous voyons et entendons;
nous restons enfermés en nous-mêmes et dans notre groupe,
cherchant notre propre gloire, sûrs de nos certitudes,
effrayés de toute nouveauté.

Jésus est venu nous guérir.
Il nous appelle
à franchir les barrières
construites autour de la vulnérabilité de nos cœurs,
afin que nous puissions recevoir la vie
pour la donner.

9

Pain pour la vie

Jean 6, 1-71

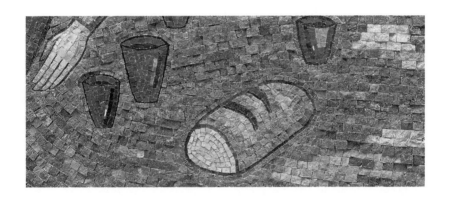

Jésus nous invite

à faire un passage difficile,

et parfois périlleux, dans la foi :

à passer de l'enthousiasme du disciple

à la douceur et l'humilité de l'ami.

La présence de Jésus, l'ami,

— le Verbe fait chair —

devient nourriture pour nos cœurs et nos vies.

Le besoin de nourriture

Notre vie est une traversée
de la faiblesse du nouveau-né que nous avons été
à celle du vieillard que nous deviendrons.
Notre vie est un chemin de croissance qui va
de l'ignorance à la sagesse,
de l'égoïsme au don de soi,
de la peur à la confiance,
de la culpabilité à la liberté intérieure,
de la haine de soi à l'acceptation de soi.

Nous ne *possédons* pas la vie.
Nous la *recevons* dans nos corps fragiles.
Et cette vie grandit, se développe et s'enrichit
tant que nous sommes nourris.
Sans nourriture, nous dépérissons et mourons.
Ce qui est vrai de notre vie physique l'est tout autant
de notre vie dans l'Esprit :
nous avons besoin d'être nourris.
Nous avons besoin de nourriture corporelle,
de nourriture intellectuelle et spirituelle
et de nourriture affective.

Très jeunes, nous avons appris à mettre en place
des mécanismes de défense, des murs autour de nos cœurs,
pour protéger notre vulnérabilité et éviter d'être blessés.
Une de nos plus grandes peurs est la peur de l'échec,
la peur d'être seuls, rejetés, méprisés,
et qu'on nous fasse sentir que nous ne valons rien.
Ces murs nous protègent contre le sentiment affreux de ne rien valoir,
et c'est de là que nous essayons de prouver notre valeur.
Nous devons être les meilleurs. Nous voulons le pouvoir.
Nous voulons être admirés,
considérés comme intelligents et brillants.
Nous voulons gagner dans un domaine, quel qu'il soit.

Un détenu d'une prison américaine avait dit un jour
à un de mes amis aumônier
qu'il était le meilleur voleur de voitures de la ville
et qu'il en était fier.
Il était le meilleur dans son domaine!
D'autres veulent être le plus grand chanteur, le meilleur docteur,
le meilleur écrivain,
le meilleur aux Jeux olympiques.
Être le meilleur!
Pris dans un monde de compétition,
nous avons tendance à considérer les autres comme des rivaux
et non comme des gens avec lesquels nous pouvons
coopérer et progresser.
La compétition peut nous aider à développer nos capacités,
mais elle peut aussi devenir source de conflits.

Jésus est venu nous délivrer de la rivalité et de la compétition
pour que nous puissions devenir plus humains, plus compatissants,
plus ouverts aux autres.
Il est venu nous libérer de nos égoïsmes personnels et collectifs,
des peurs et des préjugés qui nous enferment.
Il est venu nous conduire sur le chemin de l'amour.
Nous ne pouvons passer de l'égocentrisme au don de soi
que si nous recevons de Dieu une force nouvelle.

Cette vie nouvelle ou cette croissance dans l'Esprit
a besoin d'être nourrie.
Jésus est venu nous donner une nourriture spéciale
pour que nous puissions accéder à la plénitude de la vie.

Un merveilleux pique-nique

Ce chapitre de l'évangile de Jean se déroule près du lac de Galilée,
un endroit magnifique, particulièrement au printemps.
Il y a des milliers de fleurs sauvages, un soleil doux et chaud.
La fête de la Pâque est proche.
C'est aussi un printemps dans la vie de Jésus.
Les gens commencent à le suivre :

« Ce doit être le Messie. Voyez comme il guérit les gens! »
Il y a de l'excitation dans l'air.

C'est un printemps aussi pour les disciples.
Ils commencent sans doute à se sentir importants.
Cet homme extraordinaire ne les a-t-il pas choisis?
N'allaient-ils pas devenir ceux qui se partageraient le pouvoir,
le pouvoir spirituel dans son futur gouvernement?
Ils devaient être excités et enthousiasmés.
Ils avaient commencé à le suivre dans la foi et la confiance,
seuls ou à quelques-uns.
Ils commencent à voir les fruits de leur foi.

> *Une grande foule suivait Jésus*
> *à la vue des signes qu'il opérait sur les malades.*
> *Jésus gravit la montage et là, il s'assit avec ses disciples.*
> *Or la Pâque, la fête des Juifs, était proche.*
> *Levant alors les yeux et voyant qu'une grande foule venait à lui,*
> *Jésus dit à Philippe : « Où achèterons-nous des pains*
> *pour que mangent ces gens? » (v. 2-5)*

Jésus se préoccupe du bien-être de tous ces gens.
Ils l'ont suivi, mangeant et buvant ses paroles.
À présent, ils doivent avoir faim et être épuisés.
Jésus est touché par leurs besoins.
Philippe a dû penser que Jésus avait perdu la tête.
Comment pourraient-ils nourrir cinq mille familles?
Comment trouver suffisamment de nourriture pour une telle foule?

André intervient

André a repéré un petit garçon qui avait dans son sac
cinq pains et deux poissons.
Autant dire rien par rapport aux besoins de cette foule.
C'est beau de voir comment Jésus se sert des petits,
ce petit garçon, les serviteurs à Cana.

Jésus, comme s'il était le maître de maison, dit :

    « *Faites-les asseoir.* » *(v. 10)*

L'évangéliste ajoute une touche bien humaine
en notant qu'il y avait beaucoup d'herbe en cet endroit.
Quelque cinq mille familles s'assirent donc
ou s'allongèrent sur l'herbe.
Alors Jésus prit le pain, rendit grâce au Père pour toute la création,
et avec ses disciples se mit à distribuer le pain et le poisson
à tout le monde,
autant qu'ils en voulaient.
Quel merveilleux repas ! Quel merveilleux pique-nique !
Une grande fête !
Tous ces hommes, ces femmes et ces enfants affamés
mangeant du pain et du poisson à satiété,
se reposant tranquillement sur l'herbe en admirant le lac,
partageant en petits groupes, bavardant joyeusement.
Un petit goût de ciel !
Et Jésus avec ses disciples allant d'un groupe à l'autre
ou d'une personne à l'autre pour s'assurer
que tout le monde était bien servi.
Quelle magnifique journée !

Aujourd'hui, quelque deux mille ans plus tard,
certains d'entre nous peuvent sourire cyniquement : des miracles !
Comme si c'était de belles histoires pour les enfants.
Ils peuvent se moquer :
« Comme ça serait bien que Jésus soit là aujourd'hui :
nous n'aurions plus besoin d'aller acheter du pain ! »
C'est ce que devait se dire la foule
quand elle a essayé de s'emparer de lui pour le faire roi.

Entrons plus profondément dans la signification de ce miracle.
Jésus révèle un Dieu qui prend soin de nous,
un Dieu qui se soucie de notre bien-être

et veut que nous soyons bien,
un Dieu qui veut que nous prenions soin de nous.
Mangeons-nous bien? Nous reposons-nous bien?
Nous nourrissons-nous bien?
Il ne s'agit pas simplement de multiplier la nourriture,
mais de créer et de construire une communauté attentive
où les gens ont le souci les uns des autres.

Une abondance d'amour

Une fois le repas terminé,
tout le monde est heureux et détendu.
Jésus dit à ses disciples :

> *« Ramassez tout ce qui reste afin que rien ne soit perdu. » (v. 12)*

Ils remplissent douze paniers à ras bord!
À Cana, Jésus avait transformé une énorme quantité d'eau
en un excellent vin.
Ici, il multiplie cinq pains et deux poissons
en une surabondance de nourriture.
C'est Dieu : il donne sans mesure
parce qu'il nous aime sans mesure.

Que veut dire aimer sans mesure?
Ce n'est pas seulement donner des *choses,* mais *se donner.*
Jésus se donne tout entier à nous;
il nous aime sans mesure afin que nous apprenions
à aimer les autres sans mesure.
Mais nous avons tendance à nous retenir et à nous protéger.
Aimer sans mesure, c'est aussi chercher à être bien et en forme.
S'user, s'épuiser n'est pas une preuve d'amour.
Nous devons prendre soin de nous
et trouver le ressourcement et l'énergie nécessaires
pour être ouverts aux autres et les aimer sans mesure.

La foule cherchait à le faire roi

La foule s'est rendu compte qu'il s'était passé
quelque chose d'extraordinaire :
ils n'ont pas vu des charretées de pain et de poisson,
et pourtant ils ont été largement nourris.
Certains des anciens se rappelaient peut-être
ce que Dieu avait fait pour leurs ancêtres dans le désert
après qu'ils eurent été libérés de l'esclavage,
comment Dieu les avait nourris avec la manne.
Ils se rendaient peut-être compte qu'il leur arrivait
quelque chose de semblable là, en Galilée.
Les gens étaient remplis d'admiration et de respect devant Jésus.

> *Alors, se rendant compte qu'ils allaient s'emparer de lui*
> *pour le faire roi, Jésus s'enfuit dans la montagne, tout seul. (v. 15)*

Ils voulaient le faire roi
pour qu'il s'occupe d'eux et de tous leurs besoins matériels.
Ce serait merveilleux d'avoir pour chef
quelqu'un avec de tels pouvoirs.
Ils n'auraient plus besoin de travailler!

Mais Jésus s'éclipse discrètement dans la montagne.
Il ne veut pas être un roi temporel
qui suscite l'admiration et la crainte.
Il est venu pour que nous vivions une communion avec lui et,
par lui, une communion avec le Père.

La foi de ces gens n'en est qu'au commencement.
Ils suivent Jésus parce qu'il a guéri certains d'entre eux
et qu'il vient de les nourrir tous.
Leur foi est centrée sur eux-mêmes et leurs propres besoins.
Ils veulent se servir de Jésus,
mais il s'échappe.
Jésus accomplit des miracles pour que les gens croient
qu'il est envoyé par Dieu et,
par là, croient à sa parole même si elle semble insensée.

C'est ça qui est important.
Espérons que nous pouvons tous dépasser
cette première étape de la foi
pour nous mettre en route vers une foi plus profonde
et un amour plus grand.

Au début de cet évangile, Jésus a amené ses disciples
à un repas de noces,
pour signifier qu'il les conduit vers l'amour, l'intimité
et une fécondité nouvelle, une fête des noces divines.
Ici nous avons quelque chose de semblable.
Jésus fait passer les gens d'un merveilleux pique-nique humain
et d'une satisfaction de leurs besoins physiques
à une autre forme de fête des noces,
une fête d'intimité et de communion avec lui.
Mais avant qu'il puisse révéler ce nouveau repas de l'amour,
il faut que les disciples traversent le lac.

Les disciples ont peur et sont troublés

Les disciples se sentirent perdus lorsque Jésus disparut
sans leur dire où il allait.
Après l'exaltation du succès et un avant-goût de pouvoir spirituel,
les voilà plongés dans la confusion.
Que faire? Où aller? Où était passé Jésus?
Ils décidèrent de retourner à Capharnaüm
où vivait Pierre et sa belle-mère,
et où Jésus et ses disciples avaient établi leur quartier général.
Ils remontèrent donc dans leurs barques
et commencèrent à traverser le lac à la rame
en direction de Capharnaüm.

Le lac de Galilée peut être traître.
Alors qu'il paraît calme et tranquille,
des vent venant des montagnes
peuvent soudain soulever l'eau en vagues dangereuses.
C'est ce qui est arrivé à ces hommes

qui se dirigeaient vers Capharnaüm;
ils furent saisis de peur.

Soudain ils voient Jésus marcher sur l'eau et venir à leur rencontre.
Ils ont encore plus peur. Serait-ce un fantôme?
Jésus leur dit :

> *« JE SUIS. N'ayez pas peur. » (v. 20)*

Un passage dans la foi

Traverser le lac, c'est faire un passage dans la foi,
un passage que nous devons tous faire.
Il se situe entre le merveilleux pique-nique
où Jésus donne en surabondance
et la révélation à Capharnaüm de Jésus comme un ami
qui les nourrira de sa présence.
Jésus appelle ses disciples à passer
d'une foi basée sur un miracle très concret
qui avait satisfait leurs besoins physiques
à une foi qui soit une confiance totale en lui et en sa parole,
parole qui peut sembler insensée, extravagante, voire scandaleuse.
C'est pour certains un passage difficile
qui provoque une tempête intérieure.
Il ressemble au passage de l'enfance,
où nous nous sentons en sécurité avec nos parents,
à l'âge adulte,
où nous devenons responsables de notre vie.
Jésus fait passer ces hommes de l'excitation
et de l'enthousiasme des disciples
à une réciprocité d'amour et d'amitié plus cachée et plus humble.

Les disciples, troublés et stupéfaits dans la barque,
nous disent quelque chose de nous-mêmes.
Ils semblent avoir vite oublié le bonheur du pique-nique avec Jésus!
Nous aussi, nous oublions vite!
Il nous arrive de vivre des moments bénis dans la prière
ou dans une rencontre avec quelqu'un,

où nous percevons la présence de Dieu.
Puis arrive une difficulté et nous voilà plongés
dans la tristesse et le désespoir.
Nous oublions le moment de bonheur.
Le doute, la colère et l'angoisse montent en nous.
Nous avons la mémoire courte!

J'entends la même chose des couples :
ils peuvent vivre des moments d'incroyable bonheur,
puis surgit un conflit,
et tout le bonheur semble s'évanouir et devenir une illusion.
Ils ne réalisent pas que le bonheur était pour leur donner la force
d'approfondir leur foi et leur confiance l'un dans l'autre
et les aider ainsi à traverser les passages plus difficiles à venir.

Cette traversée du lac a été une réalité concrète,
mais elle symbolise également notre croissance dans la foi,
nos passages dans la foi.
Nous traversons tous des moment de confusion et de doute.
Cela fait partie d'un chemin de foi.
Ce n'est pas un chemin facile,
parce qu'il nous faut mourir à nous-mêmes,
mourir à notre désir de contrôler les choses,
de contrôler l'Esprit de Dieu, de contrôler Jésus,
pour nous abandonner
et nous laisser conduire par l'Esprit de Jésus.

Jésus est le pain du ciel

Beaucoup de ceux qui avaient assisté à la multiplication des pains
traversèrent le lac pour se rendre à Capharnaüm le lendemain.
Ils voulaient être avec Jésus et profiter de sa présence.
Ils lui demandèrent :

« Rabbi, quand es-tu arrivé ici? »

Jésus leur répondit :

> « *En vérité, en vérité, je vous le dis, vous me cherchez*
> *non pas parce que vous avez vu des signes*
> *(qui manifestaient qu'il était envoyé par Dieu)*
> *mais parce que vous avez mangé du pain et avez été rassasiés.*
> *Travaillez, non pour la nourriture qui se perd,*
> *mais pour la nourriture qui demeure en vie éternelle,*
> *celle que vous donnera le Fils de l'homme.* » *(Jn 6, 26-27)*

Quelle est cette nourriture pour laquelle ils doivent travailler
et qui durera toujours?
Que doivent-ils faire (cf. v. 28)?
Jésus répond :

> « *L'œuvre de Dieu, c'est que vous ayez confiance*
> *en celui qu'il a envoyé.* » *(v. 29)*

Et il ajoute :

> « *Je suis le pain de vie.*
> *Qui vient à moi n'aura jamais faim,*
> *qui croit en moi n'aura jamais soif.* » *(v. 35)*

C'était quelque chose que ces gens pouvaient comprendre.
Pour le peuple juif, la parole de Dieu, la Torah,
était une nourriture essentielle.
C'était du pain pour leurs esprits et leurs cœurs.
Dieu n'avait-il pas dit au prophète Ézéchiel :

> « *Fils d'homme, ce qui t'est présenté, mange-le :*
> *mange ce rouleau et va parler à la maison d'Israël [...]* »

Et le prophète ajoute :

> « *Je le mangeai et, dans ma bouche, il fut doux comme du miel.* »
> *(Ez 3, 1-4)*

La parole de Dieu est révélation de son amour pour le peuple juif.
Elle est aussi révélation de ce qu'est l'humanité,
du sens de nos vies,
du sens de toute l'histoire de l'univers, et du salut.
Et elle est douce comme le miel.
Notre intelligence aspire à la sagesse.
Nous avons besoin non seulement d'une sagesse pratique
qui apprenne à vivre,
mais aussi d'une intelligence
qui cherche à comprendre la signification de l'univers.
Nous avons besoin d'être nourris de la parole de Dieu.

Le pain de son corps

Jésus veut amener les disciples plus loin.
Il n'est pas seulement la parole de Dieu
qui illumine leurs esprits et leurs cœurs,
il est le Verbe fait chair, désireux de se donner à eux tel qu'il est,
dans son incarnation,
et de leur être présent comme un ami,
un ami vulnérable dans sa chair.
Il les a choisis, pour vivre avec eux une communion des cœurs.
Cela implique pour les disciples un passage important dans la foi.
Comment peuvent-ils devenir amis du Messie?
L'amitié implique une certaine égalité et une vulnérabilité partagée.
Jésus n'apparaît plus comme puissant,
mais comme quelqu'un sans pouvoir
offrant son amour :

> « *Je suis le pain vivant, descendu du ciel.*
> *Qui mange de ce pain vivra à jamais.*
> *Et même, le pain que je donnerai,*
> *c'est ma chair pour la vie du monde.* » (v. 51)

Et il ajoute :

> « *Qui mange ma chair et boit mon sang*
> *demeure en moi et moi en lui.* » (v. 56)

Ces paroles paraissent incroyables. Que peuvent-elles vouloir dire?
Nous serions tous partis en courant en entendant ces paroles
si nous n'avions pas vu les miracles que Jésus avait faits
pour montrer que ses paroles étaient dignes de foi
et qu'elles étaient paroles de vie.
Il nous faut prendre le temps de chercher à comprendre
ce que Jésus est en train de dire.

Pour les Israélites, la chair et le sang d'une personne
signifient son être tout entier.
En séparant sa chair et son sang,
Jésus annonce sa mort : il est venu comme l'Agneau de Dieu
qui sera sacrifié et mangé comme l'agneau pascal.

Jésus nous offre une relation personnelle, intime avec lui,
qui nous introduira dans la vie même de Dieu
et nourrira sa vie en nous.
Elle nous amènera à demeurer en Jésus
et à ce que Jésus demeure en nous.

Inhabitation réciproque

Réfléchissons à ces mots « demeurer en »,
ou « inhabitation réciproque »,
qui sont des mots clefs pour ce passage et pour tout cet évangile.
Ils révèlent une amitié qui implique
une certaine égalité entre les personnes,
chacune étant ouverte à l'autre, et de ce fait vulnérable.
Lorsque nous devenons vraiment ami avec quelqu'un,
nous renonçons à une certaine autonomie ou liberté personnelle.
D'une certaine façon, nous mourons à nous-mêmes
et à nos besoins égocentriques,
à notre besoin de prouver que nous avons raison
ou que nous sommes les meilleurs.
Nous sommes à l'écoute de nos amis
et essayons de leur faire plaisir.
Nous vivons l'un dans l'autre.

C'est une *inhabitation réciproque*.
Nous pensons l'un à l'autre et restons en communion
même lorsque nous sommes séparés physiquement.
Si Jésus est notre ami bien-aimé, nous voudrons faire ce qu'il veut,
vivre pour lui, pour ses œuvres et sa parole,
comme il voudra faire ce que nous, nous voulons;
il écoutera notre prière.
Que veut Jésus?
Que nous soyons en communion avec son Père,
que nous aimions les autres, même nos ennemis,
que nous ne jugions pas, que nous ne condamnions pas,
mais que nous pardonnions.

Laisser Jésus demeurer en nous implique
que nous ayons fait le ménage dans notre cœur
pour lui donner l'espace de vivre en nous.
Nous ne sommes plus remplis de nous-mêmes.
Nous trouvons désormais notre joie à être et à vivre avec Jésus,
le Bien-Aimé,
et à faire ce qu'il nous demande.
La promesse d'une inhabitation réciproque avec Jésus
deviendra plus claire, plus explicite
au fur et à mesure que nous continuerons à approfondir cet évangile.
Jésus entrouvre une porte sur ce mystère d'amour,
de communion et d'unité.

Nous pouvons tous comprendre que la présence d'un ami
nous nourrisse et nous vivifie.
Ma mère est morte à l'âge de quatre-vingt-douze ans.
Ce qui lui donnait de la joie, de l'énergie et de la vitalité
durant ses dernières années, c'était la visite d'amis,
beaucoup plus qu'un repas, même si les repas comptaient pour elle.
L'amour et la présence de ses amis étaient pour elle une nourriture.

Les personnes ayant un handicap qui ont été rejetées
ou abandonnées retrouvent une énergie et une créativité nouvelles
lorsqu'elles se sentent aimées et respectées.

Leur manque de confiance en elles,
leur peu d'estime d'elles-mêmes et leurs peurs stérilisantes
disparaissent peu à peu et elles retrouvent le goût de vivre.
La présence de quelqu'un qui les aime
leur révèle qu'elles sont précieuses et importantes.
L'amour, la relation et la présence redonnent de la vigueur
à ceux qui sont assoiffés d'amour.
Jésus n'est pas seulement le pain de vie
à travers ses paroles et sa sagesse qui sont pour nous nourriture,
mais il donne vie à travers sa personne,
sa présence incarnée, sa *présence réelle*.
Il se donne à nous dans son corps et son sang.
C'est de cette nourriture-là qu'il parle.

Ces passages de l'évangile qui parlent du corps et du sang de Jésus
éclairent les paroles de Jésus à la dernière cène,
lorsqu'il prit du pain, le bénit, le rompit
et le donna à ses disciples en disant :

« Prenez et mangez, ceci est mon corps. » (Mt 26, 26)

De la même façon, il prit la coupe remplie de vin
et invita ses disciples à boire à la coupe de son sang
versé pour nous.
La communion à la table du Seigneur manifeste et nourrit
l'amitié que Jésus désire vivre avec nous.
C'est un don de son amour et un signe de son désir
de demeurer toujours en nous.
Le sacrement de sa parole,
le sacrement de sa présence dans les pauvres et les faibles
et le sacrement de son corps et de son sang
sont des signes de son désir de vivre une relation de cœur à cœur
avec chacun de nous.
Les sacrements sont comme des portes
qui nous ouvrent à cette amitié,
la révèlent, l'entretiennent et la fortifient.

Une union qui découle de l'unité entre Jésus et le Père

Jésus nous fait entrer dans un mystère, un secret,
qui deviendront de plus en plus manifestes au fur et à mesure
de notre pèlerinage à travers ce magnifique évangile.
Jésus nous dit que notre relation avec lui
et cette inhabitation réciproque
seront semblables à la relation qu'il vit avec le Père.
De fait, sa relation avec le Père sera la source
de notre relation avec lui.
L'une découle de l'autre.

> « *De même que le Père, qui est vivant, m'a envoyé*
> *et que je vis par le Père,*
> *de même celui qui me mange, lui aussi vivra par moi.* » *(v. 57)*

Nous sommes devant une incroyable promesse,
un inconcevable don de Jésus,
un mystère qui se dévoile progressivement.
Nous sommes appelés à devenir comme Jésus,
à devenir son ami bien-aimé,
et ainsi à devenir les enfants bien-aimés du Père.
La nourriture dont parle Jésus
est sa présence réelle dans nos cœurs.
Il nous invite à avoir faim et soif de sa présence d'amour,
présence réelle.

Pas étonnant que les gens réagissent aux paroles de Jésus
et disent :
« C'est impossible; c'est insensé » :

> « *Comment peut-il dire qu'il nous donne sa chair à manger?* » *(v. 52)*

Et l'auteur de l'évangile ajoute :

> « *Après l'avoir entendu, beaucoup de ses disciples dirent :*
> *"Elle est dure, cette parole! Qui peut l'écouter?"*
> *Dès lors, beaucoup de ses disciples se retirèrent*
> *et ils n'allaient plus avec lui.* » *(v. 60, 66)*

Le mouvement d'une foi en un Dieu tout-puissant
— qui nous protège et que nous admirons, craignons
et auquel nous obéissons —
à une foi en un Dieu qui accepte de prendre chair,
de devenir fragile, incarné, de devenir notre ami,
est un trop grand passage pour certains.
Ils s'en vont.

Les gens veulent un Jésus qui arrange les choses dans le monde :
mais Jésus veut que *nous* arrangions les choses dans le monde.
C'est à nous, avec la force de l'Esprit de Jésus,
de nourrir ceux qui ont faim,
de lutter pour la justice et la paix
d'être présents à ceux qui sont seuls, opprimés, ceux qui souffrent,
pour leur révéler la bonne nouvelle de notre amitié
et, à travers cette amitié, la bonne nouvelle
qu'ils sont aimés de Dieu.

Sans doute blessé de ce que tant de gens se détournent de lui,
refusant d'accueillir le secret de son amour,
Jésus, voyant la confusion des Douze, leur dit :

> « *Voulez-vous partir, vous aussi?* »

Nous pouvons presque entendre des larmes dans sa voix.
Simon Pierre répond avec loyauté :

> « *Seigneur, à qui irions-nous?*
> *Tu as les paroles de la vie éternelle.*
> *Nous croyons et nous avons reconnu que tu es le Saint de Dieu.* »
> *(v. 68-69)*

C'est la première fois que nous entendons parler des Douze,
choisis par Jésus pour fonder ce qui deviendra l'Église.
Peut-être parce qu'ils ont vécu un miracle particulier,
pour eux seuls, sur le lac,
ont-ils trouvé la force de faire le passage
et de croire dans les paroles de Jésus.

Dans l'évangile de Jean, ce chapitre est un tournant.
Il commence magnifiquement :
une foule immense suit Jésus.
Mais il se termine douloureusement :
beaucoup se détournent de lui.
Ils veulent suivre un Jésus puissant qui arrange les choses,
pas un Jésus qui veut nous aimer,
devenir notre ami et demeurer en nous.

10

Le cri de Jésus

Jean 7, 1-52

Jésus en a assez
des querelles théologiques
des autorités religieuses.
Il est venu donner la vie
et nous veut
pleinement vivants.

Jésus s'écrie :
« Si quelqu'un a soif,
qu'il vienne à moi et qu'il boive! »

Ce sont les gens qui se sentent
seuls, rejetés,
qui ont soif
et viennent à Jésus.

Un moment de confusion

D es nuages noirs s'amoncellent au sud.
Une forte tempête se prépare.
Après le soleil et le magnifique pique-nique
près du lac de Tibériade,
c'est une nouvelle phase de la vie de Jésus qui commence.
Les miracles en Galilée avaient apporté la joie et la foi,
une foi superficielle cependant.
Le succès semblait à portée de main.
Mais les miracles à Jérusalem suscitent une violente opposition,
on parle d'arrêter Jésus et de le mettre à mort.
Chez certains, Jésus éveille l'espérance et la foi,
chez d'autres, la peur, la colère, la confusion et la haine.

N'est-ce pas ce qui se passe lorsque se lève un prophète
qui appelle les gens à la vérité et à la justice?
Oscar Romero fut assassiné au Salvador
parce qu'il réclamait la justice pour les pauvres et les faibles.
Mahatma Gandhi fut tué parce qu'il cherchait
à ce qu'hindous et musulmans s'accueillent mutuellement.
C'est toujours comme ça, à travers l'histoire :
les dictatures cherchent à éliminer ceux qui disent la vérité
et appellent au changement.
Qui parmi nous aime entendre la vérité sur lui-même
et être appelé à changer et à grandir?

Ce chapitre de l'évangile de Jean paraît confus :
Jésus dit qu'il n'ira pas à Jérusalem pour la fête des Tentes,
puis plus tard il y va, mais en secret.
Les gens semblent confus quant à l'identité de Jésus.
Certains disent qu'il doit être un homme de bien, un prophète,
tandis que d'autres disent qu'il détourne les gens de Dieu.
L'auteur de cet évangile veut que nous comprenions
que dans chacune de nos vies il y a des tournants,
des moments où nous sommes appelés à faire un choix,
à briser notre égoïsme, à renoncer à la sécurité et au pouvoir

pour marcher sur les chemins de l'amour,
de la compassion, de la foi et de l'insécurité.
Au fur et à mesure que nous avançons dans cette histoire de foi,
les choses deviennent plus tranchées.
Il y a ceux qui veulent suivre Jésus
et ceux qui veulent se débarrasser de lui.
Entre ces deux groupes, beaucoup ont peur de prendre position.
C'est difficile pour eux de faire un choix.
Nombre de chefs religieux
(à l'exception de gens comme Nicodème)
sont en colère contre Jésus,
prêts à le faire arrêter et tuer.
Ils le voient comme quelqu'un qui dérange l'ordre établi
et agit contre les desseins de Dieu.
Comment des Juifs pieux,
qui avaient confiance en leurs chefs religieux,
pouvaient-ils oser suivre Jésus, en s'opposant à eux?
Ce n'était pas facile alors,
ce ne l'est pas davantage aujourd'hui,
de choisir de suivre Jésus
et son message radical de paix.
C'est peut-être la raison pour laquelle il était plus facile
pour les pauvres, les estropiés, les aveugles,
ceux qui d'une certaine manière étaient déjà exclus du Temple,
de devenir disciples de Jésus.

La fête des Tentes

Tout cela a lieu durant la très belle fête juive, la « fête des Tentes ».
Dans la tradition juive, la fête de la Pâque est une fête familiale
où l'agneau est partagé en famille.
La fête des Tentes est une fête communautaire.
Les familles quittaient leur maison pour vivre pendant huit jours
sous la tente en souvenir des quarante années passées
par les Israélites dans le désert, sous la tente.
Le Seigneur Dieu demeurait lui aussi sous une tente,
la « Tente de la Rencontre » (cf. *Ex* 40).

Ces années d'exil dans le désert avaient été des années
de pauvreté et de précarité,
mais les Israélites étaient ensemble, en communauté, entre eux,
avec tout ce que cela implique de foi commune,
mais aussi de conflits interpersonnels.
Dieu les conduisait à travers toutes leurs difficultés
par une colonne de nuée durant le jour
et une colonne de feu durant la nuit (*Ex* 13, 21).

Une fois installés sur la Terre promise,
les Israélites n'étaient plus isolés
mais vivaient dans une société mixte, pluraliste, à côté des Romains
et des Grecs, et de gens qui adoraient d'autres dieux,
avec tout ce que cela implique en termes de compromis,
de danger de perdre la foi
et de se laisser séduire par les richesses et le pouvoir.
Durant la fête des Tentes,
les gens célèbrent la façon dont Dieu a veillé sur eux
durant ces quarante années difficiles.
C'est un rappel de la précarité de l'existence humaine
et du besoin de croire en la providence bienveillante de Dieu.
C'est aussi une fête d'action de grâce
où l'on remercie Dieu pour l'eau qui donne la vie
et permet les récoltes.
Ces huit jours de fête sont très joyeux.
Lors de magnifiques processions,
les gens de différents villages revêtent leurs costumes traditionnels
et marchent dans les rues en chantant,
en agitant des fleurs et des palmes.

Le cri de Jésus

Durant ces jours d'action de grâce
et de célébration de l'eau et de la lumière,
nous trouvons Jésus enseignant dans le Temple.
Les gens sont surpris de le voir enseigner si ouvertement
sachant que les autorités veulent l'arrêter.

Toutes sortes de querelles théologiques surgissent
pour savoir si Jésus est ou non le Messie
et si on sait ou non d'où viendra le Messie.
Jésus ne supporte pas ces discussions.

> « *Le dernier jour de la fête, le grand jour,*
> *Jésus, debout, s'écria :*
> *"Si quelqu'un a soif, qu'il vienne à moi et qu'il boive."* » (Jn 7, 37)

Par son cri, Jésus révèle sa propre soif de donner la vie.
Comme si son désir de libérer les gens,
d'être en communion avec eux, jaillit de son cœur.
Il a soif que nous ayons soif de lui.
Il vient pour donner la vie et la donner en abondance,
mais les gens restent enfermés dans leurs attitudes
de méfiance, de confusion et de peur.
Ils n'osent pas faire confiance à Jésus.
Ils ont peur des conséquences,
peur des autorités religieuses,
peur du changement.

Dans un pays déchiré par tant de divisions et de haines,
où les gens étaient enfermés dans le désespoir,
humiliés par la présence des troupes romaines,
c'est comme si Jésus ne pouvait plus contenir sa compassion :
« Venez, venez à moi! Et je vous donnerai la vie. »

Dans l'évangile de Matthieu, Jésus s'écrie de la même façon :

> « *Venez à moi, vous tous qui peinez et ployez sous le fardeau*
> *et je vous donnerai le repos.* » (Mt 11, 28)

Seuls ceux qui ploient sous le fardeau et qui ont soif
découvriront l'amour infini de Jésus
et son désir de nous soulager et de nous combler.

Venir boire à Jésus

Nous avons déjà parlé du symbole de l'eau dans cet évangile.
La terre aride et sèche a soif de pluie.
La pluie, c'est la vie; la sécheresse, c'est la mort.
Avoir soif, dans le langage biblique, c'est être sec intérieurement,
se sentir vide et angoissé.
Ceux qui se sentent mis de côté ont soif d'être aimés,
acceptés et confirmés.
Ils ont soif d'une relation personnelle.

Boire à Jésus, c'est recevoir une vie nouvelle
à travers sa présence d'amour
et entrer dans une relation personnelle de confiance avec lui.
Nous « buvons » ses paroles,
qui nous libèrent des chaînes qui nous emprisonnent.
Jésus nous révèle alors qui nous *sommes*
et qui nous sommes appelés à *devenir.*
Nous sommes aimés de Dieu, bien-aimés de Dieu.
Nous aussi, nous ferons de belles choses;
nous aussi, nous pourrons donner vie à d'autres.

Nous sommes appelés à donner l'eau vive

Après avoir promis de donner de l'eau à ceux qui ont soif,
Jésus dit :

> « *Si quelqu'un a soif, qu'il vienne à moi,*
> *et qu'il boive.*
> *Celui qui a confiance en moi,*
> *selon le mot de l'Écriture,*
> *"de son sein couleront des fleuves d'eau vive". » (Jn 7, 37-38)*

L'évangéliste ajoute :

> *Il parlait de l'Esprit*
> *que devaient recevoir ceux qui avaient cru en lui. (v. 39)*

138

Jésus avait dit à la Samaritaine, près du puits,
que l'eau qu'il donnerait deviendrait, en celui qui la boirait,
source jaillissant en vie éternelle.
Jésus nous appelle à le recevoir
pour que nous puissions donner la vie à ceux qui ont soif.

Ceux qui croient en Jésus deviendront comme lui.
Par leur amour, leurs paroles, leur présence,
ils transmettront l'Esprit qu'ils ont reçu de Jésus.
Ils étancheront la soif des pauvres, de ceux qui se sentent seuls,
qui sont dans la souffrance et l'angoisse.
Ils leur donneront la vie, l'amour et la paix du cœur.

Jésus vient nous apprendre une nouvelle façon de vivre,
fondée non sur une doctrine ou des règles morales,
mais sur une relation personnelle avec lui
qui nous permet de vivre
une relation personnelle
avec d'autres.
Jésus, doux et humble de cœur, attend patiemment
que nous venions librement boire à lui,
afin que d'autres puissent librement venir à nous
pour apaiser leur soif.
Nous ne sommes pas appelés à être gouvernés ou contraints
par des lois — aussi nécessaires soient-elles —
mais à nous laisser guider par l'Esprit de Dieu,
afin d'avoir part à la glorieuse liberté
des enfants de Dieu (cf. *Rm* 8, 21).

11

Le Pardon

Jean 8, 1-11

Les sentiments de culpabilité
entravent notre marche
sur le chemin de la foi et
de l'amour.

Jésus retire ces obstacles
et nous dit : « Je ne te
condamne pas. »

Pardonnés,
nous sommes appelés à
pardonner à notre tour
et à libérer les autres
de la prison de leur culpabilité.

La femme surprise en adultère

Au début de ce chapitre de l'évangile de Jean,
nous voyons Jésus
en train d'enseigner dans le Temple.
Soudain c'est l'agitation : un groupe d'hommes font irruption
là où se tient Jésus.
Ils traînent une femme — sans doute à moitié nue —
et l'amènent devant lui en lui disant :

> *« Maître, cette femme a été surprise en flagrant délit d'adultère.*
> *Or dans la Loi, Moïse nous a prescrit de lapider ces femmes-là.*
> *Toi, que dis-tu? » (Jn 8, 4-5)*

Ils agissent ainsi non par souci de la loi
mais pour mettre Jésus à l'épreuve,
le discréditer et détruire sa réputation.
Quel meilleur moyen que de le mettre en contradiction avec lui-même?
Jésus a beaucoup parlé du pardon.
Il se trouvait souvent en compagnie de ceux
qui étaient considérés comme pécheurs,
parce que, disait-il, il était venu non pour les bien-portants,
mais pour les malades.
Si maintenant il dit que cette femme doit être pardonnée,
il ira contre la loi de Moise.
Si, à l'inverse, il dit que la loi doit être appliquée,
cette femme sera lapidée
et tout l'enseignement de Jésus sur le pardon sera mis à mal.
Si Jésus se contredit ou va contre la loi
il ne peut pas être le Messie.

Jésus se tait.
Se baissant, il se met à écrire sur le sol.
Le groupe des scribes et des Pharisiens exige une réponse :

> *« Toi donc, que dis-tu? »*

Jésus se redresse et leur dit :

> « *Que celui d'entre vous qui est sans péché*
> *jette le premier une pierre.* » *(v. 7)*

Et se baissant à nouveau, il écrit avec son doigt sur le sol.
Les hommes commencent à s'en aller un à un,
à commencer par les plus vieux.
La tradition voulait que ce soit le plus vieux qui jette la première pierre.

Trois procès

Dans cette scène, nous voyons se dérouler trois procès :
le procès de la femme : doit-elle être lapidée?
le procès de Jésus : ces hommes peuvent-ils le discréditer?
le procès de ces hommes : se sentent-ils coupables?
Derrière ces procès, il y a la peur.

Ces hommes ont peur;
ils ont peur de Jésus et veulent se débarrasser de lui.
Mais de quoi ont-ils peur?
Jésus annonce un message d'amour, une proximité avec les pauvres
et une relation avec son Père.
Il attire de plus en plus de gens qui commencent à croire
qu'il est le Messie.
Ont-ils peur qu'il provoque une insurrection
et que les Romains sévissent contre eux?
Ont-ils peur de la lumière et de la vérité en Jésus,
qui révèlent le mal de leurs cœurs?
Ont-ils peur de la proximité de Jésus
avec les petits et les pauvres d'Israël
qu'ils tiennent sous leur contrôle?
Sous bien des angles, ces hommes manifestent
une peur de la nouveauté qui nous habite tous.
Nous avons peur du changement, peur de perdre le contrôle
et de perdre notre pouvoir.

Nous pouvons avoir peur des prophètes
tels que Nelson Mandela, Mahatma Gandhi ou Martin Luther King Jr.
Rappelons-nous la peur, il n'y a pas si longtemps,
des Blancs d'Afrique du Sud ou des États-Unis
lorsque les Noirs ont commencé à revendiquer leurs droits.
Regardons la peur de ceux qui sont riches et possèdent la terre
face au cri prophétique de ceux qui n'en ont pas.
Nous pouvons nous durcir et avoir peur
lorsque des figures prophétiques mettent en lumière
l'égoïsme et le mal de nos cœurs
et réclament justice pour les opprimés.
Certaines, comme Dorothy Day et d'autres militants pacifistes
se retrouvent en prison pour avoir réclamé la paix en temps de guerre.

Ici, dans cette scène d'évangile,
il y a la peur panique de la femme surprise en adultère.
On parle de la lapider, de la tuer!
Elle est remplie de culpabilité, de honte et de peur de la mort.
Est-ce que son mari et ses enfants étaient au courant de sa liaison?

Et puis il y a Jésus.
En lui, nulle peur.
Il est serein, mais sans doute profondément blessé
par l'attitude de ces hommes
et leur acharnement contre cette femme.
Pourquoi Jésus garde-t-il le silence?

Le silence de Jésus

Un procès implique un jugement.
Un jugement implique une *séparation*.
Lorsque nous jugeons quelqu'un,
nous sommes les « bons » et l'autre est le « mauvais »;
nous sommes supérieurs, l'autre, inférieur;
nous *savons* et l'autre, *non*.
Nous construisons une barrière entre nous.

N'avons-nous pas tous tendance à juger les autres,
à voir le négatif en eux au lieu de voir le positif?
Mais le Verbe s'est fait chair pour *être proche* des pauvres.
Il appelle ses disciples à aimer comme il aime :

> « *Montrez-vous compatissants comme votre Père est compatissant;*
> *ne jugez pas et vous ne serez pas jugés;*
> *ne condamnez pas et vous ne serez pas condamnés;*
> *pardonnez et vous serez pardonnés.* » *(Lc 6, 36-37)*

> « *Qu'as-tu à regarder la paille qui est dans l'œil de ton frère?*
> *Et la poutre qui est dans ton œil à toi tu ne la remarques pas!...*
> *Hypocrite, ôte d'abord la poutre de ton œil, et alors tu verras clair*
> *pour ôter la paille de l'œil de ton voisin.* » *(Mt 7, 3.5)*

Ces hommes veulent que Jésus juge cette femme
mais il ne peut pas.
Son identité même, comme Verbe fait chair,
est d'aimer les gens, tous les gens,
d'être proche d'eux, de leur révéler leur valeur et leur beauté.
Il est venu non pour condamner les gens
mais pour les sauver, les libérer et leur apprendre à aimer.
Jésus garde le silence.
Il aime cette femme pleine de peur;
il aime également ces hommes remplis de peur,
une peur qui cache leur vraie beauté comme personnes humaines
et comme enfants du Père.

Le mystère de l'amour de Jésus

Nous touchons là au cœur du mystère
de l'amour de Dieu et du Dieu d'Amour.
Dans la parabole du fils prodigue, le Père attend avec amour son fils
qui a quitté la maison de son Père et dilapidé sa part d'héritage
dans les bars et avec des femmes (cf. *Lc* 15, 11).
Lorsque le Père aperçoit son fils rentrant à la maison,
en haillons et affamé,

il court à sa rencontre et l'embrasse.
Aucune critique. Aucun jugement. Pas un mot de reproche.
Il le serre sur son cœur et l'embrasse tendrement.
Le Père se réjouit parce que son fils est de retour.
Il révèle à son fils qui il est, son identité la plus profonde :
il est bien-aimé.
Le Père aime son fils et a soif de vivre en communion avec lui.
La séparation lui est insupportable.
C'est pourquoi il décide d'organiser une grande fête
pour célébrer le retour de son fils.

Dieu ne nous a pas créés pour nous refouler
dans un lieu de châtiment.
Dieu connaît notre faiblesse et la dureté de notre cœur.
Il sait que nous sommes nés avec des cœurs
où habitent le vide et les ténèbres.
Il connaît notre capacité à nous couper de lui.
Le désir de Dieu est que nous ouvrions nos cœurs
à son amour qui guérit.
Notre Dieu est un Dieu de la vie,
un Dieu d'amour et de communion,
qui nous veut debout, et que nous devenions
un peuple de compassion et de justice.

Dieu ne dit pas : « Si tu changes, je t'aimerai. »
Nous découvrons que Dieu nous aime
et nous commençons alors à changer pour répondre à son amour.

Jésus et la femme

Quand les hommes furent tous partis,
Jésus se retrouva seul avec la femme.
Il se redressa et lui dit
(et nous pouvons presque entendre
le changement de ton de sa voix) :

« Femme, où sont-ils? Personne ne t'a condamnée? »

« Personne », dit-elle. Alors Jésus dit :
« Moi non plus je ne te condamne pas.
Va, désormais ne pèche plus. » (8, 10-11)

Paroles pleines de bonté et de compréhension.
Jésus commence par une question toute simple
pour entrer en relation avec elle
et l'invite à être en communication avec lui.
Puis il lui dit qu'il ne la condamne pas non plus.

Cela veut-il dire que pour Jésus l'adultère n'est pas un péché?
Non, Jésus désire libérer les gens afin qu'ils changent de vie
et découvrent leur vraie valeur comme personnes humaines
et comme enfants de Dieu.
Jésus veut non pas que cette femme s'enferme dans sa culpabilité
mais qu'elle reconnaisse qu'elle a fait quelque chose de mal
et découvre qu'elle est pardonnée,
qu'elle peut être libérée de la culpabilité.
Alors elle peut repartir libre, se sachant précieuse,
appelée à aimer Dieu, son mari, ses enfants et ses voisins
et à donner la vie aux autres.
Transformée, elle peut se remettre debout et être elle-même,
parce qu'elle a découvert que Jésus l'aime comme elle est.

Être délivré de la culpabilité

Beaucoup de gens aujourd'hui
sont aux prises avec un sentiment de culpabilité,
comme cette femme l'était sans doute.
Je peux voir en moi-même cette peur d'être mal vu ou d'avoir mal agi,
la peur d'être rejeté, repoussé dans les profondeurs de l'isolement.
Notre plus grand besoin est de sentir que nous avons une valeur,
que nous sommes précieux
et pouvons faire de belles choses.

Il y a quelques années, nous avons accueilli Daniel
dans notre communauté.

Tout petit, il avait connu la souffrance.
Ses parents ne voulaient pas de lui
et l'ont mis chez ses grands-parents
qui n'ont pas pu le garder.
Il a été placé dans plusieurs familles d'accueil, ça n'a pas marché.
Finalement il a été mis à l'hôpital psychiatrique.
Il avait toujours été vu comme quelqu'un qui dérange.
Personne n'en voulait.
Par moments dans notre communauté il se coupait de la réalité,
cachant ses angoisses et se cachant lui-même
derrière des hallucinations.
Il avait construit autour de son cœur des murs épais
qui l'empêchaient d'être ce qu'il était.
Il se sentait coupable d'exister parce que personne ne voulait de lui.

La situation de Daniel était extrême,
mais la plupart d'entre nous avons fait cette expérience
à un moment ou à un autre
de nous sentir non voulus et rejetés,
lorsque nous étions enfants.
Peut-être qu'à la naissance d'un frère ou d'une sœur plus jeune
nous avons perdu notre place.
Peut-être que lorsque nos parents n'étaient pas en forme, ou stressés,
ils ont crié contre nous de façon injuste.
Le cœur d'un enfant est si vite blessé
et cette blessure s'inscrit profondément en lui :
« Si je ne suis pas aimé, c'est que je ne suis pas aimable.
Et si je ne suis pas aimable, c'est que je suis mauvais. »
C'est ainsi que des enfants construisent des murs autour de leurs cœurs
pour se protéger de ce sentiment qui les fait souffrir.
Ce sentiment de culpabilité,
ou de honte comme l'appellent les psychologues,
est provoqué chez les enfants par les gens qui les entourent
et qui veulent qu'ils correspondent davantage à leurs propres désirs.
Cette forme de culpabilité affecte notre être même.

Habituellement, le mot « culpabilité » s'utilise
lorsque nous faisons consciemment quelque chose de mal.
Nous pouvons être coupables de voler, de tromper
ou de blesser quelqu'un.
Il y a le *sentiment* de culpabilité,
mais il y a également une réalité *objective* :
nous avons volé quelque chose.
C'est ce qu'on appelle la *culpabilité morale*.
Ces deux formes de culpabilité (la honte et la culpabilité morale)
sont bien sûr liées.
Nous nous sentons tous coupables de ne pas assez aimer.
Il y a tant de peur, de colère et d'égoïsme en chacun de nous
et nous ne savons pas toujours ce qui vient d'une blessure intérieure,
d'un sentiment de ne pas être bon,
et ce qui est vraiment de notre faute.
Les gens à qui on a fait sentir qu'ils n'étaient pas bons
auront tendance à mal agir.
Ils ne savent pas qu'ils sont bons.
Comment pouvons-nous être délivrés
de ces deux formes de culpabilité qui peuvent nous paralyser
et nous empêcher de voir notre beauté première,
notre capacité à donner la vie et à faire de belles choses?

Qu'est-ce que le péché?

Le péché est un acte que nous posons consciemment.
C'est désobéir au commandement d'amour que Dieu nous a donné.
Dans l'évangile de Jean, cependant, le péché est avant tout
le refus d'accueillir Jésus et de lui faire confiance.
C'est rester obstinément aveugles devant les signes
et les miracles qu'il a faits
pour montrer qu'il était envoyé par Dieu.
C'est se détourner de lui.
C'est refuser de changer et d'ouvrir nos cœurs
à ceux qui sont dans le besoin.
Le péché est le mur construit

autour de nos esprits et de nos cœurs
qui nous empêche d'être ouverts
à Jésus, aux autres et à notre personne profonde.
Ce mur de péché est renforcé
si nous refusons consciemment d'être guéris,
essayant même de nous débarrasser de Jésus.
Le péché, c'est être fermé sur soi-même
et dans son propre groupe.
Cela conduit au conflit, à l'oppression
et à toutes sortes d'abus de pouvoir.
Le péché conduit à la mort.

Nous sommes *tous* cette femme et ces hommes

La femme surprise en adultère dans cet évangile
représente chacun de nous
quand nous nous détournons de Dieu
et refusons son don de vie et d'amour,
quand nous blessons les autres et nous-mêmes.
Dans le langage biblique, l'adultère symbolise le péché :
nous nous détournons de Celui qui nous aime
et nous appelle à une liberté intérieure nouvelle.

Jésus dit à chacun de nous ce qu'il a dit à cette femme :

> *« Moi non plus je ne te condamne pas.*
> *Va, désormais ne pèche plus. »*

Le pardon au cœur du message de Jésus

Le Verbe s'est fait chair non pour récompenser les gens
de toutes les bonnes actions accomplies durant leurs vies,
mais pour les conduire des ténèbres à la lumière, de la mort à la vie.

> *« Dieu a tant aimé le monde*
> *qu'il a donné son Fils unique*
> *afin que quiconque croit en lui*
> *ne se perde pas*

mais ait la vie éternelle.
Car Dieu n'a pas envoyé son Fils dans le monde
pour juger le monde
mais pour que le monde soit sauvé par lui. » *(Jn 3, 16-17)*

Les noms de Dieu révélés par Jésus sont Compassion,
Miséricorde, Pardon, Bonté, Bienveillance et Tendresse,
Lumière et Vérité.
Il n'est pas venu pour juger ou condamner
mais pour révéler que chaque personne est belle
et appelée à l'être encore davantage.
Le mot grec pour « pardonner » signifie également libérer,
sauver les gens du danger et les conduire à la vie.
Cette libération implique un consentement de notre part.
Dieu est Amour et il a soif de se donner par amour.
L'amour ne s'impose jamais; il s'offre.
Jésus invite; il ne violente pas notre liberté.
Nous sommes appelés à ouvrir la porte de nos cœurs.

Pourquoi refusons-nous l'amour?

Comment se fait-il que nous choisissions la mort plutôt que la vie,
la dépression plutôt que la guérison,
la prison plutôt que la liberté?
La réponse n'est pas simple. Elle touche au secret de chaque personne.
Pour certains, la libération semble impossible.
Ils ne connaissent pas Jésus comme celui qui guérit et libère.
Ceux qui n'ont connu qu'un amour possessif
ne peuvent pas croire qu'il existe un amour qui libère.
Certains veulent rester dans la dépression
avec laquelle ils ont appris à vivre.
Certains ont appris que la réussite est la seule valeur :
pour *être* ils doivent être les meilleurs; ils doivent être forts comme Dieu.
À leurs yeux, être faible est un mal.
Pour d'autres, il vaut mieux ne pas réfléchir personnellement
mais faire ce qu'on vous dit, obéir à la culture ambiante, etc.
La façon dont la vie chrétienne a été enseignée et vécue,

à travers les siècles et aujourd'hui encore,
a souvent brouillé le message de guérison et de libération de Jésus.

Ce sont aussi des luttes intérieures
qui nous empêchent d'ouvrir nos cœurs
à l'amour de Jésus qui nous pardonne et nous guérit :
luttes entre le désir ou le besoin de prouver notre valeur
et l'humble acceptation de notre besoin de Jésus,
de son amour et de son aide.
Nous pouvons avoir peur de perdre de notre richesse,
de nos plaisirs ou de notre pouvoir
si nous accueillons Jésus.
En chacun de nous, il y a un désir de montrer que nous sommes Dieu
plutôt que de montrer notre besoin de Dieu.
Nous pouvons aussi avoir peur de reconnaître
tout ce qui est désordre et mal en nous,
et nous cacher derrière les murs que nous avons construits
autour de nos cœurs et de nos mémoires.
Nous essayons de montrer que nous valons la peine
plutôt que d'accepter que nous sommes aimés
en dépit de tout ce désordre.
En chacun il y a une lutte
pour laisser l'amour de Jésus pénétrer les ténèbres de nos cœurs,
pour nous guérir et nous libérer.

Pardonnés, nous sommes appelés à pardonner

Nous ressemblons aussi à ces hommes qui jugent et condamnent
cette femme surprise en adultère.
Il est significatif que Jésus ne les condamne pas non plus.
Il les appelle à ne pas être seulement spectateurs ou accusateurs
mais à découvrir leur propre péché, à grandir en vérité
et à devenir plus conscients de leurs actes et de qui ils sont.
Jésus leur dit :

> *« Que celui qui est sans péché jette la première pierre. »*

Ce sont des paroles de vérité, de lumière, d'unité et de paix.
La vérité est la seule arme du pauvre face au pouvoir.
Un profond silence a dû suivre ces paroles de Jésus,
moment de grâce et de vérité.
Une lumière a peut-être pénétré dans le cœur de ces hommes;
un changement a commencé à s'opérer.
Conscients désormais de leur propre péché
et de leur besoin d'être pardonnés,
certains ont peut-être commencé un chemin
vers la liberté intérieure.
Au lieu d'insister pour que la femme soit lapidée
ou que Jésus soit discrédité,
ils s'en vont l'un après l'autre.
Le procès est fini. La femme est libre.

Lorsque nous jugeons ou accusons des gens,
n'est-ce pas parce que nous sommes incapables
d'accepter la vérité de nos propres failles
et de nous pardonner à nous-mêmes?
Nous projetons sur d'autres ce que nous refusons de voir en nous.
Nous accusons, jugeons et condamnons d'autres
parce qu'inconsciemment nous nous jugeons nous-mêmes.
Lorsque nous condamnons les autres, nous faisons notre propre procès.
Nous avons tous du mal à accepter
que nous sommes coupables d'avoir blessé d'autres
et de nous être enfermés dans l'égoïsme.
Alors nous avons tendance à rejeter la loi et affirmer
pouvoir faire ce qui nous plaît
à condition de ne pas nous faire prendre.
Nous justifions nos actes et nous nous justifions nous-mêmes.

Jésus nous appelle à regarder la vérité en face,
sans juger ni condamner,
et à accepter que nous sommes égoïstes, tournés sur nous-mêmes,
incapables de partager et d'aimer vraiment.
Il nous appelle à nous pardonner à nous-mêmes
et à demander pardon

pour toutes les blessures que nous avons infligées aux autres,
pour tous les actes d'amour et de justice que nous avons omis de faire,
pour toute notre indifférence envers ceux qui sont faibles et écrasés.

Devenant conscients du pardon de Dieu,
nous apprenons à pardonner aux autres.
Entrant dans une communion nouvelle, plus profonde avec Dieu,
nous découvrons notre identité profonde,
et notre vrai moi commence à émerger.
Nous commençons à aimer les autres comme Dieu les aime.
Si Dieu nous pardonne,
avec tout le désordre et la saleté qui sont en nous,
nous pouvons à notre tour pardonner aux autres,
avec tout le désordre et la saleté qui sont en eux.
Les murs qui nous séparent des autres commencent à tomber.
Mais pardonner est une vraie lutte.
Des sentiments de colère et de vengeance
peuvent continuer à nous habiter.
Nous avons besoin d'une force nouvelle de Dieu
pour arriver à pardonner
et devenir des hommes et des femmes de paix.

Tout l'évangile de Jésus est contenu dans ces mots du « Notre Père » :

> *« Pardonne-nous nos offenses*
> *comme nous pardonnons aussi à ceux qui nous ont offensés. »*

Le pardon n'est pas seulement l'affaire d'un moment
où nous allons vers la personne qui nous a blessés pour l'embrasser.
Le pardon est un processus.
Passer de la haine à l'acceptation et l'amour
est un long cheminement.
Même si nous avons été profondément blessés,
nous pouvons cheminer vers le pardon.

Il y a quelques années, j'ai rencontré au Rwanda une femme
dont soixante-quinze membres de sa famille avaient été massacrés.

« J'ai tant de haine dans mon cœur, disait-elle,
et tout le monde parle de réconciliation! »
Je lui ai demandé si elle voulait tuer ceux qui avaient tué sa famille.
« Non, répondit-elle, il y a déjà eu trop de morts! »
Je lui ai dit : « Sais-tu que la première étape
sur ce chemin de réconciliation
est le refus de la vengeance?
Tu es déjà sur le chemin du pardon. »

J'ai entendu parler d'une femme qui avait été mise en prison
sur un faux témoignage d'un homme.
Elle ne connaissait pas Jésus mais rencontrait régulièrement
une religieuse qui la soutenait.
Un jour, elle a rencontré Jésus et découvert le message de l'Évangile.
Ce fut pour elle une révélation.
La sœur lui a demandé si elle pourrait envisager
de pardonner à cet homme
qui avait porté un faux témoignage.
« Non, répondit-elle, il m'a fait trop de mal. »
« Mais, ajouta-t-elle, je prie pour lui chaque jour
afin qu'il soit libéré de tout le mal qui est en lui. »
La deuxième étape du processus de pardon est de prier
pour ceux qui nous ont blessés, consciemment ou inconsciemment.

Une troisième étape est de réaliser
qui est la personne qui nous a blessés,
comment elle en est venue à être ainsi.
Quelles peurs l'habitent? D'où viennent-elles?
Elle a dû, elle aussi, être profondément blessée.
Peu à peu, nous commençons à la comprendre.

Jésus est venu nous libérer par la puissance de son Esprit Saint
pour que nous puissions entrer progressivement
dans ce processus de pardon.
Il nous révèle toute une vision de l'humanité
où les chaînes de violence
et les murs de séparation

sont détruits
et où nous sommes libérés
pour aimer comme Dieu aime.

Le romancier Victor Hugo décrit ainsi le pardon :

> *Dieu est la grande urne de parfums*
> *qui lave éternellement les pieds de la créature,*
> *il répand le pardon par tous les pores,*
> *il s'épuise à aimer;*
> *il travaille à absoudre.*

Le pardon est au cœur de toute relation.
Il est l'essence même de l'amour.
Pardonner, c'est aimer les gens tels qu'ils sont
et leur révéler leur beauté, cachée derrière les murs
qu'ils ont construits autour de leurs cœurs.
Le pardon est une force nouvelle qui vient de Dieu.
Le pardon est la route vers la paix.
« Pas de paix sans justice, a écrit Jean Paul II,
et pas de justice sans pardon. »

12

La vérité vous rendra libres

Jean 8, 12-59

Nous entrons
avec Jésus
dans la lutte
pour porter témoignage
à la vérité
et pour que la vérité
nous rende libres.

Délivrés de l'esclavage
de la peur et des illusions
ou de ce que les autres pensent
ou attendent de nous,
nous pouvons
nous mettre debout
et dire avec Jésus :
« JE SUIS. »

L'opposition grandit

Jusqu'à ce magnifique pique-nique au bord du lac de Galilée,
Jésus semble aller de succès en succès.
Des foules le suivent.
Mais lorsque Jésus parle de son corps comme nourriture
et de son sang comme boisson,
une scission se fait.
L'opposition grandit et les gens commencent à le quitter.
Ce chapitre de l'évangile de Jean est austère.
Il ne commence pas par un événement ou une histoire,
mais par une discussion serrée
avec quelques-uns des chefs religieux de l'époque.
C'est une discussion sur la vérité
et la lumière de la vérité
que nous pouvons soit rechercher et aimer, soit rejeter et détester.

Jésus commence par dire :

> « Je suis la lumière du monde;
> qui me suit ne marchera pas dans les ténèbres,
> mais aura la lumière de la vie. » (Jn 8, 12)

Jésus fait écho à la prophétie d'Isaïe qu'il accomplit :

> « Le peuple qui marchait dans les ténèbres
> a vu une grande lumière,
> sur les habitants du pays de l'ombre
> une lumière a resplendi. » (Is 9, 2)

Marcher dans les ténèbres est une expérience difficile.
Lorsque nous sommes perdus la nuit, la peur peut nous submerger.
Incapables de voir où nous allons, nous pouvons tomber
et nous faire mal.

Dans le langage biblique, les « ténèbres » ne sont pas seulement la nuit
mais encore toutes les forces de mal qui peuvent nous séduire
et nous détourner de la bonne direction,

nous empêcher de marcher vers la lumière de la vie,
cette lumière qui jaillit de l'amour et de la communion.
Lorsque nous sommes perdus, ou confus,
nous perdons notre unité intérieure, notre moi profond.
Nous devenons divisés en nous-mêmes,
tiraillés dans tous les sens.
Tant de nous aujourd'hui avons perdu notre chemin
et ne savons plus quelle direction prendre.
Nous avons tendance à faire comme tout le monde.
Nous devenons esclaves de la peur.

Les scientifiques ont fait des découvertes étonnantes dans l'univers :
des technologies nouvelles, les mystères de l'atome et de la matière,
les secrets de la vie et de sa conception.
Mais la question reste : avec toute cette connaissance et ce pouvoir,
savons-nous où nous allons?
Que voulons-nous pour nous-mêmes et pour l'humanité?
Voulons-nous utiliser notre technologie
pour notre pouvoir et notre gloire propres
et pour dominer les autres?
Ou voulons-nous la mettre au service de la vie, des relations,
de la paix, du bien commun,
afin que chaque personne,
quels que soient sa race, sa culture, sa religion,
ses capacités ou ses handicaps,
puisse trouver sa place et sa dignité?
Voulons-nous être régis par la peur et la soif de pouvoir
ou par l'amour et le don de nous-mêmes?

Jésus, lumière du monde, est venu donner sens et direction à nos vies
et à l'histoire de l'humanité.
Il est venu révéler le sens de l'évolution
vers un plus grand amour, l'accueil de celui qui est différent
et une communion nouvelle, plus profonde avec Dieu.
Cette évolution
n'est pas en vue d'un accroissement du pouvoir par la force

ni du développement des connaissances
comme un moyen de servir le pouvoir.
Jésus est venu nous montrer un chemin nouveau
et nous faire sortir des ténèbres, du conflit et de la mort
pour nous amener à la lumière de la vie et de la compassion
où nous nous engageons envers d'autres,
spécialement ceux qui souffrent,
pour leur donner la vie et bâtir la paix.

Les gens réagissent

Certains pharisiens réagissent aux paroles de Jésus :

« Je suis la lumière du monde »,

comme pour dire : « Comment oses-tu dire une chose pareille!
Avec quelle autorité parles-tu?
Personne ne peut dire une chose pareille de lui-même! »

Jésus répond :

« Bien que je me rende témoignage à moi-même,
mon témoignage est valable
parce que je sais d'où je suis venu et où je vais. (v. 14)
[...] et le Père qui m'a envoyé témoigne pour moi. » (v. 18)

Ils reprennent avec agressivité :

« Qui es-tu? »

Jésus répond :

« Quand vous aurez élevé le Fils de l'homme,
alors vous saurez que "JE SUIS". » (v. 28)

C'est une référence directe au livre de l'Exode,
lorsque Moïse demande à Dieu :

« Quel est ton nom? »

Dieu répond :

> « *JE SUIS celui qui EST...*
> *Dis aux Israélites :*
> *"JE SUIS m'a envoyé vers vous."* » *(Ex 3, 13-14)*

Jésus est la lumière du monde parce que dans et par son être même,
il EST.
Nous, nous ne possédons pas l'existence par nous-mêmes.
Nous sommes nés et nous mourrons.
Nous *recevons* notre existence. Jésus *est* l'Existence.
Tout a été créé par le *Logos*, la Parole,
et sans lui rien ne fut.
Jésus, Lumière du monde, est vérité :
il est le Chemin, la Vérité et la Vie,
parce qu'il est à la source de toute réalité.
Lorsque nous accueillons Jésus, nous accueillons la réalité.
Petit à petit, nous devenons libres.

La vérité vous rendra libres

Jésus continue :

> « *Si vous demeurez dans ma parole, vous êtes vraiment mes disciples*
> *et vous connaîtrez la vérité*
> *et la vérité vous rendra libres.* » *(v. 31-32)*

Des dictateurs comme Hitler, Staline ou Amin Dada ne veulent pas
que les gens soient libres de dire
ce qu'ils pensent ou ce qu'ils ont vu.
Ils enchaînent les gens dans la peur, le silence et une idéologie,
les obligeant à parler et à vivre selon la ligne du parti.
Les dictateurs utilisent le mensonge, la propagande et la police secrète
pour maintenir leur pouvoir et leur contrôle sur les gens
et les empêcher de réfléchir et de dire la vérité.

À travers l'histoire, cependant,
des hommes et des femmes ont résisté
au pouvoir abusif, sans peur des conséquences.
Ils ont dit la vérité à ceux qui détenaient le pouvoir,
qui ne voulaient pas l'entendre.
Ces hommes et ces femmes n'étaient pas des esclaves, ils étaient libres.
Beaucoup furent jetés en prison ou mis à mort pour avoir osé parler.

Tous ces hommes et ces femmes qui donnent leur vie pour la vérité
n'ont pas peur d'être eux-mêmes,
de dire ce qu'ils croient,
de raconter ce qu'ils ont vu
et de rapporter ce dont ils ont fait l'expérience.

Dans une de ses lettres de Westerbrook,
Etty Hillsum raconte comment un jour
elle assistait au départ de centaines de Juifs
dans des wagons qui les emporteraient
vers les chambres à gaz d'Auschwitz.
Ils chantaient des psaumes.
Elle a alors regardé les visages durs et figés des soldats nazis :
entre les deux groupes, lesquels étaient libres, libres d'être eux-mêmes?

Nelson Mandela parle du gardien qui lui avait dit :
« Ne sais-tu pas que j'ai le pouvoir de te tuer? »
Mandela lui avait répondu :
« Ne sais-tu pas que j'ai le pouvoir
de marcher librement vers ma mort? »

Cette liberté, on ne la trouve pas seulement chez des gens connus
qui ont donné leur vie en résistant au pouvoir.
Bien d'autres ont résisté aux pressions
visant à les détourner de la vérité.
Ils ont suivi leur conscience.
Je le vois chez ces jeunes qui refusent de succomber
à la tentation d'utiliser d'autres pour leur propre plaisir sexuel,
ou d'être entraînés dans la consommation de drogues dures.

Je le vois chez ces gens qui refusent
la tentation de gagner de l'argent
par la corruption ou en appauvrissant d'autres.
Je vois le même courage chez ceux qui ont choisi
de ne pas se débarrasser d'un enfant à naître,
même quand la pression pour avorter est forte.
Ces gens annoncent la vérité par leurs vies.
Ils sont témoins de la vérité.
N'ayant plus peur d'être ce qu'ils sont,
ils sont libres de suivre leur conscience,
quelles qu'en soient les conséquences.

Libres d'être nous-mêmes

Lorsque nous découvrons que nous appartenons tous
à une famille plus large,
unis par notre humanité commune,
et qu'au-delà de nous et en nous
il y a une vérité et une justice universelles,
où demeure le Dieu de Compassion et de Bonté,
nous sommes sur le chemin de la liberté.
Lorsque nous faisons l'expérience de l'amour de Dieu
et du Dieu d'Amour,
nous commençons à découvrir la valeur de chacun
dans le plan de Dieu pour l'humanité.

Chacun de nous est important, avec sa beauté et ses failles.
Nous pouvons être nous-mêmes et laisser grandir
la beauté qui est en nous.
Nous ne sommes pas le centre du monde — et n'avons pas à l'être!
Nous appartenons à une humanité brisée et,
avec d'autres, nous pouvons nous lever et poursuivre
notre quête de liberté, de vérité et de paix.

Jésus, lors de son procès, dira à Pilate :

> *« Je suis né, je suis venu dans le monde*
> *pour rendre témoignage à la vérité. »*

Pilate répondra :

« *Qu'est-ce que la vérité?* » *(Jn 18, 38-39)*

C'est toute la question.

La vérité est la réalité

La vérité, c'est ce que nous voyons, touchons et expérimentons.
Ce n'est pas quelque chose que nous inventons
mais quelque chose que nous recevons et accueillons humblement,
quelque chose qui est plus grand que nous-mêmes,
au-delà de nous et en nous.

Mais la vérité nous est souvent cachée,
c'est pourquoi nous avons besoin de temps et d'aide
pour la discerner.
Souvent, nous ne pouvons trouver la vérité
qu'après avoir laissé tomber certaines illusions sur la vie, sur notre vie.
Il faut du temps pour trouver la liberté intérieure
— c'est le travail de toute une vie.
Je n'ai pas encore cette liberté
mais j'espère garder mon cœur ouvert pour la recevoir.

Même si la vérité nous rend libres, nous ne la *possédons* jamais.
Nous sommes appelés à contempler humblement
la vérité qui nous est donnée,
à en poursuivre sans relâche la quête
à nous laisser conduire, avec d'autres,
dans ce mystère de la vérité qui se dévoile.
Nous sommes appelés à nous laisser habiter par la vérité et à la servir.
Vivre en vérité, c'est vivre une relation d'amour
avec le Verbe de Dieu fait chair,
qui est vérité, compassion et pardon.
Être vrai, c'est se laisser mettre en question par d'autres
et accepter toutes les failles qui sont en nous.
La vérité, alors, n'est pas quelque chose
qui nous donne un sentiment de supériorité.

Au contraire, elle nous appelle à l'humilité, à la petitesse
et à la lumière de l'amour.
Toute la lumière en nous vient de la lumière de Dieu
cachée dans la création et révélée par la Parole de Dieu.
La lumière de la vérité est donc le mélange subtil
de ce que nous voyons et touchons
avec ce que nous avons reçu d'en haut, la Parole de Dieu,
l'un éclairant l'autre, nous appelant à vivre en Dieu
et à voir les choses à travers le regard et le cœur de Dieu.

Notre peur de la vérité

Les sciences humaines, la psychothérapie et la psychanalyse
nous ont appris qu'il y a une partie de notre être
à laquelle nous n'avons pas facilement accès.
C'est un monde de peurs innommables,
de motivations cachées et de blocages.
Tout ce qui nous est arrivé dans notre petite enfance
est inscrit dans notre corps
et a façonné notre être.
Il nous est difficile de nous rappeler,
et nous ne voulons pas forcément le faire,
tout ce que nous avons vécu.
C'est ce que certains appellent le « côté ombre » de nos vies,
les ténèbres ou le chaos en nous.

Les parents, même les plus aimants, blessent parfois leurs enfants
en étant trop possessifs ou trop contrôlants
ou en refusant de reconnaître la vérité dans leurs enfants.
Tous les parents passent par des moments difficiles
lorsqu'ils sont énervés,
vidés, stressés ou tellement déprimés
qu'ils sont incapables d'écouter leurs enfants.
Certains parents peuvent être violents avec leurs enfants.
Ce n'est jamais facile d'être parent.

Quand les enfants, vulnérables comme ils sont,
vivent des contradictions, des conflits, de la violence,
des abus, de l'hypocrisie, des rejets,
des injustices et des doubles messages de la part des adultes,
ils peuvent se croire mauvais,
coupables d'exister.
Ils se cachent dans leur coquille,
fuyant la souffrance, la réalité
et les adultes.
Ils s'échappent derrière les murs des illusions et de l'imaginaire,
se cachant à eux-mêmes
leurs colères, leur confusion et leurs mauvais sentiments.
Ils ne peuvent pas ou ne veulent pas reconnaître la vérité.

Les enfants ont besoin de leurs parents.
Comment peuvent-ils être en colère
contre les parents qui leur ont donné la vie
et sont leur unique source de subsistance?
Comment peuvent-ils vivre dans la vérité
quand leurs parents les ont blessés,
même involontairement,
ou ont dit des choses contradictoires,
disant une chose et *vivant* autre chose?
La vérité et la réalité peuvent être trop dangereuses,
trop terribles pour certains
— et pas seulement pour les enfants.
Pas étonnant qu'ils refusent la vérité.
Que représente la vérité pour eux?
Ce peut être simplement trouver un moyen de survivre.
Ce peut être se protéger des autres en les blessant
et en les humiliant pour se sentir supérieurs.

Le besoin de sécurité

La plus grande peur en chacun de nous est d'être refoulés
dans un monde de confusion, de culpabilité, d'isolement
et de ne plus se sentir exister.

Nous touchons alors aux démons de l'angoisse,
de la dépression et de la violence.
Nous avons soif d'être admirés
et dépendons tellement du regard des autres
que nous ne voyons pas la vérité et le regard d'amour de Dieu.
Les enfants peuvent être tiraillés
entre leur besoin de vérité et de justice et leur peur du rejet,
entre leur besoin de leurs parents et leur colère contre leurs parents.

Nous faisons tous l'expérience de ces tiraillements
en vivant dans une société, une culture
ou un groupe qui imposent certaines valeurs,
où nous trouvons une sécurité et un sentiment d'appartenance.
Notre besoin de ce groupe peut étouffer
notre sens profond de la liberté,
notre besoin d'être nous-mêmes.
Nous pouvons avoir peur de dire
quelque chose que nous savons être vrai
mais qui ne colle pas avec ce que peuvent dire
notre groupe ou nos amis.
Nous pouvons avoir peur d'être exclus du groupe
ou de perdre la face devant nos amis.
Nous pouvons devenir dépendants
de ce que les autres pensent ou attendent de nous.

Si facilement alors, nous pouvons nous faire des illusions
sur nous-mêmes,
sur notre groupe, notre pays, notre religion,
en refusant de voir les défauts et le désordre en nous-mêmes et en eux.
Nous pouvons avoir peur de dévoiler certaines vérités
sur nous-mêmes et notre groupe,
peur des conséquences,
peur de devoir changer,
peur de nous retrouver seuls.
Nous faisons semblant d'être l'élite et nous cachons
derrière les murs que nous nous sommes construits

pour nous empêcher de regarder la réalité en face,
d'écouter les autres, les étrangers, ceux qui sont différents
et qui peuvent nous apprendre des vérités sur la vie et sur notre vie.

Les institutions elles aussi, Églises, communautés,
peuvent avoir tellement peur
de perdre leur réputation et leur pouvoir
qu'elles se mettent à cacher la vérité.
Elles refusent de regarder la réalité en face.
Elles peuvent déformer les faits
en les interprétant de façon subjective,
afin d'appuyer leur « vérité », leur réputation, leurs convictions,
et continuer à soutenir qu'elles ont raison, sont les « meilleures » —
et l'ont toujours été.
Il suffit de regarder comment les « faits » sont déformés et transmis
dans les livres d'histoire de différents pays et de différentes époques.

Aujourd'hui, la frontière entre l'imaginaire, *le virtuel*, et la *réalité*
peut devenir floue.
Nous sommes devenus tellement habitués à une prolifération d'images
que nous commençons à nous demander si la réalité existe vraiment!
Le monde imaginaire paraît parfois plus beau que le monde réel.
Confrontés à de telles images,
il est facile de se cacher et de refuser de dire
ce que nous savons et croyons être vrai.

Si des petits enfants sont vraiment respectés, aimés,
écoutés et regardés comme uniques,
ils commencent à avoir confiance en eux
et dans la lumière qui les habite.
Si on les aide à découvrir qu'au-delà d'eux-mêmes et de leurs parents
il y a une vérité, une justice et une loi universelles,
un lien avec Dieu ou une foi en Dieu
que nous sommes appelés à accepter, accueillir et aimer,
ils grandiront vers la liberté intérieure
et développeront leur conscience propre.

Ils réaliseront que leurs parents ne sont pas tout-puissants,
ne sont pas Dieu,
qu'eux aussi sont appelés à se soumettre à une vérité plus haute.
Si des parents commettent une injustice,
ils devraient reconnaître leur faute et demander pardon.
Quand les gens développent leur sens de la vérité et de la justice,
leur propre conscience et leur identité se renforcent.
Ils découvrent qui ils sont.
Ils découvrent qu'ils sont une personne appelée à la liberté.
Ils ne sont plus esclaves des désirs des autres
ni esclaves de la consommation et des médias qui les entourent.
Nous grandissons dans une conscience de la vérité
lorsque nous rencontrons des gens
qui ne *parlent* pas seulement de la vérité mais qui la *vivent*.
Ces gens deviennent comme Jésus, une lumière du monde.
Ils témoignent de la vérité qui conduit à la lumière.

Esclaves des désirs des autres

Certains pharisiens réagissent aux paroles de Jésus
lorsqu'il dit que ceux qui deviennent ses disciples
connaîtront la vérité
et que la vérité les rendra libres :

> *« Nous sommes la descendance d'Abraham*
> *et jamais nous n'avons été esclaves de personne.*
> *Comment peux-tu dire : "vous deviendrez libres"? »*

Jésus répond :

> *« En vérité, en vérité, je vous le dis,*
> *quiconque commet le péché est esclave.*
> *Or l'esclave ne demeure pas à jamais dans la maison. » (v. 33-35)*

Pécher, c'est être esclave de nos compulsions,
de notre besoin de pouvoir et d'admiration,
esclave de ce que les autres pensent de nous,
esclave de notre peur des autres.

Pécher, c'est croire que nous sommes Dieu,
refusant la réalité de notre mortalité.

Des esclaves ne sont jamais libres.
Ils ne peuvent être en paix dans la « maison » de leur propre corps,
dans la « maison » de la réalité, ni dans la « maison » de Dieu.
Ils courent toujours, dévorés d'angoisse,
fuyant la réalité, ce qui *est*,
pour un monde d'illusion.
Seul le Fils peut nous libérer de l'esclavage
et nous conduire à notre vraie maison : la maison de Dieu.

Jésus dit à ces hommes enfermés dans leur idéologie de pouvoir :

> *« Je sais, vous êtes la descendance d'Abraham*
> *mais vous cherchez à me tuer*
> *parce que ma parole ne trouve pas de place en vous. » (v. 37)*

Ils ont peur de Jésus, peur de la réalité et de la vérité.
Ils veulent se débarrasser de celui qui annonce la vérité
et leur propose de les amener dans la réalité.
Ils sont incapables d'écouter les paroles de Jésus
ou de reconnaître qui il est.
Ils sont pétrifiés de peur et de haine.
Ils refusent de voir et de reconnaître les miracles de Jésus
parce que s'ils les voyaient et y croyaient
ils devraient changer leur façon de vivre et perdraient de leur pouvoir.

Qui refusons-*nous* de regarder, d'écouter et d'accepter
parce qu'ils nous révèlent nos propres failles
et nous obligeraient à changer?

La force du mal

Dans ce chapitre de l'évangile de Jean,
nous découvrons que l'antagonisme auquel Jésus se trouve confronté,
les puissances de haine qui l'entourent,
ont une origine plus profonde.

Il ne s'agit pas seulement d'un conflit entre la foi et le doute,
entre ce qui est raisonnable et ce qui ne l'est pas.
Il s'agit de la lutte entre Dieu et les forces du mal
qui cherchent à gouverner le monde.

Sans le savoir, ces hommes sont pris dans cette lutte,
se laissant séduire par les illusions du pouvoir et la peur de la réalité.
Jésus leur dit :

> « *Vous êtes du diable, votre père,*
> *et ce sont les désirs de votre père que vous voulez accomplir.*
> *Il était homicide dès le commencement*
> *et n'était pas établi dans la vérité…*
> *il est père du mensonge.* » *(v. 44)*

Les autorités religieuses sont de plus en plus exaspérées par lui.
Elles l'insultent et le provoquent :

> « *Tu es un Samaritain*
> *et tu as un démon en toi!* » *(v. 48)*

Jésus répond tranquillement :

> « *Je ne cherche pas ma gloire;*
> *il est quelqu'un qui la cherche et qui juge.*
> *En vérité, en vérité, je vous le dis, si quelqu'un garde ma parole,*
> *il ne verra jamais la mort.* » *(v. 50-51)*

Devant l'incrédulité et la colère de ces hommes,
Jésus réaffirme qui il est, sa préexistence à toutes choses.

> « *Abraham, votre père, exulta à la pensée qu'il verrait mon Jour.*
> *Il l'a vu et fut dans la joie…* » *(v. 56)*
> « *En vérité, en vérité, je vous le dis,*
> *avant qu'Abraham existât, JE SUIS.* » *(v. 58)*

Les hommes sont encore plus furieux.
Ils ramassent des pierres et commencent à les lancer sur Jésus.
Mais Jésus se dérobe et sort du Temple.

« JE SUIS » est la vérité et la lumière du monde,
et ceux qui suivent « JE SUIS » sont eux aussi dans la lumière
et vivent dans la vérité.
Ils peuvent dire « Je suis » et « Je suis libre
parce que j'ai découvert que je suis aimé de Dieu
avec tout ce qui est brisé et mortel en moi et tout ce qui est beau.
J'ai mission d'être pour les autres un signe de paix et d'amour. »
Face à « JE SUIS », il y a ceux qui sont hors d'eux-mêmes.
Ils « ne sont pas ».
Ils veulent tuer Jésus, tuer la vérité, tuer l'amour et la réalité.

Jésus montre deux chemins qui s'ouvrent à nous.
Nous pouvons suivre « JE SUIS », cherchant à vivre dans la vérité,
à être pleinement vivants et à donner vie à d'autres.
Ou nous pouvons sombrer dans l'angoisse,
nous cacher en nous-mêmes,
dans nos propres ténèbres ou celles de notre groupe.
Nous pouvons semer la vie ou la mort.
C'est le sens du texte du Deutéronome
qui trouve un écho dans ce chapitre :

> *« Je te propose la vie ou la mort, la bénédiction ou la malédiction;*
> *choisis donc la vie,*
> *pour que toi et ta postérité vous viviez. » (Dt 30, 19)*

13

Veux-tu voir?

Jean 9

Jésus, exclu,
se fait proche
d'un mendiant
aveugle et exclu.
Il le guérit.

Certains Pharisiens
sont aveugles devant
ce miracle.

Nous pouvons, nous aussi,
être aveuglés
par une idéologie.

Ouvrir les yeux sur la vérité?

Dans l'Église presbytérienne, il y a une hymne magnifique qui reprend une prière du Moyen Âge écrite par Richard de Chichester :

Seigneur, je te demande trois choses,
te voir plus clairement
t'aimer plus tendrement
te suivre plus fidèlement
chaque jour.

Ce chapitre de l'évangile de Jean
qui raconte la guérison d'un mendiant aveugle
ne parle pas seulement d'un miracle fait par Jésus il y a longtemps.
Il parle de voir la réalité et de voir Jésus plus clairement aujourd'hui.

Voulons-nous ouvrir les yeux sur la vérité?
Si souvent, nous ne voulons pas regarder
la vérité de notre monde tel qu'il est
avec ses injustices, sa violence et sa haine,
l'oppression des faibles et des minorités,
les divisions entre riches et pauvres.

Nous ne voulons pas voir notre propre réalité intérieure,
nos failles et nos peurs.
Nous faisons semblant que tout va bien et que nous allons bien.
Pourquoi avons-nous peur de la vérité?
Est-ce parce que la réalité paraît si épouvantable
que si nous la regardons en face
nous risquons de tomber dans le désespoir?

Et pourtant, si nous creusions, nous découvririons sous nos failles
la beauté de notre propre cœur et du cœur de toute personne :
notre capacité d'aimer, de donner la vie,
de prendre notre place dans le monde,
avec d'autres,

et de devenir une source de vie et d'espoir.
Si nous voyions plus clairement,
si les yeux de notre foi étaient ouverts,
nous découvririons une immense espérance donnée par Jésus.
Cette espérance nous amènerait à changer.

Jésus et ses disciples sortent du Temple
après une discussion pénible.
Ils rencontrent un mendiant aveugle de naissance.
Jésus est touché par ce mendiant
rejeté par la société,
au moment
où il se sent lui-même
rejeté par les autorités juives.

Les pauvres cherchent souvent refuge auprès d'autres pauvres,
les exclus, auprès des exclus.

Les disciples posent à Jésus la question que posent toutes les cultures :
« Pourquoi cet homme est-il né avec un handicap?
De qui est-ce la faute? »
J'ai entendu cette question à maintes reprises
de la part des parents de personnes ayant un handicap :
« Pourquoi nous? »

> *« Rabbi, qui a péché, lui ou ses parents,*
> *pour qu'il soit né aveugle? » (Jn 9, 2)*

Les gens parlent *de* cet homme qui a un handicap;
ils n'entament pas une conversation ou une relation *avec* lui;
comme s'il n'existait pas, n'avait ni voix,
ni sentiments, ni besoins propres.
Les personnes ayant un handicap sont souvent traitées ainsi.
Pourquoi sont-elles mises de côté?
Pourquoi avons-nous tant de préjugés à leur égard?
Un handicap serait-il un châtiment de Dieu
pour quelque péché inavoué?

Cette idée n'est possible que si nous pensons
que Dieu agit comme nous :
« Tu m'as blessé, je te blesse en retour. Œil pour œil, dent pour dent. »

Nous pensons parfois que si des gens réussissent,
ont une bonne santé, un bon travail, une famille unie,
ils sont bénis de Dieu,
tandis que l'échec, les ruptures affectives et la maladie
sont le signe de quelque chose de mal dans leurs vies.

Un médecin chrétien m'a raconté qu'à la naissance de sa fille,
lorsqu'il a vu son handicap,
sa réaction immédiate a été :
« Qu'est-ce que j'ai fait à Dieu
pour qu'il m'envoie une catastrophe pareille? »
Est-ce la vision de Jésus? Non.
C'est pourquoi il répond à la question des disciples :

> *« Ni lui ni ses parents n'ont péché;*
> *mais c'est afin que soient manifestées en lui*
> *les œuvres de Dieu. » (v. 3)*

Les personnes ayant un handicap sont comme tout le monde.
Chaque personne est unique et importante,
quelles que soient sa culture, sa religion, ses dons ou ses handicaps.
Chacune a été créée par Dieu et pour Dieu.
Chacun de nous avons un cœur vulnérable,
nous avons soif d'aimer et d'être aimés et reconnus.
Chacun a une mission.
Chacun est né pour que l'œuvre de Dieu puisse s'accomplir en lui.

Les personnes portant un handicap sont peut-être défavorisées
dans le domaine du savoir et du pouvoir,
mais dans le domaine du cœur et de l'amour,
beaucoup sont favorisées.
Elles ont besoin d'aide et crient pour la présence et l'amitié.

D'une façon mystérieuse,
elles semblent ouvertes au Dieu de l'Amour et à l'amour de Dieu.
À l'inverse, ceux qui cherchent à être influents, applaudis et riches
semblent souvent, dans leur autosuffisance, fermés à Dieu.

Jésus révèle que cet homme aveugle de naissance
était fait pour l'amour.
Dans sa lettre aux Corinthiens, Paul avait pleinement conscience
que les personnes qui ont un handicap étaient *choisies par Dieu* :

> « *Dieu a choisi ce qu'il y a de fou dans le monde*
> *pour confondre les sages;*
> *Dieu a choisi ce qu'il y a de faible dans le monde*
> *pour confondre ce qui est fort;*
> *Dieu a choisi ce qui dans le monde est sans naissance*
> *et ce que l'on méprise;*
> *ceux qui ne sont rien, pour réduire à rien*
> *ceux qui sont "quelqu'un",*
> *afin que nul ne puisse se glorifier devant Dieu.* » (1 Co 1, 27-29)

Cela ne veut pas dire que ceux qui sont forts, intelligents
et bien insérés dans la société ne sont pas précieux et choisis par Dieu!
Mais ils doivent découvrir,
et peut-être que les faibles et les « fous » peuvent les y aider,
que la faiblesse peut nous conduire à Dieu.
Ce n'est souvent que lorsqu'ils font l'expérience de l'échec,
de la maladie, de la faiblesse ou de la solitude
que les puissants découvrent qu'ils ne se suffisent pas à eux-mêmes,
qu'ils ne sont pas tout-puissants
et qu'ils ont besoin de Dieu et des autres.
À partir de leur faiblesse et de leur pauvreté,
ils peuvent crier vers Dieu
et le découvrir sous un nouveau visage,
celui d'un Dieu de tendresse et de bonté.

Je reconnais pour moi-même que l'Arche m'a transformé.
Lorsque j'ai fondé l'Arche, c'était pour « être bon » et « faire du bien »
aux personnes ayant un handicap.

Je n'avais aucune idée de combien elles allaient me faire du bien!
Un évêque m'a dit un jour :
« À l'Arche, vous avez réalisé une révolution copernicienne :
jusqu'à présent on disait qu'il fallait faire du bien aux pauvres.
Vous dites que les pauvres vous font du bien à vous! »
Ceux que nous aidons en réalité nous aident et nous transforment,
même s'ils n'en ont pas conscience.
Ils nous appellent à aimer et éveillent en nous
ce qu'il y a de plus précieux : la compassion.

Jésus guérit l'homme aveugle

Jésus cracha à terre, fit de la boue avec sa salive,
en enduisit les yeux de l'aveugle
puis lui dit : « Va te laver à la piscine de Siloé. »
L'aveugle s'en alla, il se lava et revint en voyant. (v. 6-7)

Jésus, homme de compassion, touche cet homme.
Il ne le guérit pas seulement par la parole mais par son toucher.
La voix et le toucher sont très importants pour les aveugles.
Le toucher est le premier et le dernier de nos cinq sens.
C'est le sens de l'amour, qui implique la présence,
la proximité et la tendresse.
La tendresse, à l'opposé de la dureté,
n'est ni la possession ni la séduction,
mais le don de la vie.
Devant la dureté, nous créons des défenses;
devant la tendresse, nous nous ouvrons.
Un bébé a besoin de tendresse pour vivre
et grandir harmonieusement.
Une personne malade a besoin de tendresse pour faire confiance.
Jamais la tendresse ne blesse ou détruit
ce qui est fragile et vulnérable,
mais elle révèle à l'autre sa valeur et sa beauté.
Elle implique le respect.
Jésus touche ce mendiant aveugle
avec un amour et un respect profonds.

Ce miracle suscite une grande agitation.
Des voisins et d'autres qui connaissaient ce mendiant aveugle
commencent à discuter :

> « *Est-ce vraiment lui, qui était aveugle?* » *(v. 9)*

Il leur répète : « Oui, c'est moi, c'est vraiment moi! »
Alors ils partent tous ensemble voir des Pharisiens.
Un miracle pareil doit être attesté par les autorités religieuses.
Ces pharisiens, comme les voisins, lui demandent
comment il a recouvré la vue.
Il leur dit exactement ce que Jésus a fait.
Certains pharisiens répondent :

> « *Cet homme ne vient pas de Dieu*
> *puisqu'il n'observe pas le sabbat.* » *(v. 16)*

En effet, Jésus l'a guéri le jour du sabbat.
D'autres pharisiens pensent qu'un pécheur
ne pourrait jamais faire un tel miracle.
Ils sont divisés entre eux, et demandent donc
à l'homme qui a recouvré la vue :

> « *Toi, que dis-tu de lui?* »

L'homme répond :

> « *C'est un prophète.* » *(v. 17)*

Les pharisiens ne veulent pas croire
que cet homme était aveugle de naissance.
Ils appellent donc ses parents et leur demandent :

> « *Celui-ci est-il votre fils dont vous dites qu'il est né aveugle?*
> *Comment donc y voit-il à présent?* » *(v. 19)*

Les parents répondent :

> « *Nous savons que c'est notre fils et qu'il est né aveugle.*

> *Mais comment il y voit maintenant,*
> *ou qui lui a ouvert les yeux, nous ne le savons pas.*
> *Interrogez-le, il a l'âge; il s'expliquera lui-même. » (v. 20-21)*

Les parents ont peur.
Ils réalisent que les autorités religieuses avaient déjà convenu que toute personne qui reconnaîtrait Jésus comme le Messie serait exclue de la synagogue.
La peur d'être exclus éclipse la joie de la guérison de leur fils.

Alors les pharisiens rappellent l'homme aveugle de naissance et lui disent :

> *« Rends gloire à Dieu. Nous savons, nous,*
> *que cet homme est un pécheur. » (v. 24)*

Il répond avec beaucoup de bon sens :

> *« Je ne sais pas si c'est un pécheur.*
> *Tout ce que je sais, c'est que j'étais aveugle*
> *et que maintenant je vois. »*

Ils lui demandent à nouveau :

> *« Que t'a-t-il fait? Comment t'a-t-il ouvert les yeux? »*

Il répond, avec un brin de malice :

> *« Je vous l'ai déjà dit et vous ne m'avez pas écouté.*
> *Pourquoi voulez-vous l'entendre à nouveau?*
> *Voudriez-vous, vous aussi, devenir ses disciples? » (v. 25-27)*

Ils se mettent alors à l'injurier en disant :

> *« C'est toi qui es son disciple. Nous sommes les disciples de Moïse.*
> *Nous savons que Dieu a parlé à Moïse*
> *mais celui-là, nous ne savons pas d'où il est. »*

L'homme répond :

> « *C'est bien là l'étonnant!*
> *Vous ne savez pas d'où il est*
> *et cependant il m'a ouvert les yeux.*
> *Nous savons que Dieu n'écoute pas les pécheurs,*
> *mais si quelqu'un est religieux et fait sa volonté,*
> *celui-là il l'écoute.*
> *Jamais on n'a entendu dire*
> *que quelqu'un ait ouvert les yeux d'un aveugle de naissance.*
> *Si cet homme ne venait pas de Dieu, il ne pourrait rien faire.* »

Ils répliquent :

> « *Tu es né dans le péché et tu nous fais la leçon!* »
> *et ils le jetèrent hors de la synagogue. (v. 28-34)*

Jésus apprend qu'ils l'ont exclu de la synagogue.
Il va le trouver et lui dit :

> « *Crois-tu au Fils de l'homme?* »

L'homme répond :

> « *Qui est-il, Seigneur, que je croie en lui.* »

Jésus lui dit :

> « *Tu le vois; celui qui te parle, c'est lui.* »
> « *Je crois, Seigneur* », *dit-il, et il se prosterna devant lui. (v. 35-38)*

Ce mendiant est le premier dans l'évangile
à être rejeté et persécuté à cause de Jésus.
Il rend témoignage à Jésus et il est ainsi le premier martyr.
En grec, le même mot signifie « témoin » et « martyr ».
Ayant recouvré la vue, il aurait pu
s'intégrer dans la société juive.
Il n'aurait plus été marginalisé

ni vu comme un châtiment de Dieu,
indigne de prier dans le Temple.
Au lieu de cela, il a choisi la vérité
et a témoigné de la guérison qu'il venait de vivre.

C'est intéressant de comparer ce que sait ce groupe de pharisiens
et ce que sait cet ex-mendiant.
L'ex-mendiant dit :

> « *Tout ce que je sais c'est que j'étais aveugle*
> *et que maintenant je vois.* »

Les pharisiens disent :

> « *Nous savons que cet homme (Jésus) est un pécheur.* »

Coincés dans leur propre interprétation rigide et limitée
de la parole de Dieu,
ils refusent de s'ouvrir à l'expérience et à la réalité.
Ils ont peur de la vérité qui découle de cette expérience
et refusent de s'interroger pour savoir si Jésus est Fils de Dieu.

Idéologie et expérience

Nous touchons là une question délicate :
le lien entre la tradition et la révélation
et la façon dont nous les interprétons
à la lumière de notre expérience personnelle.
Certains peuvent transformer la parole de Dieu et la révélation
en une idéologie.
Ils ne jugent qu'à partir de la parole de Dieu écrite
telle qu'ils l'interprètent
et refusent d'écouter la réalité et l'expérience
et d'y reconnaître la présence de Dieu.
D'autres rejettent totalement l'Écriture.
À leurs yeux, seule compte l'expérience.

Ils se coupent de la parole de Dieu
qui donne sens à la réalité.

L'Écriture est l'histoire de la rencontre de Dieu avec le monde,
avec les personnes et avec l'histoire de l'humanité.
La révélation découle d'événements qui prennent sens
grâce aux prophètes, aux hommes et aux femmes de Dieu
qui y voient la présence de Dieu.

Certains de ces pharisiens nient la vérité de cette guérison
et refusent de discerner si Dieu y est ou non présent.
Leur jugement sur Jésus est tout fait,
ils ont déjà décidé qu'il ne peut pas être de Dieu.

Ce ne sont pas seulement les pharisiens de cette histoire
qui sont enfermés dans une idéologie et refusent d'écouter la réalité.
N'est-ce pas chacun de nous?
Nous nous accrochons à nos idées, nos lois,
nos doctrines ou notre religion,
refusant de reconnaître la manifestation de Dieu dans la réalité
et dans ceux qui nous entourent.
On dit qu'Aristote était passionné par tout ce qui existait,
tout ce qui était humain.
Les chercheurs de Dieu ne devraient-ils pas être passionnés
par tout ce qui parle de Dieu et manifeste Dieu dans la création,
tout ce que nous découvrons de la création à travers la science
et dans le cœur de ceux qui appartiennent à d'autres Églises,
d'autres traditions,
d'autres religions ou d'autres groupes?
Nous avons tous besoin d'appartenir à une communauté
et d'être solidement enracinés dans une foi, une Église,
une vision de Dieu et de la réalité.
Mais nous avons besoin d'approfondir
notre compréhension de la parole de Dieu.
Nous nous appauvrissons
si nous ne sommes pas passionnés par la vérité sous toutes ses formes

et si nous ne cherchons plus à voir
comment Dieu se révèle au-delà de notre groupe.

Pourquoi sommes-nous aveugles à ces manifestations de Dieu?
Est-ce parce que nous nous sentons en sécurité
dans notre façon de vivre, nos certitudes,
notre sentiment d'être les meilleurs
et que nous ne voulons pas changer?
Avons-nous peur de tout ce qui pourrait nous déranger?
Le Dieu de l'Amour et l'amour de Dieu
nous appellent à aller plus avant
sur ce chemin d'union avec Dieu,
qui est notre seule vraie sécurité,
pour marcher avec plus de confiance là où Dieu nous appelle.

Grandir dans la vérité

Le contraste est saisissant entre
ces hommes prisonniers de leur idéologie
et cet homme qui vit dans la réalité,
disant simplement les choses telles qu'elles sont.
Ces pharisiens se ferment de plus en plus;
ils deviennent de plus en plus aveugles,
tandis que l'ex-mendiant s'ouvre de plus en plus à la vérité.
Il voit plus clairement Jésus.
En même temps que ses yeux,
son cœur et son intelligence s'ouvrent.
Il commence en connaissant « *cet homme qu'on appelle Jésus* ».
Puis il le voit comme « *un prophète* », quelqu'un qui « *vient de Dieu* ».
Enfin il croit qu'il est « *le Fils de l'Homme* ».
L'histoire s'achève sur cet homme disant « *Je crois, Seigneur* »
en se prosternant devant Jésus.

Ne sommes-nous pas tous appelés à la même croissance,
à laisser élargir notre conscience à des vérités
et des révélations nouvelles?

Ma propre intelligence et ma compréhension
se sont ouvertes peu à peu au fil des années.
J'ai acquis une conscience de plus en plus large.
Lorsque j'étais dans la marine, je pensais
que dans nos sociétés occidentales tout était beau,
que nous étions « du bon côté »,
que nous étions les meilleurs!

Au cours des années 60 et 70,
lorsque j'ai rencontré pour la première fois
des hommes et des femmes ayant des handicaps
dans de grandes institutions,
j'ai découvert les injustices de nos sociétés.
Mes yeux se sont ouverts sur la souffrance de l'oppression.
Lorsque je suis allé en Inde pour la première fois en 1969,
cela m'a ouvert l'esprit.
J'ai découvert la pauvreté des bidonvilles,
contraste absolu avec l'Occident, où nous vivons confortablement.
J'ai rencontré des disciples du mahatma Gandhi
et j'ai été touché par la vision et la sainteté de cet homme :
homme de prière,
de compassion pour les faibles et les pauvres,
assoiffé de rassembler des personnes de religions différentes dans la paix.

J'avais été enfermé dans ma propre Église, où j'ai mes racines.
J'aime mon Église.
J'ai beaucoup reçu d'elle et à travers elle
et je suis convaincu qu'elle peut être prophétique pour le monde.
Mais mon expérience en Inde m'a fait découvrir
que l'Inde et l'Asie pouvaient être prophétiques pour l'Église.

J'ai pris conscience que dans mon Église comme en moi-même
il y avait une grande beauté mais aussi beaucoup de failles;
une grande fidélité, mais aussi beaucoup d'infidélité.
L'histoire des Églises chrétiennes est une histoire de souffrances.

J'ai reçu le message de Jésus et de l'évangile grâce à mon Église
et j'en suis reconnaissant.
Je suis reconnaissant pour l'évangile de Jean,
reconnaissant pour le baptême et les sacrements,
pour les hommes et les femmes de Dieu à travers les siècles
qui m'ont touché et nourri dans l'Église.
J'ai découvert d'autres hommes et femmes de Dieu
dans les traditions orthodoxe, anglicane et protestantes.
J'ai été nourri non seulement par mon Église
mais par d'autres Églises,
et par des gens d'autres religions
comme par des gens sans tradition religieuse particulière.

Ma conscience s'est élargie peu à peu,
non sans tension ni souffrance.
Ce n'a pas été facile pour moi
de renoncer à des certitudes théologiques simples.
Et je sais que ces tensions entre révélation et expérience
ne sont pas terminées.
J'ai encore beaucoup à découvrir.
J'ai besoin d'être appelé à entrer plus profondément
dans le mystère de Dieu et de la vie.

Mon désir est d'aimer Jésus plus tendrement,
de le voir plus clairement,
de le suivre plus fidèlement,
chaque jour.
C'est mon désir,
mais je suis conscient des peurs et des blocages
qui m'habitent encore.
J'ai besoin d'aide sur ce chemin pour rester fidèle.
Ce chemin prendra fin le jour de ma mort.
Alors je le verrai clairement, l'aimerai tendrement
et serai avec lui pour toujours.
Je rends grâce pour ce chemin!

Jésus a dû être profondément touché par la foi de ce mendiant
qui avait été exclu par la société
et qui était exclu à nouveau à cause de sa foi en lui.
C'est peut-être précisément parce qu'il avait été exclu et mis de côté
que cet homme était capable de reconnaître en Jésus
une *vraie* personne,
envoyée par Dieu, profondément humaine.
Les personnes qui ont un handicap sont parfois plus réalistes
que celles qui sont prises par une société de compétition
et n'ont souvent que peu ou pas de temps
pour les choses essentielles.
Ce chapitre se termine par ces paroles de Jésus :

> « C'est pour un discernement que je suis venu en ce monde :
> pour que ceux qui ne voient pas voient
> et que ceux qui voient deviennent aveugles. » *(v. 40)*

Cette histoire nous invite à reconnaître
que nous sommes malades et aveugles
— ou tout au moins très myopes —
et que nous avons besoin de la Lumière de la Vérité :
la Lumière de Jésus.

14

Le bon Berger

Jean 10

*Jésus est le « bon Berger »
qui nous conduit
vers la plénitude
de la vie en Dieu.*

*Il nous appelle à être
responsables, à veiller
sur ceux qu'il nous confie
et à devenir à notre tour
de bons bergers
qui soient aussi
des serviteurs.*

Nous avons besoin d'aide

Pour grandir en liberté intérieure, nous avons besoin des autres, et nous avons besoin d'un père, ou d'une mère, spirituel qui nous montre le chemin.
Ils nous donnent confiance en nous-mêmes
en nous faisant confiance et en discernant en nous
des dons et des capacités
que nous ne voyons pas toujours.
Les bergers veillent avec amour sur ceux qui leur sont confiés.
Veiller sur un autre, ce n'est ni le dorloter ni le surprotéger,
c'est savoir être ferme,
l'aider à faire des choix clairs.

Jésus révèle qu'il est le bon Berger.
Même si la plupart des traductions utilisent le mot « bon »,
cela ne rend pas les nuances du mot original.
Le mot grec est *kalos*.
On peut le traduire par « noble », « beau », « parfait »,
« magnifique » ou même « vrai ».
Ainsi, chaque fois que j'utiliserai
cette expression bien connue du « bon berger »,
vous pourrez la traduire par « le vrai berger ».

Jésus et ceux qui l'écoutaient
savaient l'importance des bergers
dans leur environnement rural,
et de ce qu'ils représentaient dans l'histoire des Israélites.
Le Seigneur était le Berger qui avait conduit les Israélites
vers la liberté en leur faisant franchir la mer Rouge.
Il les avait nourris dans le désert,
et les avait guidés jusqu'à la terre promise.
Il leur avait montré un chemin de vie dans les dix commandements,
qu'ils devraient mettre en pratique pour vivre heureux.
Le Seigneur leur avait donné de nombreux bergers
au cours de leur histoire :

Moïse, Josué, David, Salomon, les prophètes
Isaïe, Ézéchiel et bien d'autres.

Isaïe révèle que le Seigneur

> *« fait paître son troupeau, tel un berger,*
> *de son bras il rassemble les agneaux,*
> *il les porte sur son sein,*
> *il conduit doucement les brebis mères. » (Is 40, 11)*

Être berger, c'est veiller sur ceux qui sont faibles,
perdus, dans le besoin.
C'est être présent, aimer et soutenir.
Les bergers sont aussi nécessaires aujourd'hui
qu'ils l'étaient au temps de Jésus.

Les enfants savent qu'ils ont besoin de leurs parents
pour les nourrir, s'occuper d'eux, les aimer,
les protéger, les guider et les aider à grandir.
Ceux qui ne sont pas tout à fait autonomes
ont besoin de personnes
aimantes, compatissantes et compétentes,
il leur faut de bons professeurs pour les aider à se développer.
Les jeunes adultes ont besoin de modèles qui les aident
à grandir et à faire les bons choix.
Tous ceux qui veulent s'approfondir spirituellement
et développer une vie d'amour et de prière
ont besoin sur le plan spirituel d'un père ou d'une mère
pour éclairer leur chemin.
Bien des gens qui se sentent seuls et perdus
dans nos sociétés matérialistes
cherchent qui pourrait les guider
vers une vie meilleure et plus saine
et les aider à trouver un sens à leur vie.
Ne recherchons-nous pas tous quelqu'un qui veille sur nous,
nous comprend et nous respecte?

Personnellement, j'ai beaucoup reçu.
Non seulement ai-je eu des parents aimants
qui ont veillé sur moi, m'ont fait confiance
et m'ont encouragé à être moi-même et à faire mes propres choix,
mais j'ai eu également pour berger un prêtre saint et sage,
le père Thomas Philippe.
Lorsque j'ai quitté la marine pour suivre Jésus,
le père Thomas m'a guidé vers l'essentiel,
ne me disant jamais quoi faire,
mais m'invitant toujours à le demander à Jésus.
Maintenant, des années plus tard, je réalise quel don ce fut
de l'avoir pour berger pendant si longtemps.

Jésus, le Verbe fait chair,
sait combien nous avons tous besoin
de bons bergers, sages et aimants.
Non seulement Jésus se révèle comme le bon Berger,
mais chacun de nous, en grandissant en maturité,
est appelé à devenir un bon berger pour les autres.

Devenir un berger comme Jésus

Pour être de vrais bergers, de bons guides,
il nous faut d'abord devenir de bons disciples.
Jésus se révèle comme « l'Agneau de Dieu »
avant de se révéler comme le bon Berger.
Il écoute le Père et lui obéit
avant de nous enseigner ce que nous devons faire.
Pour être de bons parents,
ne devons-nous pas d'abord être de bons enfants ?
Pouvons-nous enseigner à d'autres
si nous n'avons pas appris des autres ?
Comment aimer si nous n'avons pas été aimés ?

Mais certaines personnes n'ont jamais fait cette expérience.
Leurs parents les ont blessées, ont abusé d'elles
et ne les ont pas aidées à grandir vers la liberté.
Alors, qu'en est-il pour elles?
Trouveront-elles des parents de substitution,
des gens qui plus tard les comprendront, les estimeront
et leur révéleront qui elles sont
et qui elles sont appelées à devenir?
Ainsi, elles découvriront leur personne profonde,
enfouie sous une masse de souffrance,
de culpabilité ou de violence.

Jésus, lumière du monde, invite ses disciples
à devenir lumière pour le monde.
Jésus, le bon Berger, nous appelle à devenir de bons bergers,
à atteindre une maturité spirituelle
qui nous rendra capables d'aider d'autres à grandir
et d'aller à la recherche de ceux qui sont perdus,
rejetés ou opprimés
et marginalisés par la société.

Les qualités d'un berger

Jésus nous dit quelles sont les qualités d'un bon berger :

> « *Le berger appelle chacune de ses brebis*
> *par leur nom*
> *et les mène dehors.*
> *Quand il a fait sortir toutes celles qui sont à lui,*
> *il marche devant elles*
> *et les brebis le suivent*
> *parce qu'elles connaissent sa voix.*
> *Elles ne suivront pas un étranger.* » (v. 3-5)

Le berger conduit ceux qui lui ont été confiés
sur un chemin de liberté :
liberté de faire les bons choix, de prendre des initiatives,
de grandir vers plus de maturité et d'amour.

Dans le langage biblique, connaître le nom d'une personne,
c'est la connaître en ce qu'elle a d'unique,
ses dons et ses faiblesses,
ses besoins et sa mission dans la vie.
Cela implique de passer du temps avec cette personne, de l'écouter,
et par-dessus tout de créer une relation d'estime réciproque,
qui lui fait sentir qu'elle est aimée, précieuse.
Pour guider quelqu'un
il faut n'avoir aucun désir de le posséder,
de le contrôler ou de le manipuler,
et qu'entre les deux se soient établis
la confiance, le respect et l'amour mutuels.

La confiance est la base de tout accompagnement
et de toute éducation.
Un homme qui travaille avec des enfants de la rue m'a dit
son incapacité à les aider
tant que la confiance n'était pas établie :
confiance qu'il était avec eux,
non d'abord pour un salaire
mais parce qu'il les aimait et voulait leur bien.
La confiance ne peut grandir
que si les bergers sont de bons modèles
qui vivent ce qu'ils disent,
qui montrent le chemin par leur manière d'agir et d'aimer.
Ceux qui ne font pas ce qu'ils disent transmettent un double message
qui brise la confiance.

Les vrais bergers se donnent librement;
leur amour et leur attention donnent vie
à ceux qui sont plus fragiles et immatures.
C'est pourquoi Jésus dit :

> *« Je suis venu pour qu'on ait la vie*
> *et qu'on l'ait en abondance.*
> *Je suis le bon pasteur.*
> *Le bon pasteur donne sa vie pour ses brebis. » (v. 10-11)*

Jésus nous aime sans mesure et veut nous donner
tout ce qui nous est nécessaire pour grandir en sagesse,
humaine et spirituelle.

Être un bon berger ne veut pas dire être parfait,
car nul n'est parfait.
Au contraire, c'est être humble et ouvert,
reconnaître ses fautes et ses insuffisances,
et demander pardon lorsqu'on a agi injustement.
À l'Arche, il nous faut demander pardon
aux personnes qui ont un handicap
lorsque nous avons été trop durs avec elles.
Les parents doivent demander pardon à leurs enfants
lorsqu'ils se sont mis en colère d'une façon injuste.
Tous ceux qui portent une autorité
sont appelés à être des modèles de pardon.
On ne peut pas aider d'autres à grandir vers plus de maturité
si on ne cherche pas soi-même à grandir vers plus de maturité,
de compassion, d'acceptation de soi et des autres.

Par opposition au bon berger,
Jésus parle de voleurs et de bandits (cf. v. 12-13)
qui prennent la fuite devant les difficultés ou le danger.
Ce sont des mercenaires,
plus préoccupés de leur salaire, de leur réputation,
des structures, de l'administration et de la réussite du groupe
que des personnes et de leur croissance.
Ils *utilisent* les gens pour exercer un pouvoir
et montrer leur supériorité.
Ils ont peur du contact personnel et se cachent derrière les règles.
Ils empêchent les autres de grandir en liberté
et de prendre des initiatives.
Ils sont durs envers les personnes fragiles,
ils sont sans compassion.
Ils ne cherchent pas à comprendre les gens
mais ont tendance à les juger et à les condamner.

Lorsque surviennent des conflits,
ils abandonnent ceux qui leur sont confiés,
les laissant seuls et désorientés.
Ils sont enfermés dans leurs propres besoins.

Efficacité et fécondité

Devenir de bons bergers,
c'est sortir de la prison de notre égocentrisme
pour veiller sur ceux dont nous sommes responsables,
leur révéler leur beauté et leur valeur fondamentales
et les aider à devenir pleinement vivants.

Nous touchons ici la différence fondamentale entre *efficacité* et *fécondité*,
entre *fabriquer un objet inanimé*,
comme une voiture ou un meuble,
et *transmettre la vie.*
Lorsque nous fabriquons un objet, il nous appartient.
Nous pouvons le jeter ou en faire ce que nous voulons.
Il n'en va pas de même avec les être humains.
Si nous avons un lien avec une personne faible
ou avec quelqu'un que Dieu nous a donné
dans une amitié, une responsabilité,
en accompagnement, en communauté,
nous ne pouvons pas nous en débarrasser
ni en faire ce que nous voulons.
Ces personnes nous ont été confiées
et nous en sommes responsables pour notre part.
Ce n'est pas facile d'être un bon berger, d'écouter vraiment,
d'accepter la réalité de l'autre et les conflits.
Ce n'est pas facile de prendre conscience de nos peurs
et de nos blocages,
ni d'aimer les gens pour eux-mêmes.
C'est un défi d'aider un autre
à devenir peu à peu responsable de sa propre vie,
à avoir confiance en lui-même
et à devenir de moins en moins dépendant de nous
et plus dépendant de Jésus, le vrai Berger.

Selon les étapes de la vie,
nous avons besoin de bergers plus ou moins proches.
Les gens faibles ont besoin d'un berger très proche
qui veille sans cesse sur eux.
Mais au fur et à mesure que les gens
deviennent plus matures,
le berger devient davantage un ami et un compagnon
qu'une figure paternelle ou maternelle.
Des parents n'agissent pas de la même façon
avec un enfant de cinq ans et avec un adolescent.

Devenir pleinement humain
ne signifie pas seulement devenir autonome
dans le sens de se débrouiller tout seul
et de ne compter sur personne.
Au contraire, nous sommes appelés à nous ouvrir aux autres :
avoir besoin les uns des autres, faire des choses ensemble,
s'émerveiller des talents des autres.
Être berger a sa source et sa finalité dans la communion.
Cela implique d'être au service les uns des autres,
de se laver mutuellement les pieds, de donner sa vie.

Jésus est venu pour nous donner la vie :

> « *Je suis le bon berger;*
> *je connais mes brebis et mes brebis me connaissent,*
> *comme le Père me connaît et que je connais le Père,*
> *et je donne ma vie pour mes brebis.* » (v. 14)

Donner sa vie peut avoir trois significations.
Cela peut vouloir dire *communiquer à un autre*
ce qui nous est précieux et qui nous fait vivre,
pour que d'autres puissent eux aussi vivre de ce trésor.
Cela peut vouloir dire *se donner à un autre*
en toute confiance, dans un amour total.
Cela peut vouloir dire aussi *risquer ma vie*
en me jetant dans des eaux tumultueuses
pour sauver quelqu'un en train de se noyer.

Jésus est venu donner la vie et donner sa vie,
cette vie d'amour et de lumière qu'il partage avec le Père.
Il est venu pour donner sa vie sur la croix,
pour ôter tout ce qui nous empêche
d'être en communion avec Dieu
et avec nos frères et sœurs en humanité.
Jésus est le Don de Dieu.
Il nous appelle à nous détacher des choses
pour nous donner entièrement.

> *« Je donne ma vie pour mes brebis.*
> *J'ai encore d'autres brebis*
> *qui ne sont pas de cet enclos;*
> *celles-là aussi il faut que je les mène;*
> *elles écouteront ma voix;*
> *et il y aura un seul troupeau, un seul pasteur.*
> *C'est pour cela que le Père m'aime*
> *parce que je donne ma vie,*
> *pour la recevoir à nouveau.*
> *Personne ne me l'enlève;*
> *mais je la donne de moi-même.*
> *J'ai le pouvoir de la donner*
> *et j'ai le pouvoir de la recevoir à nouveau. » (v. 15-18)*

Donner sa vie

Jésus est venu pour détruire les barrières qui séparent les gens
et les rassembler dans l'unité.
Cette unité a sa source dans l'unité qu'il vit avec Dieu,
car le Fils et le Père sont un.
Cette union entre les gens jaillira du don de la vie, le don de *sa* vie.
La mort n'a plus le dernier mot.

Au fur et à mesure que nous avançons dans cet évangile,
le priant et le méditant,
nous voyons s'amonceler des nuages sombres.

Les autorités religieuses veulent tuer Jésus.
Nous approchons d'une lutte terrifiante.
Jésus révèle là le sens profond de la mort.
Il est venu donner la vie et donner sa vie librement,
pour que les gens puissent aimer et trouver la liberté intérieure.
Sa mort n'est pas la fin de la vie, elle en est le sommet;
c'est l'acte d'amour suprême
qui nous ouvre à une plénitude de vie.
L'aiguillon de la mort est vaincu.
Ne sommes-nous pas tous destinés à mourir?
La mort est-elle une terrible tragédie?

Rabindranath Tagore écrit :

> « *La mort, ce n'est pas la lumière qui disparaît,*
> *mais la lampe qu'on éteint*
> *parce que l'aube est venue.* »

Il y a certes des morts tragiques, dans des guerres, des accidents.
Il y a des maladies qui fauchent en pleine jeunesse.
La mort de ceux dont la vie s'achève après une vie pleine
peut être difficile pour ceux qui restent,
mais pour ceux qui meurent,
c'est un passage vers Dieu, dans la paix éternelle.
Leur heure est venue.
Enfants, ils ont reçu la vie;
ils ont vécu leur jeunesse,
ont donné la vie à leur tour, comme parents
ou en communiquant la vie à d'autres
par leur engagement et leur amour;
vieillards, ils ont donné la vie par leur présence et leur amour.
La joie des êtres humains est de quitter cette terre
en ayant transmis la vie à d'autres,
qui à leur tour seront appelés à donner la vie à une nouvelle génération.

N'est-ce pas le cycle de la vie sur notre terre?
Le printemps apporte les feuilles et les fleurs;
avec l'été, les fruits mûrissent,
puis viennent l'automne et les dernières récoltes.
Enfin les feuilles tombent; elles nourrissent la terre.
Et c'est le silence de l'hiver, l'attente d'une vie nouvelle.
Le bon Berger, « le vrai » Berger, nous entraîne dans ce cycle de vie
où nous sommes appelés à recevoir et à donner la vie.

15

Ressuscité dans l'amour

Jean 11, 1-12

Jésus ressuscite Lazare.

Il nous appelle

chacun à

ressusciter,

avec lui,

dans l'amour.

Lazare, l'ami de Jésus

Ce chapitre, un des plus simples et des plus beaux de l'évangile de Jean, révèle combien Jésus est à la fois *profondément humain et pleinement divin*.
Il parle de Marthe, de Marie et de Lazare, les amis de Jésus.
Lazare est très aimé de ses deux sœurs
et Jésus a un lien privilégié avec lui.
Lazare étant gravement malade,
les deux sœurs envoient des messagers dire à Jésus :

> *« Seigneur, celui que tu aimes est malade. »*

Et l'évangéliste ajoute :

> *« Jésus aimait Marthe et sa sœur et Lazare. »*

Plus tard, Jésus dit :

> *« Notre ami Lazare »*

et un peu plus loin dans ce chapitre,
lorsque les gens voient combien Jésus est touché
par la mort de Lazare, ils disent :

> *« Voyez comme il l'aimait! »*

C'est la première fois dans l'évangile de Jean
que nous entendons évoquer l'amour de Jésus
envers des personnes précises,
la première fois que Jean, parlant de Jésus,
utilise les mots grecs *agapè* et *philia*.
Agapè signifie un amour de prédilection pour un autre,
un amour désintéressé qui pousse à rechercher son bien.
Philia recouvre la même réalité,
mais avec une connotation de réciprocité et d'amitié.

Dans les chapitres suivants, nous entendrons beaucoup parler
de l'amour de prédilection de Jésus
pour son Père et pour ses disciples.
Mais, jusqu'à présent,
les hommes que Jésus a choisis pour le suivre
sont appelés disciples et non amis.
Il y a entre eux une inégalité
que Jésus est venu transformer en une véritable amitié,
marquée par la réciprocité et l'égalité.
Ce n'est que plus tard dans cet évangile
que Jésus les appellera « amis » (*Jn* 15, 15).

Lazare est très présent dans ce chapitre.
Pourtant, il ne dit rien et on parle très peu de lui.
Dans l'évangile de Luc,
lorsque Jésus vient rendre visite à cette famille de Béthanie,
la maison est décrite comme la « maison de Marthe »,
et non la maison de Lazare (cf. *Lc* 10, 38).
Nous y trouvons Marthe et Marie, mais Lazare est absent.
Il semble ne pas exister,
sauf pour ses sœurs et pour Jésus qui l'aiment profondément.
Il semble être au cœur de sa famille,
vivant avec ses deux sœurs qui ne sont pas mariées.

Lisant cela, marqué bien sûr
par mon expérience à l'Arche
avec des personnes handicapées,
je ne peux m'empêcher de penser
que Lazare avait un handicap, probablement grave.
Est-ce pour s'occuper de lui
que ses deux sœurs ne s'étaient pas mariées?
Les paroles des sœurs, « celui que tu aimes est malade »,
sont à mes yeux significatives.
Elles semblent dire :
« celui que tu viens voir, à qui tu donnes le bain,
celui que tu aimes avec tendresse et affection,
est en danger de mort ».

Ce n'est bien sûr qu'une supposition, nullement l'essentiel
de ce que Jean cherche à nous dire ici de l'amour de Jésus
à l'égard de chacun des membres de cette famille.

Marthe va à la rencontre de Jésus

Lorsque Jésus apprend que Lazare est malade,
au lieu de partir immédiatement pour Béthanie, il attend deux jours.

Il dit alors à ses disciples :

> *« Lazare est mort,*
> *et je me réjouis pour vous de n'avoir pas été là-bas,*
> *afin que vous croyiez.*
> *Mais allons auprès de lui. » (v. 14-15)*

Lorsque Jésus arrive dans le village de Béthanie,
Marthe, apprenant que Jésus était là, sort à sa rencontre
tandis que Marie reste à la maison.
Marthe lui dit :

> *« Seigneur, si tu avais été ici,*
> *mon frère ne serait pas mort.*
> *Mais maintenant encore, je sais*
> *que tout ce que tu demanderas à Dieu,*
> *Dieu te l'accordera. »*

Jésus répond :

> *« Ton frère ressuscitera. »*
> *« Je sais qu'il ressuscitera à la résurrection,*
> *dit Marthe, au dernier jour. »*

Jésus lui dit :

> *« Je suis la résurrection et la vie.*
> *Qui croit en moi, même s'il meurt, vivra.*
> *Quiconque vit et croit en moi ne mourra jamais.*
> *Le crois-tu ? »*

« Oui Seigneur, lui dit-elle,
je crois que tu es le Messie,
le Fils de Dieu, qui vient en le monde. » (v. 21-27)

Marthe est une femme de foi,
tout comme Pierre qui, en d'autres circonstances, dit :

« Tu es le Messie, le fils du Dieu vivant. » (Mt 16, 16)

Marie, sa jeune sœur, est très différente.
Un jour où Jésus s'était arrêté dans la maison de Marthe à Béthanie,
Marie s'était assise à ses pieds, buvant ses paroles.
Marthe, plus efficace et plus organisée, un peu autoritaire,
s'en plaint à Jésus :

« Seigneur, cela ne te fait rien
que ma sœur me laisse servir toute seule?
Dis-lui donc de m'aider. » (Lc 10, 40)

Celle qui est plus organisée peut parfois être exaspérée
par la petite sœur au tempérament affectueux,
qui se contente de s'asseoir et de boire les paroles de Jésus.
Jésus répond :

« Marthe, Marthe, tu te soucies et t'agites
pour beaucoup de choses;
pourtant une seule est nécessaire.
Marie a choisi la meilleure part;
elle ne lui sera pas enlevée. » (Lc 10, 41-42)

Nous avons là un aperçu
du caractère bien différent de ces deux femmes,
qui peut nous aider à comprendre
pourquoi Marthe, après sa conversation avec Jésus,
rentre à la maison et dit à Marie en secret :

« Le maître est là et il t'appelle. » (v. 28)

Marie court vers Jésus

En entendant ces paroles, Marie se lève et court vers Jésus.
Elle tombe à ses pieds et lui dit, comme Marthe :

> « *Seigneur, si tu avais été ici,*
> *mon frère ne serait pas mort!* »

Un léger reproche? Comme pour dire :
« Pourquoi n'es-tu pas venu plus vite pour le sauver? »

> *Lorsque Jésus vit Marie pleurer,*
> *et pleurer aussi tous ses amis et voisins,*
> *il gémit en son esprit et fut angoissé.*
> *« Où l'avez-vous mis? » demanda-t-il.*
> *« Seigneur, viens et vois », répondirent-ils.*
> *Jésus pleura. (v. 33-35)*

En parlant du berger, Jésus avait parlé sereinement
de la mort, de sa mort,
comme du sommet de la vie et du don ultime.
Ici, il pleure devant la mort; il touche l'horreur de la mort,
le vide laissé dans les cœurs quand meurt une personne aimée.
Jésus aime Marie; il est touché par sa souffrance,
il pleure avec elle.
Il partage avec elle un moment d'émotion intense.
C'est le seul endroit dans cet évangile
où Jésus montre ses émotions humaines profondes.
Lorsqu'il avait rencontré la femme samaritaine, il était fatigué,
mais ici quelque chose semble se briser en lui.

L'émotion profonde de Jésus

Les verbes grecs *embrimaomai* et *tarasso*
sont traduits parfois par « frémir » et « se troubler ».
Embrimaomai est un mot plein d'émotion
qui peut aussi se traduire par « gémir »
et même s'utiliser pour un cheval qui s'ébroue!

Tarasso veut dire troublé, agité, angoissé.
Jésus frémit, il est angoissé, il laisse échapper un cri de douleur.
Lui, habituellement serein et paisible,
éprouve un sentiment difficilement traduisible.
Nous l'avons vu en colère contre ceux
qui faisaient du Temple une maison de commerce.
Ici, nous voyons autre chose : Jésus bouleversé.
Nous n'avons jamais vu Jésus si profondément humain.

Que s'est-il passé?
Jésus est-il confronté, d'une façon nouvelle,
à la souffrance humaine,
celle de la finitude et de la mort,
la souffrance de la séparation ultime?
Est-il confronté à la douleur que sa propre mort va causer
à sa mère, à ses amis et à ses disciples?

La suite de l'histoire montre
que le miracle de la résurrection de Lazare est,
pour les autorités juives, la goutte d'eau qui fait déborder le vase.
C'est à cause de ce miracle qu'ils décident que Jésus doit mourir.
Alors ici, devant Marie, il est déchiré entre
son amour pour elle, son désir de répondre à son appel,
et la certitude intérieure que s'il le fait, il sera condamné à mort.
C'est cette tension intérieure
qui provoque, me semble-t-il,
cet ébranlement de tout son être et ses larmes;
Jésus est si profondément humain, sensible et aimant.

Lazare, lève-toi!

On conduit Jésus au tombeau de Lazare,
qui est comme une grotte
devant laquelle a été placée une grosse pierre.
L'évangéliste répète que Jésus

gémissant de nouveau, dit :
« Enlevez la pierre! » (v. 38)

Marthe intervient avec son tempérament réaliste :

« Seigneur, il sent déjà : il est là depuis quatre jours! »
« Ne t'ai-je pas dit, répond Jésus,
que si tu crois, tu verras la gloire de Dieu? »

On enlève donc la pierre.
Jésus lève les yeux vers le ciel et dit :

« Père, je te rends grâces de m'avoir écouté.
Je savais que tu m'écoutes toujours;
mais c'est à cause de la foule qui m'entoure
que j'ai parlé,
afin qu'ils croient que tu m'as envoyé. »
Cela dit, il cria d'une voix forte :
« Lazare, viens dehors! »
Le mort sortit, les pieds et les mains liés de bandelettes
et son visage était enveloppé d'un suaire.
Jésus leur dit : « Déliez-le et laissez-le aller. » (v. 38-44)

Je peux m'imaginer Marie pleurant de joie,
ne sachant plus si elle devait se jeter dans les bras de son frère
ou se jeter aux pieds de Jésus.
Remplie de vénération et de paix, elle se dit peut-être :
« Je n'aurais jamais imaginé qu'il nous aimait autant! »
A-t-elle conscience que cet acte d'amour
va entraîner la mort de Jésus?

Jésus doit mourir

Beaucoup de ceux qui ont été témoins de ce miracle
commencent à croire en Jésus.
D'autres vont dire aux pharisiens ce que Jésus a fait.
Alors les grands prêtres et les pharisiens réunissent le conseil
pour décider quoi faire.

« Cet homme fait beaucoup de miracles.
Si nous le laissons ainsi, tous croiront en lui
et les Romains viendront et supprimeront
notre Lieu saint et notre nation. »
Caïphe, grand prêtre cette année-là, se leva et dit :
« Vous n'y entendez rien !
Vous ne comprenez pas qu'il est de votre intérêt
qu'un seul homme meure pour le peuple
plutôt que la nation tout entière périsse. »

Il ne sait pas qu'il prophétise que Jésus
va mourir non seulement pour la nation, mais

« pour rassembler dans l'unité les enfants de Dieu dispersés ».
(v. 47-52)

Jésus souffre, car tandis que certains s'ouvrent à la foi
grâce aux miracles,
d'autres se ferment, refusant d'accueillir la réalité.
Ils ne veulent pas voir ; ils sont aveuglés ;
ils sont incapables de croire que si Jésus vient vraiment de Dieu,
alors Dieu veillera sur eux, sur le Temple et la nation,
comme il l'a fait si souvent par le passé.
Leur refus de croire en Jésus
les amène à refuser de croire
en l'amour de Dieu pour le peuple juif.

Pourquoi refusent-ils de faire confiance à Jésus ?
Par peur d'un soulèvement et de représailles des Romains ?
Par peur du changement ?
Par peur de perdre leur pouvoir
et de ne plus avoir la situation en main ?
Par peur de faire confiance et de s'en remettre à Dieu ?
Par jalousie envers Jésus parce que tant de gens le suivent ?
C'est probablement un mélange de tous ces sentiments
qui habitent aussi les zones obscures de nos propres cœurs.
Nous pouvons, nous aussi, refuser de regarder
et d'écouter humblement la réalité,

de lire les signes de l'Esprit Saint
dans les événement du monde et de l'Église autour de nous.
Nous pouvons aussi refuser de faire confiance
à l'action de Dieu en nous et dans les autres.

Jésus appelle chacun à ressusciter

Il y a différents niveaux de compréhension dans l'évangile de Jean.
Il y a le niveau *historique* :
le fait qu'un homme mort depuis quatre jours revienne à la vie,
un miracle qui proclame
la gloire, la puissance et la majesté de Dieu,
Seigneur de la vie et de la mort.
Les foules voient sa gloire et beaucoup commencent à croire en lui.

Il y a aussi un niveau *symbolique.*
Lazare n'est-il pas chacun de nous?
N'y a-t-il pas en chacun de nous des parties de nous-mêmes
qui sont mortes, prisonnières d'une culture de mort?
Tout ce qui est mort en nous,
plus ou moins caché dans notre inconscient,
dans les zones d'ombre ou le « tombeau » de notre être,
sème la mort autour de nous.
Nous jugeons les gens, nous les condamnons et les rabaissons,
par désir de montrer que nous valons mieux qu'eux.
Nous refusons d'écouter ceux qui sont différents,
et par là nous les blessons.
Ces gestes destructeurs viennent de tout ce qui en nous est mort,
tout ce qui empoisonne et pourrit notre être,
que nous ne voulons ni voir ni reconnaître.

Jésus veut que nous ressuscitions pour devenir pleinement vivants.
Il nous appelle à sortir du tombeau que nous portons en nous,
comme Dieu appelait Ézéchiel à ressusciter des morts
toute la maison d'Israël gisant dans les tombeaux du désespoir :

« Ainsi parle le Seigneur Yahvé.
Voici que j'ouvre vos tombeaux;
je vais vous faire remonter de vos tombeaux,
mon peuple [...]
Je mettrai en vous mon esprit et vous vivrez. » (Ez 37, 12.14)

C'est le désir de Jésus pour chacun de nous aujourd'hui.
À chacun il dit :

« Enlevez la pierre! »

Et comme Marthe, nous nous exclamons peut-être :
« Non, c'est trop horrible, ça sent trop mauvais! »
Sur son ordre, la pierre est enlevée
et Jésus peut nous appeler par notre nom
et s'écrier :

« Sors! »

Nous pouvons alors nous lever, un peu plus unifiés et saints
grâce à l'Esprit de Jésus en nous.
Nous pouvons laisser la lumière de Jésus
pénétrer nos ténèbres.
Unifiés, nous faisons l'unité autour de nous.
L'histoire de Lazare est notre histoire.
Elle montre que Jésus est venu nous appeler à ressusciter
et à devenir pleinement vivants.

Cette résurrection a lieu chaque matin,
chaque soir, chaque jour.
Nous sommes appelés sur un chemin de résurrection
pour accomplir l'œuvre de Dieu,
apporter l'amour dans nos familles, nos communautés
et dans le monde.

Marie oint les pieds de Jésus

Quelques jours plus tard, six jours avant la fête de la Pâque,
Jésus revient à Béthanie
pour un repas de fête dans la maison de Simon le lépreux.
De même qu'il y avait eu une magnifique fête à Cana
au début de la mission de Jésus,
il va y avoir une fête joyeuse
au cours de la dernière semaine de sa mission.
Lazare est là, bien sûr.
Marthe sert le repas.
Au cours du repas, Marie,
dans un geste audacieux d'amour et de gratitude,
prend une livre d'un parfum de nard pur, de grand prix,
oint les pieds de Jésus et les essuie avec ses cheveux.
La maison s'emplit de la senteur du parfum (cf. *Jn* 12, 1-3),
nous rappelant par contraste la puanteur du cadavre de Lazare.
C'est un geste excessif, déraisonnable, un geste d'amour
semblable à cette quantité excessive d'eau changée en vin à Cana.
Il existe de toute évidence
un lien étroit entre Jésus et Marie de Béthanie.

Judas réagit violemment devant le geste de Marie :
« Quel gaspillage! »

> *« Pourquoi, demande-t-il,*
> *ce parfum n'a-t-il pas été vendu trois cents deniers*
> *(ce qui correspondait à une année de salaire d'un ouvrier)*
> *qu'on aurait donné à des pauvres? » (v. 4-5)*

Dans l'évangile de Matthieu (25), ce n'est pas seulement Judas
mais également les disciples qui s'indignent.
On peut se demander si cette opposition des disciples à Marie
ne cache pas autre chose.
Pourquoi sont-ils si fâchés?
D'où vient leur colère?

Pourquoi veulent-ils contrôler Jésus
et ceux qui sont proches de lui?
Seraient-ils jaloux de la relation d'amitié entre Marie et Jésus?
Ils ne croient peut-être pas
que les femmes sont importantes pour Jésus
et peuvent être de vrais disciples.
Après tout, Jésus ne les a-t-il pas choisis, *eux,*
pour être ses disciples?
Ne sont-ils pas les élus?
Qu'est-ce que vient faire cette femme?
Jésus les reprend en disant :

> *« Laisse-la;*
> *c'est pour le jour de ma sépulture*
> *qu'elle devait garder ce parfum.*
> *Les pauvres, en effet,*
> *vous les aurez toujours avec vous;*
> *mais moi, vous ne m'aurez pas toujours. » (v. 7-8)*

Jésus fait taire Judas et les disciples par des paroles fortes :
il déclare son amour pour Marie!
Dans un passage correspondant de l'évangile de Matthieu,
Jésus dit que ce geste de Marie
sera proclamé dans le monde entier (*Mt* 26, 13).
Peut-on imaginer une meilleure défense de Marie?
Il la confirme dans sa passion et sa dignité de femme.
Il libère son amour.
En prenant la défense de Marie, il dit aussi
le besoin qu'il a de son amour et de sa confiance
au moment où l'on s'apprête à le tuer.

Marie a conscience que parce qu'il a ressuscité son frère,
à sa demande,
Jésus va être arrêté et tué.
Pour elle, il a tout donné.
Elle répond à son don de lui-même en se donnant tout entière,
en se donnant d'une façon à la fois belle,
insensée et scandaleuse.

16

Le chemin de la paix

Jean 12, 12-50

Jésus nous invite à renoncer à la sécurité

de nos repères culturels

et de nos habitudes

pour oser la rencontre

avec ceux qui sont différents

et accueillir leur beauté

et leur vérité.

L'unité et la paix

ne peuvent advenir

entre les peuples et les cultures

que si nous nous désarmons,

mourant à nos projets

pour entrer dans

le projet d'amour de Dieu.

Les fractures et les divisions de notre monde

À maints égards, nous vivons une époque incroyablement belle et enthousiasmante. Tant de découvertes et de progrès ont été réalisés et continuent de l'être.

De plus en plus de gens ont accès à l'éducation,
aux soins médicaux, aux nouvelles technologies
et aux nouvelles formes de communication,
comme jamais dans l'histoire de notre monde.
Mais nous vivons aussi dans une époque terriblement souffrante.
C'est comme si nous étions au bord de la paix universelle
ou de la destruction universelle.

Dans le cœur de beaucoup,
grandit une conscience de la valeur de chaque personne,
quels que soient sa culture, sa religion,
ses capacités ou ses handicaps.
Pourtant, des divisions et des peurs énormes persistent
devant le développement de nouvelles armes
chimiques et biologiques,
et les victimes toujours plus nombreuses
des guerres et des génocides.

Une économie globale émerge
où la compétition et la concurrence
s'intensifient et sont encouragées,
où l'écart entre pays riches et pays pauvres,
entre riches et pauvres dans chaque pays,
se creuse de façon alarmante.

Ce sont des semences de nouveaux conflits.
Pourtant, en même temps,
on découvre de précieuses semences de paix.
Dans ce passage de l'évangile de Jean,
le disciple bien-aimé nous introduit
au désir le plus profond de Jésus : apporter la paix.

C'est une paix qui jaillira de sa mort,
mais aussi de notre mort à nos besoins dévorants
de réussite et de pouvoir.

Pour qu'advienne la paix dans notre monde,
ne devons-nous pas tous briser les murs
que nous avons érigés autour de nos cœurs
et autour du groupe auquel nous appartenons,
pour découvrir la beauté et les dons de ceux qui sont différents,
et ensemble découvrir notre humanité commune?

Jésus, prince de la paix

Jésus entre à Jérusalem
quelques jours seulement après avoir ressuscité Lazare
à Béthanie, à quelques kilomètres de Jérusalem.
Cela avait provoqué un grand émoi.
Un grand nombre de gens commençaient à croire
que Jésus était le Messie.
Apprenant qu'il arrivait à Jérusalem,
une foule se réunit, agitant des rameaux de palmiers,
pour l'accueillir et l'acclamer :

> *« Hosannah! Béni soit celui qui vient*
> *au nom du Seigneur,*
> *le Roi d'Israël! » (v. 13)*

Il y a de l'effervescence dans l'air.
Certains ont peut-être le sentiment d'être à la veille de la libération,
sur le point d'être affranchis du pouvoir des Romains.
Jésus trouve un ânon.
Il ne fait pas une entrée triomphante,
dans un char ou sur un cheval,
mais sur un petit âne.
La foule l'acclame comme roi,
mais il n'est pas un roi de ce monde.

Il règne sur un autre monde, le royaume de l'amour ;
c'est un roi humble,
sans aucune ambition d'exercer un pouvoir temporel.
Il est venu nous introduire dans une ère de paix.

Un prophète de paix

Jean explique que Jésus accomplit une prophétie de Zacharie :

> « *Sois sans crainte, fille de Sion :*
> *voici que ton roi vient, monté sur un petit d'ânesse.* »
>
> *(Jn 12, 13-15 ; Za 9, 9)*

Et le prophète ajoute que ce roi bannira
tous les instruments et armements de guerre :

> « *Il annoncera la paix aux nations.*
> *Son empire ira de la mer à la mer*
> *et du fleuve aux extrémités de la terre.* » *(Za 9, 9-10)*

Jésus est ce roi humble, monté sur un âne,
qui apporte la paix au monde.

À ce moment-là, quelques Grecs demandent à « voir » Jésus,
ce qui dans le langage johannique signifie « croire » en Jésus.
C'est le signe pour Jésus que son heure est venue,
et que son message de paix et d'amour
est appelé à dépasser les frontières d'Israël
pour se répandre dans le monde entier.
À cette époque, les conflits et les guerres remplissaient la terre.
Chaque culture, chaque groupe linguistique,
avec ses croyances et ses pratiques religieuses,
luttait pour survivre face à ses ennemis
ou pour conquérir de nouvelles terres.
Chacun était persuadé de sa supériorité,
se croyant béni de Dieu ou des dieux.

Jésus est venu abolir les barrières
qui séparaient les gens et les groupes les uns des autres.
Il n'est pas venu seulement pour ses frères et sœurs d'Israël
mais pour tous les peuples de la terre.
Il sait que l'heure est venue
de la manifestation suprême du don de son amour,
qui engendrera une vie nouvelle et rassemblera les peuples.

> *« Voici venue l'heure*
> *où doit être glorifié le Fils de l'homme.*
> *En vérité, en vérité, je vous le dis,*
> *si le grain de blé tombé en terre ne meurt pas,*
> *il demeure seul;*
> *mais s'il meurt, il porte beaucoup de fruit. » (v. 23-24)*

Jésus est en train d'annoncer sa mort;
de sa mort jaillira une vie nouvelle
qui se répandra dans les cœurs,
les unissant directement à Dieu
et progressivement les uns aux autres.

Il faut que le grain de blé meure pour porter du fruit :
fruits d'unité et de paix universelle.
Jésus parle de sa propre mort,
mais il parle aussi pour chacun de nous.
Nous aussi, nous sommes appelés à mourir à notre égoïsme
pour porter du fruit et devenir des messagers de paix.
Nous sommes appelés à mourir à certaines choses,
peut-être bonnes en elles-mêmes,
mais qui nous entravent sur notre chemin vers l'unité, la paix
et une plus grande ouverture à l'Esprit de Jésus.

Mourir à notre égoïsme

Jésus ajoute :

> « *Qui aime sa vie (psychè, la vie psychologique)*
> *la perd ;*
> *et qui hait sa vie en ce monde*
> *la conservera en vie éternelle (zoè, vie).* » *(v. 25)*

Quelle est cette « vie » dont parle Jésus,
à laquelle nous nous accrochons si désespérément
et dont nous devons nous détacher?

Ce n'est pas simplement la vie *physique*
mais *la vie selon les valeurs du monde*,
un monde vide de Dieu et plein d'idoles.
Cette « vie » désigne également nos *tendances psychologiques* :
nos désirs et besoins de réussir,
d'être aimés, tenus en estime,
reconnus par les membres de notre groupe,
d'avoir du pouvoir sur d'autres et de les contrôler.
Ces passions nous habitent tous
et se manifestent de diverses manières
aux différentes étapes de notre vie.
Nous pouvons rechercher notre propre gloire
et notre propre satisfaction
même en faisant de bonnes choses,
serait-ce être à l'Arche!
Nous pouvons nous fabriquer un personnage
ou un masque intellectuel, religieux ou vertueux.
Ces passions et le besoin de reconnaissance peuvent être orientés
vers des buts nobles et religieux,
et ils peuvent être nécessaires au début de notre chemin vers Dieu.
Mais si nous voulons aller plus loin dans notre itinéraire spirituel
et grandir dans l'humilité, l'amour et l'ouverture,
nous devons nous en dépouiller.
Si nous voulons vivre dès maintenant la vie éternelle

et suivre l'Esprit de Dieu,
il nous faut mourir à notre besoin de reconnaissance,
d'admiration et de pouvoir.

Pour beaucoup d'entre nous, c'est à travers une maladie,
un accident, la perte d'un emploi ou une forme d'échec,
que nous sommes appelés à « mourir » à nos projets très humains.
Notre vie soudain bascule.
Un de mes amis qui venait de terminer un doctorat de philosophie
avait reçu l'offre d'une belle situation
lorsqu'on découvrit qu'il avait une tumeur au cerveau.
L'opération le laissa incapable de lire.
Au début, il en fut bouleversé et se mit en colère contre Dieu.
Tous ses projets s'effondraient.
Il lui fallut plusieurs années pour découvrir
qu'il avait un autre don :
celui de conseiller.
À la place des livres et des idées,
il a commencé à découvrir la beauté des personnes.
Sa vie fut transformée et une vie nouvelle
d'ouverture aux autres a commencé.
On m'a parlé aussi d'un homme qui avait réussi sa vie.
Son mariage était heureux, ses enfants, en bonne santé,
mais il était enfermé dans son petit monde comblé.
Un de ses enfants fut atteint d'une psychose grave.
Ce père se sentit totalement perdu, en colère et impuissant.
Rien ne semblait pouvoir aider son enfant.
Il commença à rencontrer d'autres parents
qui vivaient la même épreuve;
il découvrit un monde de souffrance qu'il avait ignoré jusque-là.
La maladie de son fils l'aida à s'engager
auprès de personnes en difficulté.
Lui aussi fut conduit dans une nouvelle vie d'ouverture aux autres.

Ces deux hommes sont « morts » à leur réussite professionnelle
pour découvrir une autre partie de leur être,
grandir et se développer d'une façon plus humaine.

Mourir à des éléments de notre culture et à nos habitudes

Dans ce chapitre de l'évangile de Jean,
nous sommes conduits plus loin et plus profondément
dans le don de Dieu à l'humanité.
L'heure est venue d'annoncer le règne de Jésus,
le règne de l'amour
à tous les peuples de toutes les cultures.
Les germes d'une paix universelle seront semés
dans les cœurs par la mort de Jésus.
Cette ouverture à ceux qui sont différents
nécessite un dépouillement plus grand,
un renoncement à des habitudes, traditions, mœurs,
jusqu'à notre façon de réfléchir ou de parler,
qui nous font nous replier sur nous-mêmes.

Nous faisons tous partie d'une culture et vivons certaines valeurs,
nous respectons des rituels
qui donnent cohésion à nos communautés
et renforcent notre identité.
Mais certains de ces éléments ne sont pas forcément en accord
avec le message de Jésus dans sa plénitude.

Comme chrétiens, nous pouvons désirer suivre Jésus
tout en nous accrochant à certains rituels
ou signes extérieurs de notre culture.
La religion, la culture et le patriotisme
peuvent devenir tellement intriqués, *entremêlés, complexes*
qu'ils empêchent la croissance dans l'amour universel
et dans la vie de l'Esprit,
nous rendant incapables de comprendre les mœurs et les coutumes
des gens d'autres cultures.

De nombreux pays européens ont imposé leur culture et leur langue
mais aussi leurs convictions religieuses aux peuples aborigènes,
détruisant ainsi leur culture.

.

Comme il est difficile d'abandonner
des éléments de notre culture, de nos traditions religieuses,
qui façonnent tellement notre identité.
Comme il est difficile d'accepter les failles
de nos sociétés, de nos cultures et de nos traditions religieuses,
d'être ouverts, de se laisser enseigner par d'autres cultures
et de vivre sous la mouvance de l'Esprit de Dieu.

Cette ouverture et ce respect des autres nécessitent de croire
en notre humanité commune, en la beauté des autres cultures
et en l'amour de Dieu pour toute personne.
Nous sommes tous fondamentalement les mêmes,
des personnes avec un cœur sensible,
assoiffées d'aimer, d'être aimées et appréciées.

Cette ouverture, qui permet de rassembler des gens différents,
est inspirée par l'amour,
un amour qui voit la valeur des autres,
dans leurs différences et les difficultés qu'ils peuvent avoir,
un amour humble, vulnérable et accueillant.
Jésus ne fait pas une entrée triomphale à Jérusalem.
Il entre humblement, en douceur, assis sur le dos d'un ânon.
La paix devient possible
quand nous abordons les autres avec humilité, désarmés,
à partir d'un désir de vérité
et non de supériorité.

N'est-ce pas la vision qui est au cœur de tout dialogue
interconfessionnel et interreligieux?

Je suis profondément touché par le pape Jean Paul II,
qui s'est rendu à la synagogue de Rome,
qui s'est adressé à de jeunes musulmans
au cours de sa visite au Maroc
et qui a fait le voyage à Jérusalem afin de demander pardon
pour la façon dont les catholiques avaient traité les Juifs
au cours des siècles.

Je suis touché par sa rencontre
avec les responsables religieux à Assise en 1986
et à nouveau en janvier 2002 où on a affirmé :

> *Nous nous engageons à éduquer les personnes*
> *au respect et à l'estime mutuels,*
> *afin que l'on puisse parvenir*
> *à une coexistence pacifique et solidaire*
> *entre les membres d'ethnies,*
> *de cultures et de religions différentes.*
>
> *(Décalogue d'Assise pour la Paix)*

Devenu âgé et faible,
le pape Jean Paul II continue à rassembler les gens,
pour partager et entrer en dialogue avec eux.

Cette ouverture nécessite que nous soyons clairs
sur ce qui est essentiel
dans notre foi en Jésus, notre amour pour lui
et notre désir de vivre dans l'Esprit de vérité.
Plus nous sommes appelés à nous ouvrir aux autres
et à favoriser en eux le don de Dieu,
plus nous devons être enracinés dans notre propre foi
et grandir dans une relation personnelle avec Jésus.
Plus nous devenons un avec Jésus,
plus nous nous ouvrons aux autres
et commençons à les regarder et à les aimer
comme Jésus les aime.

Les membres de notre groupe ne nous encouragent pas toujours
à marcher sur ce chemin nouveau
d'ouverture à ceux qui sont différents.
Ils peuvent même nous critiquer, pour infidélité à notre tradition,
comme certains ont critiqué le pape Jean Paul II
pour son ouverture aux autres religions.
Nous pouvons vivre des moments d'angoisse
où nous nous sentons très seuls.
Nous avons besoin d'une force,

d'une sagesse et d'un amour nouveaux
qui nous sont donnés par l'Esprit de vérité.
Notre sanctuaire intérieur, où Dieu demeure,
doit être fortifié par la puissance de l'Esprit.

Mon propre chemin vers l'ouverture n'a pas toujours été facile.
À l'Arche, nous n'avons pas toujours été compris
en notre accueil de personnes de traditions différentes
dans nos communautés.
Certains ne pouvaient pas voir ou croire
que nous n'étions pas en train de perdre la foi
en notre tradition catholique,
mais que nous étions appelés à l'approfondir,
à y être plus solidement enracinés.

D'autres nous ont critiqués
parce que nous ne pouvions pas partager pleinement
avec les membres de différentes Églises
au moment de la communion eucharistique.
Nous avions le sentiment
que chaque tradition chrétienne a ses dons
et que nous devions respecter
les différences de théologie, de liturgie, de culte
ainsi que les règles et les disciplines de nos Églises respectives.
Ce n'est jamais facile
de rester solidement enracinés dans sa tradition
tout en étant ouverts aux gens d'autres traditions
et en recevant d'eux le don de leur tradition
et de tout ce qu'ils vivent.

Le cardinal Kasper,
président du Conseil Pontifical pour la Promotion
de l'Unité des chrétiens, affirme :

> *Nous avons besoin d'une nouvelle spiritualité de communion*
> *que le pape Jean-Paul II décrit comme*
> *« la capacité de voir surtout ce qu'il y a de positif dans l'autre,*
> *pour l'accueillir et le valoriser comme un don de Dieu :*
> *un don pour moi,*
> *et pas seulement pour le frère qui l'a directement reçu ».*
> *Une spiritualité de la communion, c'est enfin*
> *« savoir "donner une place" à son frère,*
> *en portant les fardeaux les uns des autres (Gal 6, 2) ».*

Servir ceux qui sont brisés

Mourir afin de porter du fruit,
renoncer à nos tendances psychologiques
et à nos besoins très humains de reconnaissance,
vivre la perte et le deuil, ne plus rechercher
la protection sécurisante du groupe,
tout cela n'est possible
que si la vie éternelle d'amour et de lumière jaillit
de nos cœurs, de ce lieu très profond
où nous savons que nous sommes aimés et portés par Jésus.
Cela devient possible aussi lorsque nous servons Jésus
dans les pauvres et les faibles.

> *« Si quelqu'un me sert, qu'il me suive,*
> *et là où je suis, là aussi sera mon serviteur.*
> *Si quelqu'un me sert, mon Père l'honorera. » (v. 26)*

Cette mort à soi-même et cette résurrection dans l'amour
viendront naturellement
si nous touchons et soignons les corps fragiles et blessés ;
si nous entrons dans une relation personnelle, intime
avec ceux qui sont faibles
et les laissons toucher et transformer notre cœur.

Nous savons par l'évangile de Matthieu
que tout ce que nous faisons aux plus petits de nos frères et sœurs,
c'est à Jésus que nous le faisons (cf. Mt 25).
En servant ceux qui ont faim et soif,
en visitant ceux qui sont malades ou prisonniers,
en accueillant les étrangers et en vêtant ceux qui sont nus,
nous devenons proches de Jésus
et le laissons toucher et éveiller nos cœurs.
Nous devenons leurs amis et les amis du Dieu de compassion.
Le Père nous bénit et nous mène sur le chemin
qui conduit à l'unité et à la paix universelles.
À l'Arche et à Foi et Lumière, nos frères et sœurs qui ont un handicap
appartenant à différentes Églises et traditions religieuses
nous montrent un chemin
vers l'amour et la compréhension mutuels.
Certaines de nos communautés sont devenues
interconfessionnelles et interreligieuses
parce que Dieu nous a appelés à accueillir des personnes
de différentes confessions et religions
qui étaient isolées, perdues, souffrantes, dans le besoin.
Elles avaient soif de relations et d'appartenance à une communauté.

Ces personnes nous appellent
à renoncer à certaines idées et habitudes
pour écouter leur besoin d'approfondir leur humanité et leur foi;
elles nous amènent par là
à approfondir notre humanité et notre foi.

L'angoisse de Jésus

Ayant parlé de sa propre mort
et de la mort que nous sommes appelés à vivre,
Jésus révèle sa propre angoisse devant la mort.

La mort implique une atroce séparation d'avec son corps,
mais aussi d'avec le corps de son peuple,
le peuple juif avec toutes ses traditions.

Son corps le mettait en relation avec notre monde,
la beauté de notre monde,
les personnes qu'il aimait :
Marie, sa mère,
la petite famille de Béthanie,
ses disciples, tous les siens.
Son corps avait été l'expression de son amour.
Sa tendresse, sa bonté,
son pouvoir de guérison émanaient de son corps.
Tout cela devait mourir.
Il a vécu alors un moment de vide et d'angoisse,
semblable à ce que décrit l'évangile de Luc.
Dans le jardin de Gethsémani, lorsque Jésus est dans l'angoisse,

> *sa sueur devint comme de grosses gouttes de sang*
> *qui tombaient à terre,*
> *et il priait en disant :*
> *« Père, si tu veux, éloigne de moi cette coupe!*
> *Cependant, que ce ne soit pas ma volonté,*
> *mais la tienne qui se fasse! » (Lc 22, 42-44)*

Ici, Jésus dit :

> *« Maintenant mon âme est dans l'angoisse (troublée).*
> *Et que dire? Père, sauve-moi de cette heure!*
> *Mais c'est pour cela que je suis venu à cette heure.*
> *Père, glorifie ton Nom. » (Jn 12, 27-28)*

C'est un moment de terrible souffrance intérieure,
mais Jésus offre tout au Père,
et du ciel vient une voix :

> *« Je l'ai glorifié et de nouveau je le glorifierai. » (v. 28)*

Tout ce que Jésus est et tout ce qu'il fait est pour la gloire du Père.
Tout ce qu'il fait révèle qui est Dieu :
infiniment aimant et infiniment aimable.

Le *fruit de la mort*, le fruit de cet arrachement intérieur en Jésus,
le fruit de sa soumission totale et aimante à son Père sera l'*unité* :
il rassemblera en un seul corps
les humains de toutes races, langues et cultures.
Il les attirera tous à Dieu dans l'amour :

> « C'est maintenant le jugement de ce monde;
> maintenant le Prince de ce monde va être jeté dehors;
> et moi, une fois élevé de terre,
> j'attirerai tous les hommes à moi. » (v. 31-32)

Nous aussi, nous serons conduits à vivre cette angoisse;
nous risquons de nous sentir marginalisés
en marchant avec Jésus,
laissant derrière nous
certaines de nos sécurités humaines et religieuses
pour amener d'autres à Dieu.

Le besoin de faire comme tout le monde

Comment croire que les peuples trouveront
une unité qui transcende les cultures
et qu'il n'y aura plus de guerres?
Comment croire à cette réalité aussi inenvisageable
à cette époque qu'aujourd'hui?
C'est pourquoi l'évangéliste reprend les mots d'Isaïe :

> « Qui a cru ce que nous entendions dire,
> et le bras de Yahvé, à qui s'est-il révélé? » (Is 53, 1)

Tous ne refusaient pas de croire en Jésus; cependant

> « même parmi les notables,
> un bon nombre crurent en lui,
> mais à cause des pharisiens ils ne se déclaraient pas,
> de peur d'être exclus de la synagogue;
> car ils aimèrent la gloire des hommes
> plus que la gloire de Dieu ». (v. 42-43)

Certains sont coincés dans leur milieu de vie.
Ils refusent le changement, la nouveauté.
Ils sont incapables de dépasser les frontières
qui les enferment en eux-mêmes
et de s'aventurer dans la vérité
qui transcende leurs habitudes, leur vision et leur culture.

Je remarque chez beaucoup, comme en moi-même,
la peur de se démarquer du groupe ou d'en être rejeté.
La peur peut faire naître l'angoisse.
Nous avons peur de dire la vérité.
Un groupe, une communauté, des amis, offrent un lieu sécurisant;
c'est comme une famille dans laquelle nous avons notre place,
où nous sommes aimés et estimés,
et où nous aimons et estimons les autres.
Le défi est d'éviter le conformisme sclérosant
qui engendre bien souvent la mesquinerie et la médiocrité.

Une communauté, quelle que soit sa forme,
peut être un lieu extraordinaire
de formation intellectuelle et spirituelle,
un lieu où l'on apprend à pardonner et à grandir
selon les desseins de Dieu.
Elle peut aussi se fermer,
devenir un lieu de conservatisme et de respectabilité
où chacun doit adhérer aux mêmes règles,
avoir les mêmes manières de voir et les mêmes convictions,
où l'enthousiasme de la mission a été remplacé
par le besoin de confort et de sécurité.
La communauté devient une fin en soi
au lieu d'être au service de la croissance
de chacun de ses membres vers la sagesse et la liberté.
Elle peut être hostile à quiconque « fait des vagues »,
condamnant, comme extrémiste, toute velléité de contestation.
Comme l'écrit Martin Luther King :

Nous sommes appelés à être des hommes et des femmes
de conviction, non de conformisme;
de noblesse morale, non de respectabilité sociale.
Nous devons vivre autrement une loyauté plus haute.

Il peut y avoir, bien sûr, des rebelles,
réfractaires à toute autorité et à toute règle,
qui cherchent le pouvoir et leur propre gloire,
non la gloire de Dieu.
C'est pourquoi il nous faut discerner
si celui qui conteste l'ordre établi
recherche le pouvoir et sa propre gloire,
ou cherche vraiment la vérité, la gloire de Dieu
et le renouveau du groupe.

Dans ce passage de l'évangile de Jean,
les notables qui croyaient en Jésus
n'osent pas dire leur foi par peur d'être rejetés.
Ils cherchent à être conformes.
Ils préfèrent la gloire humaine à celle qui vient de Dieu.
Finalement, nous entendons Jésus s'écrier :

« *Qui croit en moi, ce n'est pas en moi qu'il croit,*
mais en celui qui m'a envoyé.
Et qui me voit, voit celui qui m'a envoyé.
Moi, lumière, je suis venu dans le monde
pour que quiconque croit en moi
ne demeure pas dans les ténèbres.

Si quelqu'un entend mes paroles et ne les garde pas,
je ne le juge pas,
car je ne suis pas venu pour juger le monde
mais pour sauver le monde. » *(v. 44-47)*

Jésus, par son amour et son humilité,
est venu abolir les barrières
sociales, culturelles, religieuses,
pour nous permettre d'aller vers ceux qui sont différents,
apportant ainsi l'unité et la paix à notre monde divisé.
Les disciples de Jésus ont dû être surpris et choqués
de découvrir peu à peu
que Jésus était venu pour apporter la liberté et la dignité
non seulement au peuple juif
mais à toute personne,
quelles que soient sa culture,
ses origines ou ses traditions religieuses —
y compris les Grecs et les Romains!

Nous aussi, nous pouvons être surpris et choqués
en découvrant l'Esprit Saint
à l'œuvre dans le cœur de personnes
de diverses traditions et religions,
ou qui ne sont pas explicitement religieuses.

17

Jésus se fait serviteur

Jean 13, 1-17

Jésus se met à genoux
devant ses disciples
et comme un esclave
leur lave les pieds.

Dans ce simple geste,
il révèle le visage de Dieu
et nous montre
une façon nouvelle
d'exercer l'autorité,
de créer l'unité
et de travailler pour la paix.

C'est le chemin de l'humilité
et du service.

Le travail de l'esclave

Ce chapitre, qui marque le début de la deuxième partie de l'évangile de Jean, commence de façon solennelle :

Avant la fête de la Pâque, Jésus,
sachant que son heure était venue
de passer de ce monde vers le Père,
ayant aimé les siens qui étaient dans le monde,
les aima jusqu'à la fin. (Jn 13, 1)

Jusque-là, Jésus était le berger qui conduisait son troupeau.
Il était fort et faisait des miracles,
il tenait bon et se défendait
dans les discussions difficiles avec les scribes et les pharisiens.
Il parlait avec autorité.
Le dernier et le plus grand miracle, la résurrection de Lazare,
avait amené beaucoup de gens à croire en lui.
Il était entré à Jérusalem au milieu d'une foule qui criait :

« Hosannah, Hosannah!
Béni soit celui qui vient au nom du Seigneur,
le roi d'Israël! » (Jn 12, 13)

Mais Jésus a lu les signes : son heure est venue.
Il a annoncé son message d'amour,
il va maintenant s'offrir
dans l'humilité, la faiblesse et le silence jusqu'à la mort.
Il ne se défendra plus.
Il va aller jusqu'à l'extrême de l'amour,
aimant totalement et inconditionnellement,
donnant vie, donnant *sa vie*.
Il va révéler d'une façon nouvelle
qui il est
et qui est Dieu.

Le début de l'évangile nous montre un Dieu
qui descend, qui prend chair
pour nous introduire dans le sein du Père.
Nous voyons maintenant Jésus se mettre à genoux
pour laver les pieds de ses disciples
et les conduire vers le Père.

> *Au cours d'un repas,*
> *alors que le diable avait déjà mis au cœur de Judas*
> *le dessein de le livrer, Jésus,*
> *sachant que le Père lui avait tout remis entre les mains*
> *et qu'il était venu de Dieu*
> *et qu'il s'en allait vers Dieu,*
> *se lève de table, dépose ses vêtements*
> *et prenant un linge, il s'en ceignit.*
> *Puis il met de l'eau dans un bassin*
> *et il commence à laver les pieds de ses disciples*
> *et à les essuyer avec le linge dont il était ceint. (v. 2-5)*

Dans la culture juive, laver les pieds était le travail de l'esclave :
un inférieur lavait les pieds d'un supérieur,
un disciple, les pieds de son maître,
une personne de rang modeste, les pieds d'un roi.
Jamais un roi ne se serait agenouillé devant l'un de ses sujets
ni un maître devant ses disciples.
Pierre et les autres disciples sont incapables
de comprendre ce qui se passe.
Ils sont incapables, à ce moment-là,
de comprendre que Jésus est en train de révéler
une vision totalement nouvelle,
pas seulement de la relation entre Dieu et les hommes,
mais également entre les gens d'origines,
de cultures et de races différentes.

Nous admirons ceux qui accomplissent de grandes choses;
nous sommes prêts à leur obéir et les mettons sur un piédestal.
Mais admirer n'est pas aimer.

Les gens admirables n'ont pas besoin de nous.
L'amour implique une intimité, une réciprocité.
Des gens qui s'aiment ont besoin l'un de l'autre
et sont vulnérables l'un à l'autre.
Avec l'incarnation,
le Tout-Puissant devient le petit, désarmé.
Il a eu besoin de sa mère pour le nourrir, l'aimer
et être en communion avec lui.
Il a eu besoin de la femme samaritaine et lui a demandé de l'eau.
Et nous allons découvrir qu'il a besoin de chacun de nous.
Il veut demeurer en chacun de nous comme un ami.
Il frappe à la porte de nos cœurs,
mendiant notre accueil et notre amitié :

> « *Voici, je me tiens à la porte et je frappe*
> *(dit le Seigneur);*
> *si quelqu'un entend ma voix et ouvre la porte,*
> *j'entrerai chez lui pour souper,*
> *moi près de lui et lui près de moi.* » *(Ap 3, 20)*

L'histoire de l'humanité a basculé
depuis que Dieu s'est mis humblement à nos pieds,
mendiant notre amour.
Nous pouvons accepter ou refuser.
Jésus est dépendant de notre liberté.

Refus de Pierre

Quand vient le tour de Pierre de se laisser laver les pieds, il réagit :

> « *Seigneur, toi, me laver les pieds?* »
> *Jésus lui répondit :*
> « *Ce que je fais, tu ne le sais pas à présent :*
> *par la suite tu comprendras.* »
> *Pierre lui dit :*
> « *Non, tu ne me laveras pas les pieds, jamais!* » *(v. 6-8)*

Pierre est tellement humain, tellement semblable à nous.
Il a sa culture et sa façon de faire les choses.
Jésus est supérieur, le Seigneur et Maître.
Il ne devrait jamais laver les pieds de ses disciples.
Ce sont eux qui devraient laver les pieds de Jésus,
et d'autres, inférieurs aux disciples, leur laver les pieds,
et ainsi de suite, par ordre d'importance.
Pierre est incapable de comprendre le sens de ce geste.
Il a besoin que Jésus soit au-dessus de lui, pas en dessous.
Jésus le sécurise
par son autorité, son pouvoir.
N'est-il pas le Messie, le Fils de Dieu, le Saint?
Mais Jésus veut entrer dans une relation nouvelle avec Pierre,
lui faire découvrir
qu'il est appelé à aimer les autres comme Jésus l'aime.

Le modèle de la pyramide

Toute société, tout groupe
est construit sur le modèle d'une pyramide :
au sommet, il y a les puissants, les riches, les intelligents,
appelés à gouverner et à guider.
À la base, il y a les immigrants, les esclaves,
les serviteurs, les « inutiles »,
ceux qui sont au chômage,
qui ont une maladie mentale ou différents handicaps.
Ils sont exclus, marginalisés.
Ici, Jésus prend la place des très-bas,
la dernière place,
celle de l'esclave.
Pour Pierre, c'est impossible.
Il ne comprend pas que Jésus est venu transformer
le modèle de la société
d'une pyramide en un corps
où chacun a sa place,
quels que soient ses dons ou ses handicaps,
où chacun est dépendant des autres et en communion avec eux.

Chacun est appelé à remplir une mission
dans le corps de l'humanité et de l'Église.
Il n'y a pas de « dernière place ».

Jésus, se révélant comme le très-bas,
celui qui fait les travaux sales,
celui qui est à la dernière place,
invite ses disciples à être attentifs
aux laissés-pour-compte de la société.
Dieu n'est pas hors de portée, dans les cieux.
Dieu est caché dans les « cieux » que sont les cœurs
de tous ceux qui occupent les dernières places.
L'Évangile, c'est le monde à l'envers.

Paul compare l'Église au corps humain.
Dans le corps, chaque membre est nécessaire et précieux.
Chacun contribue au bien et à l'action de l'ensemble.
Et Paul ajoute que les plus faibles et les moins présentables,
ceux qu'on cache,
sont nécessaires à l'Église, le corps du Christ,
et doivent être entourés d'honneur (cf. *1 Co* 12, 23-24).

La réaction de Pierre est naturelle et normale.
Elle montre la distance qui existe
entre le message évangélique et nos attitudes humaines,
nos normes culturelles,
entre le vrai Jésus et l'image que nous nous faisons de lui
comme chef et roi,
entre la vision de Dieu dans l'Évangile
et notre conception humaine de Dieu.
Nous avons tous dans la tête le modèle de la pyramide,
avec, au sommet, l'autorité qui a le pouvoir.
Ne cherchons-nous pas tous à devenir amis
des gens importants en haut
et non de ceux qui sont en bas ?

S'il est facile de comprendre l'attitude de Pierre,
il est plus difficile de comprendre la réponse de Jésus :

> *« Si je ne te lave pas les pieds,*
> *tu n'as pas de part avec moi. » (v. 8)*

En clair, cela signifie « tu n'es plus un de mes disciples ».
« Tout est fini entre nous. »

Le cœur de Pierre est loyal, bon et généreux;
il ne veut pas offenser Jésus.
Il pensait seulement que pour être un bon disciple,
c'est lui qui devait laver les pieds de Jésus.
Affolé par la menace de Jésus, il s'écrie :

> *« Seigneur, pas seulement les pieds*
> *mais aussi les mains et la tête! » (v. 9)*

Il ne comprend pas que la réponse de Jésus
montre que le lavement des pieds
n'est pas un rituel de plus, facultatif.
C'est un élément essentiel de son message d'amour.
C'est la révélation que pour entrer dans le royaume
il nous faut devenir comme de petits enfants;
nous devons « naître d'en haut »
pour découvrir qui est Dieu
et qui nous sommes appelés à devenir.
Ce n'est que si nous recevons l'Esprit de Dieu
que nous pouvons comprendre et vivre
ce message de fragilité, d'humilité et de service.

Faites aux autres ce que j'ai fait pour vous

Après leur avoir lavé les pieds,
Jésus reprend ses vêtements et se remet à table.
Il leur enjoint de faire les uns aux autres
ce qu'il vient de faire pour eux.

> *« Vous m'appelez Maître et Seigneur,*

et vous dites bien, car je le suis.
Si donc je vous ai lavé les pieds,
moi le Seigneur et le Maître,
vous aussi vous devez vous laver les pieds
les uns aux autres.
C'est un exemple que je vous ai donné,
pour que vous fassiez, vous aussi,
comme moi j'ai fait pour vous. » (v. 13-15)

En nous demandant de nous laver les pieds les uns aux autres,
Jésus nous exhorte à nous aimer,
à nous servir et à nous pardonner.
Cela ne veut pas dire
qu'il nous faille concrètement laver les pieds de tout le monde!
Le lavement des pieds est un symbole fort.
Les symboles sont importants :
ils signifient quelque chose de fondamental.
Le pain de l'Eucharistie est un symbole,
tout comme l'eau du baptême et l'huile de la confirmation.
Les symboles peuvent devenir et deviennent un signe.
Partager le pain consacré à l'Eucharistie
devient une source de grâce.
De même, se laver les pieds les uns aux autres
peut devenir et devient source de grâce, présence de Jésus
qui nous donne la grâce, la force et l'amour
d'être serviteurs.

En certaines occasions à l'Arche et à Foi et Lumière,
nous nous lavons les pieds les uns aux autres
pour exprimer notre amour.

Je suis toujours très ému
quand une personne qui a un handicap me lave les pieds
ou quand je la vois laver les pieds de sa mère ou de son père.
C'est le monde à l'envers.
En 1998, le Comité Central du Conseil œcuménique des Églises,
à Genève, m'a demandé d'animer une journée sur la spiritualité.
J'ai proposé qu'après ma conférence

tous les membres de ce Comité Central,
représentant quelque 230 Églises différentes,
soient invités à se laver les pieds les uns les autres
au cours d'une liturgie spéciale.
C'était particulièrement émouvant
de voir un métropolite orthodoxe
s'agenouiller pour laver les pieds d'une femme américaine,
pasteur de l'Église baptiste.
Les gestes parlent parfois plus et plus durablement que les paroles.
Ce fut un moment de grâce et d'unité.

Jésus donne son corps en nourriture et lave les pieds de ses disciples

Les évangiles de Matthieu, de Marc et de Luc
rapportent la « dernière cène ».
Nous voyons Jésus rompre le pain, passer la coupe,
donner son corps à manger et son sang à boire.
C'est un moment de communion profonde
qui s'opère par son corps.
Recevoir la communion, c'est *être* en communion avec Jésus.
Et Jésus dit au groupe :

« Faites ceci en mémoire de moi. » (Lc 22, 19)

Dans son évangile,
Jean ne parle pas de l'institution de l'Eucharistie,
mais seulement du lavement des pieds qui eut lieu ce même soir.
Il existe un lien étroit entre ces deux réalités.
Le lavement des pieds est lui aussi
un moment de communion intense
à travers le corps.
Jésus dit aux disciples que c'est un exemple qu'il leur donne;
ils sont appelés à faire les uns aux autres ce qu'il a fait pour eux.
Dans l'esprit de Jean,

la communion à la table du Seigneur est inséparable
de la communion vécue en lavant les pieds les uns des autres.

L'amour au cœur de l'Arche

Laver les pieds de quelqu'un
est un geste qui crée et exprime une communion des cœurs.
J'ai davantage pris conscience de l'importance de ce geste
lorsque j'ai quitté la direction de ma communauté
et passé une année sabbatique dans un de nos foyers
qui accueille des personnes portant de lourds handicaps.
Parmi elles, il y avait Éric.
Nous l'avions rencontré à l'hôpital psychiatrique.
À son arrivée à l'Arche, c'était un jeune homme de seize ans
aveugle, sourd, qui ne parlait ni ne marchait.
Il était incontinent.
Je n'ai jamais vu quelqu'un aussi angoissé qu'Éric.
Il ne pouvait pas garder la nourriture dans son estomac.
Il semblait vouloir mourir.

Certaines personnes ayant un handicap
qui sont accueillies dans nos communautés
ont une image cassée d'elles-mêmes.
Elles ont été cause de déception et de souffrance pour leurs parents
qui les auraient voulues autres.
Elles se perçoivent donc comme mauvaises.
Les gens qui ne sont pas aimés
en viennent à croire qu'ils ne sont pas aimables,
qu'ils attirent le malheur, qu'ils ont le mal en eux.
Notre espérance en accueillant ces personnes
est de les aider à transformer leur image d'elles-mêmes,
à s'accepter et à se percevoir comme dignes d'estime.
Le projet de l'Arche est d'aider les gens à redécouvrir leur valeur,
leur beauté et leur importance.
Alors seulement ils peuvent commencer à grandir

et à réaliser de belles choses;
ils répondent à l'amour par l'amour.
Quelqu'un qui se perçoit négativement agit
négativement vis-à-vis de lui-même et des autres.

Mais comment aider Éric à faire cette transformation,
lui qui ne pouvait ni voir, ni entendre, ni comprendre?
La seule façon de communiquer avec lui c'était par le toucher.
Par la façon dont nous l'avons porté, lavé, nourri,
avec respect et amour,
nous avons pu communiquer et lui révéler
combien il était précieux.

Révélation de l'amour de Jésus

J'imagine avec quelle tendresse
Jésus touche les pieds de ses disciples,
les regarde dans les yeux,
appelle chacun par son nom et s'adresse à lui personnellement.

Au cours du repas, il s'adresse à eux tous;
il n'a pas un contact personnel avec chacun en particulier.
Mais lorsqu'il leur lave les pieds,
il a un contact *personnel* avec chacun.
Il leur révèle son amour par un geste,
qui à la fois les réconforte et les interpelle.
Il voit en chacun la présence de son Père
qu'il aime et qu'il sert.
L'amour de Jésus révèle que nous sommes importants,
que nous sommes présence de Dieu,
appelés à nous mettre debout pour accomplir les desseins de Dieu :
aimer les autres comme Dieu les aime,
les servir et leur laver les pieds.

En lavant les pieds de ses disciples,
Jésus ne réduit pas son autorité.
Il affirme qu'il a une autorité : il est « le Seigneur et le Maître ».

Mais il veut révéler une façon nouvelle d'exercer l'autorité
dans l'humilité, le service et l'amour,
par une communion des cœurs
qui implique une proximité et une ouverture.
Il comble le fossé qui existe si souvent
entre ceux qui ont le pouvoir et ceux qui le subissent.
Certains responsables se sentent insécurisés.
Ils cachent leur fragilité et leurs difficultés relationnelles
derrière des symboles :
de grands bureaux, de grosses voitures, de beaux vêtements,
pour garder les gens à distance.
Ils ont peur de la proximité et du dialogue.
Ils ont tendance à vouloir en imposer aux autres et à les contrôler.

Gandhi a été profondément influencé
par la vie et le message de Jésus,
en particulier par les Béatitudes et le lavement des pieds.
Même lorsqu'il eut le pouvoir, comme responsable de son pays,
il prenait toujours la place la plus humble
dans l'ashram où il vivait.
Il avait demandé pour tâche chaque jour de laver les toilettes,
signe de son désir de servir les autres.

Modèle de pardon

Laver, c'est *purifier*.
Jésus lave les pieds de ses disciples
en signe de purification spirituelle,
en signe de pardon.

Ce n'est jamais facile d'exercer l'autorité.
Ceux qui l'exercent habituellement,
parents, professeurs, pasteurs, prêtres, dirigeants,
peuvent être trop contrôlants,
ou au contraire avoir peur d'intervenir indûment,
par crainte du conflit ou par souci de la liberté des autres.
Ils peuvent facilement se tromper et blesser les gens, ou laisser faire.

Lorsqu'on est responsable,
il est difficile d'être à la fois ferme et compatissant.
L'Esprit Saint nous apprend à exercer l'autorité en vérité
comme des serviteurs.
Certaines personnes semblent être systématiquement
contre l'autorité.
Tout le monde ne peut pas être d'accord
avec toutes les décisions non plus.
C'est pourquoi les responsables sont souvent critiqués
et doivent devenir des modèles de pardon.
Mais comme il est difficile d'accepter
ceux qui nous critiquent ou nous rejettent!
Nous érigeons facilement des murs
pour nous protéger de ceux qui s'opposent à nous.
Nous nous sentons insécurisés et avons peur du conflit.
Nous ne voulons pas toujours leur laver les pieds
comme Jésus a lavé les pieds de Judas.

En lavant les pieds,
Jésus révèle une façon nouvelle d'exercer l'autorité,
non pas d'en haut mais d'en bas.

Comme bon Berger, Jésus exerce son autorité *debout* :
il appelle chacun par son nom
et il les mène dans la bonne direction,
les corrigeant lorsque nécessaire.
Ici, Jésus *s'agenouille* à leurs pieds,
voulant les aider à se mettre debout.
Il se fait leur serviteur.

Plus tard, il exercera son autorité
étendu sur la croix,
offrant sa vie pour ceux qu'il aime,
donnant vie par l'offrande de son être même.

La difficulté d'exercer le pouvoir

En lavant les pieds de ses disciples,
Jésus dit quelque chose de la distinction,
si habituelle dans l'humanité et à travers l'histoire,
entre maître et esclave,
entre ceux qui ont le pouvoir et ceux qui ne l'ont pas,
entre supérieurs et inférieurs.
Dans beaucoup de cultures, les esclaves étaient chargés
de tous les travaux physiques, pénibles, durs, épuisants.
Ils étaient forcés à travailler durant de très longues heures.
Ce sont eux qui ont bâti les pyramides
et les palais des rois.
C'est sur leurs épaules que se sont construites
les sociétés industrielles
alors qu'ils travaillaient dans des conditions inhumaines
et pour un salaire dérisoire.
En ces temps-là, comme aujourd'hui,
les immigrants faisaient en Europe
ce que d'autres ne voulaient pas faire,
tout comme les ouvriers des pays du Sud
fournissent les produits de marque pour les pays du Nord.

Aristote justifie cette pratique
en disant que ceux qui savent réfléchir,
les intellectuels, doivent gouverner,
tandis que ceux qui sont plutôt manuels
doivent faire les tâches matérielles.
À ses yeux, c'était une distinction naturelle :
ceux qui avaient une tête bien faite étaient supérieurs,
plus proches des dieux.
Cependant, à une époque où les esclaves
étaient ordinairement traités avec mépris,
Aristote affirme
que les supérieurs doivent traiter les esclaves avec justice.

Cette distinction entre celui qui pense et celui qui fait,
l'intellectuel et le manuel,
le supérieur et l'inférieur,
celui qui gouverne et celui qui est gouverné,
est devenue le fondement de toutes les formes
de ségrégation, de racisme et de sexisme.

Jésus est venu faire toute chose nouvelle.
À ses yeux, chaque personne est précieuse,
chacune est aimée de Dieu,
appelée à devenir la « demeure » de Dieu;
chacune a un don à offrir aux autres
et devrait être profondément respectée.

Malheureusement, les communautés chrétiennes
reflètent souvent le modèle d'une pyramide
plutôt que celui d'un corps.
Après la conversion de Constantin en 313,
il y a eu confusion entre l'Église et l'État.
Les rois et les princes ont exercé
une énorme influence sur l'Église et les affaires religieuses.
Beaucoup d'évêques et d'abbés se sont comportés
comme des princes et des seigneurs
exerçant un grand pouvoir.
Construire d'immenses palais et de magnifiques bâtiments
est souvent devenu plus important que d'être attentifs aux pauvres
et de les voir au cœur de l'Église.

Le christianisme a été magnifié et proposé à l'admiration
dans l'architecture et les arts, la philosophie, la théologie
et toutes formes d'expression de la créativité.
La beauté et la créativité ont certes leur place.
Mais le pouvoir peut facilement corrompre,
lorsque ceux qui le détiennent
recherchent l'influence et les honneurs.

Les cultures dominantes ont peu à peu pénétré la vie de l'Église.
Ce ne sont pas les pauvres mais ceux qui avaient le pouvoir
qui ont occupé la place éminente.
François, le « Poverello d'Assise », a réagi
de façon forte et pourtant simple,
comme d'autres saints l'ont fait au cours de l'histoire de l'Église.
Il ne s'en est pas pris à l'institution,
qui comptait beaucoup de gens bons et honnêtes,
enfermés dans les structures de l'Église.
Il a respecté l'institution,
mais il a pris au sérieux l'appel à la pauvreté
et l'engagement envers les pauvres
contenus dans le message de Jésus
Il a choisi une autre voie.
Des hommes et des femmes l'ont rejoint en foule
qui ont embrassé son style de vie.
L'Église institutionnelle,
tout en étant prisonnière de sa propre culture,
l'a cependant encouragé, lui et ses disciples,
à marcher sur les chemins de la pauvreté.
Les papes de son époque voyaient en François et ses frères
le meilleur moyen de réformer l'Église,
ce qu'ils cherchaient à faire à travers les différents conciles du Latran.

François a réussi à faire revivre
le message évangélique *à l'intérieur* de l'Église :
message d'humilité et de service,
message de paix et d'unité,
message de non-violence, de pauvreté
et d'engagement envers les pauvres,
message de prière et de foi en la Providence.
Dans ses *Admonitions*, François écrit
à propos des responsables de ses fraternités
qu'il appelle serviteurs :

Heureux le serviteur qui ne se met pas
dans une position de supériorité de son propre gré
mais désire toujours être aux pieds des autres.

Les disciples de Jésus seront toujours tiraillés par ce paradoxe.
Bergers, professeurs et responsables sont nécessaires.
Ils ont un pouvoir, mais comment l'exercer
dans l'esprit de l'Évangile?
Comment annoncer la vérité du message de Jésus?
Comment avoir le courage de dénoncer le pouvoir des riches?
Comment être un serviteur qui livre sa vie dans l'humilité?

Le besoin de pouvoir, de reconnaissance et d'honneurs
peut saper le message de Jésus
et mener sur un chemin de compromis
avec les valeurs de la société.
Nous nous imaginons tous que si nous avions plus d'argent,
plus d'influence et de pouvoir,
nous pourrions arranger les choses.
Je connais bien ce besoin de compromis,
je le ressens en moi-même
et dans ma communauté.
Il m'est parfois plus facile d'être applaudi
pour un livre que j'ai écrit ou une conférence que j'ai donnée
que de m'asseoir, pauvrement et humblement,
et de partager ma vie
avec mes frères et sœurs de l'Arche.
Je ressens parfois si vite l'urgence d'arranger les choses,
de maîtriser la situation,
plutôt que d'attendre patiemment
et de trouver la façon juste de faire les choses.
Nous devons, tous et chacun,
éviter de nous laisser prendre dans des jeux de pouvoir.
Pour exercer l'autorité humblement,
dans un esprit de service, comme Jésus l'a fait,
nous avons besoin de la force humble et aimante de l'Esprit Saint.

Le message de Jésus est clair :
demeurer proche des gens,
en particulier de ceux qui sont seuls, faibles et dans le besoin;
devenir leur ami, leur frère, leur sœur,
entrer en communion avec eux.
Nous ne pouvons peut-être pas tous vivre
avec les pauvres de notre ville
ni être proche des plus opprimés,
mais chacun de nous peut devenir l'ami d'une personne faible,
d'une femme âgée qui souffre d'Alzheimer
ou d'un jeune atteint du sida.

La présence des pauvres et des faibles
nous empêche de tomber dans le piège du pouvoir,
serait-ce le pouvoir de faire le bien,
de penser que nous sommes les bons, les spirituels,
les sauveurs de l'Église.
En devenant amis des pauvres et des faibles,
nous commençons à accepter notre propre pauvreté et faiblesse;
nous devenons vulnérables aux autres,
nous ne pouvons plus les contrôler,
nous avons besoin d'aide et nous crions vers eux et vers Jésus :
« Je ne peux pas y arriver tout seul!
J'ai besoin de toi. »

En nous faisant proches des pauvres,
nous commençons à vivre la béatitude des pauvres.
Lorsqu'on ordonna à saint Laurent, sous la menace de l'épée,
de livrer les richesses de l'Église,
il se présenta devant les autorités romaines
avec tous les pauvres et les boiteux de Rome.
Il leur dit : « Voici les richesses de l'Église! »

Saint Laurent fut brûlé vif, martyrisé pour ce geste en 258.
Sa voix continue à résonner à travers les siècles :
les pauvres et les boiteux sont les richesses de l'Église
parce qu'ils sont présence de Jésus.

Dans leur vulnérabilité, comme Jésus, ils mendient
notre amour et notre amitié.

Après avoir dit à ses disciples
qu'ils devaient eux aussi se laver les pieds
les uns aux autres, Jésus ajoute :

> *« Bénis (heureux) êtes-vous si vous le faites. » (v. 17)*

Cette bénédiction implique une abondance de joie, une béatitude,
une participation à la joie de Dieu.
Si nous choisissons de prendre la dernière place,
si nous nous mettons humblement au service les uns des autres,
Dieu nous bénit.
Nous sommes près de Dieu et vivons en sa présence.
Nous devenons comme Dieu et, le cœur débordant d'amour,
nous transmettons l'amour de Dieu.

18

Comment répondre
à l'amour?

Jean 13, 18-30

Judas, Pierre et le « disciple bien-aimé » :

trois hommes qui réagissent différemment à l'amour de Jésus.

Judas a peur de l'amour et le rejette. Il repousse Jésus.

Pierre ne comprend pas Jésus.

Il l'aime, mais veut faire les choses à sa façon.

Le disciple bien-aimé

s'abandonne à l'amour de Jésus et devient son ami.

Ces trois attitudes sont présentes en chacun de nous.

La trahison

Après avoir lavé les pieds de ses disciples, signe de son amour,
de son désir d'unité et de communion,
Jésus cite le psaume 41 :

> *« Celui qui mange mon pain*
> *a levé contre moi son talon. » (Jn 13, 18)*

Il parle de Judas,
son disciple, son intime,
à qui il a accordé sa confiance.
Judas, dont il a lavé les pieds,
et qui déjà l'a trahi.
Y a-t-il quelque chose de pire que la trahison?

Une trahison est plus qu'une séparation ou un rejet.
Trahir, c'est se servir des secrets de la vie d'un autre,
des pensées confiées à un « ami »,
et se retourner contre lui,
en utilisant ses pensées ou ses paroles
pour lui faire du mal ou le salir.

Ayant dit cela, Jésus fut troublé en son esprit

> *et il attesta :*
> *« En vérité, en vérité, je vous le dis,*
> *l'un de vous me livrera. » (v. 21)*

Les disciples sont bouleversés par ces paroles
mais sans doute plus encore par l'émotion que Jésus manifeste :
par son visage, ses yeux, son corps.
Ses mains devaient trembler,
sa voix, se briser.
Que se passe-t-il?
Est-il possible qu'un de ceux que Jésus a choisis
s'apprête à le trahir?
L'évangile de Jean nous dit :

Un des disciples, celui que Jésus aimait,
était étendu, sa tête reposant sur le cœur de Jésus.
Pierre lui fait signe et dit :
« Demande quel est celui dont il parle. »
Celui-ci, se penchant alors vers la poitrine de Jésus,
lui dit : « Seigneur, qui est-ce? »
Jésus répond : « C'est celui à qui je donnerai
la bouchée que je vais tremper. »
Trempant alors la bouchée, il la prend
et la donne à Judas, fils de Simon Iscariote.
Après la bouchée, alors Satan entra en lui.
Jésus lui dit donc : « Ce que tu fais, fais-le vite. »
Aussitôt la bouchée prise, Judas sortit.
Il faisait nuit. (v. 23-27.30)

Mettre dans la bouche de quelqu'un
un morceau de pain trempé dans du vin
était un geste d'amitié et d'intimité.
Jésus continuait à manifester son amour pour Judas.
Mais Judas est bloqué, trop angoissé
pour continuer ce double jeu.

Il se lève et sort rapidement.
Le texte souligne :
« il faisait nuit ».
Oui, c'était la nuit, moment des ténèbres et du mal.

Au centre de cette scène bouleversante,
il y a *Judas,*
le disciple bien-aimé, dont on ne dit pas le nom,
et *Pierre.*
Trois hommes qui ont une relation totalement différente avec Jésus.
Judas refuse l'amour de Jésus, il s'oppose à lui.
Il s'est mis à haïr Jésus.
Le disciple bien-aimé est tout amour et confiance envers Jésus
et sait que Jésus l'aime en retour.
Et Pierre? Il est confus, perdu.

Il a refusé que Jésus lui lave les pieds
parce qu'il ne comprenait pas.
Il se sent gêné devant lui
et n'ose pas s'adresser directement à lui.

Ces trois hommes nous représentent chacun
à différents moments de notre vie.
Comme Judas, à certains moments,
nous pouvons être en révolte contre Jésus
et voulons être seuls, ne pas dépendre de l'amour.
Comme le disciple bien-aimé,
nous pouvons vivre des moments d'intimité avec Jésus,
abandonnés à l'amour, « *nous reposant sur son cœur* ».
Comme Pierre, nous pouvons avoir des moments
où nous sommes déroutés par Jésus,
par sa façon de vivre et d'aimer.
En voulant faire les choses « correctement »,
que ce soit sur le plan politique, social ou religieux,
en recherchant des résultats tangibles, visibles, immédiats,
nous risquons de nous détourner
d'une communion d'amour avec Jésus.

Regardons de plus près ces trois hommes.

Le « disciple bien-aimé »

Le disciple bien-aimé est penché sur le cœur de Jésus.
Le mot grec *kolpos*, traduit par *cœur*,
signifie en réalité « le sein », l'intérieur de l'être,
qui est source de vie et de fécondité en toute femme.
Dans le Prologue de cet évangile,
il est dit que Jésus est dans le « sein » du Père (*Jn* 1, 18).
C'est parce qu'il est à la source de toute vie dans le Père
que lui seul peut révéler le Père.
En disant que le disciple bien-aimé est penché
« sur le sein de Jésus »,
l'auteur de l'évangile signifie que le bien-aimé *demeure en* Jésus;

il est l'ami intime de Jésus.
Il peut donc révéler aux autres les secrets de son cœur.

Reposant sur le cœur de Jésus,
le disciple bien-aimé a dû entendre
battre son cœur blessé et angoissé.
Il a dû sentir sa vulnérabilité,
sa souffrance devant la trahison de Judas.
Jésus est meurtri par l'attitude de refus de Judas,
par la dureté qui émane de lui.

Le disciple bien-aimé a dû vouloir réconforter Jésus
en lui manifestant son amour et sa confiance.

Pouvons-nous, nous aussi,
percevoir la souffrance du cœur de Dieu, souffrance causée
par toute la haine qui existe dans notre monde,
par ceux qui ne veulent pas accueillir
l'amour transformant de Dieu?
Pouvons-nous, nous aussi,
demeurer proches du cœur de Dieu pour le consoler?
Le disciple bien-aimé nous révèle que nous sommes appelés
à être en communion avec Jésus,
à lui être présents
pour accueillir dans notre cœur tout ce qui habite son cœur,
pour demeurer en lui et lui en nous.

Pierre

Pierre, lui, est incapable de comprendre la faiblesse,
la vulnérabilité et l'humilité de Jésus et de son message.

Dans l'évangile de Matthieu, lorsque Jésus annonce à ses disciples
qu'il va beaucoup souffrir et être tué,
Pierre le tire à part et se met à le morigéner :

> *« Dieu t'en préserve, Seigneur.*
> *Non, cela ne t'arrivera point! »*

Jésus réplique :

> « *Passe derrière moi, Satan! Tu me fais obstacle,*
> *car tes pensées ne sont pas celles de Dieu*
> *mais celles des hommes.* » (Mt 16, 22-23)

Ces paroles sont pour nous,
lorsque nous ne savons pas comprendre Jésus
et le sens de sa mission,
influencés que nous sommes
par les préoccupations et les valeurs de notre société.
Pierre est très humain et généreux.
Il a une vision très humaine de Jésus et de sa mission.
Il ne supporte ni la souffrance ni la faiblesse.

Plus loin dans ce chapitre, Pierre dit à Jésus :

> « *Je donnerai ma vie pour toi.* » (Jn 13, 37)

Il veut sauver le Sauveur!
Jésus lui dit alors qu'un peu plus tard,
« *avant que le coq ne chante* »,
Pierre va le renier trois fois.
Pierre a une personnalité complexe,
à la fois fort et faible, divisé en lui-même.
Il va renier Jésus,
mais il pleurera amèrement et demandera pardon.
Il doit devenir plus humble et faire confiance,
même lorsqu'il ne comprend pas.
Il doit apprendre
à ne plus compter sur ses propres forces ou ressources
mais à accepter sa faiblesse
et à compter sur l'Esprit Saint.

Pierre est un signe d'espérance pour nous tous
qui voulons suivre Jésus et le servir,
tout en finissant souvent par le renier.
Pire encore, nous prétendons parfois ne pas le connaître.

Nous avons peut-être peur d'aimer Jésus,
de nous engager dans une relation intime avec lui.
Nous pouvons dire « oui » à un Jésus puissant
qui nous appelle à faire de grandes choses,
mais « non » à un Jésus faible, qui nous appelle à l'amour
et à une communion des cœurs.
C'est difficile de redevenir comme un enfant
et de s'abandonner à l'amour.
Comme bien d'autres, j'aime m'accrocher
à ce sur quoi j'ai un pouvoir et que je peux contrôler.
Pierre est en moi
comme en chacun de nous.

La relation entre Pierre et Jean
ressemble à celle de Marthe et Marie.
Marie est visiblement la « bien-aimée ».
Marthe, la sœur aînée, est une femme de foi
dont la profession de foi à Béthanie
ressemble à celle de Pierre dans l'évangile de Matthieu.
Marthe, après avoir parlé à Jésus, va chercher Marie (*Jn* 11, 28),
sentant probablement que Marie peut l'influencer
pour ramener Lazare à la vie.
Dans ce chapitre de l'évangile de Jean,
Pierre, le « *frère aîné* », demande au « *disciple bien-aimé* »
de demander à Jésus qui va le trahir.
Pierre s'est tellement couvert de ridicule lors du lavement des pieds
qu'il n'ose pas le demander lui-même.
Jésus aime manifestement Marthe et Pierre, mais tous deux,
bons organisateurs et d'une foi solide,
agissent de façon très humaine.
Ils ont leurs dons et, aussi différents qu'ils soient,
ils sont tous deux des disciples chers à Jésus.
Ils finiront par apprendre que le plus important
est de se laisser aimer par Jésus.

Judas

Enfin, il y a Judas.
Comment ce disciple, l'un des Douze,
choisi par Jésus,
en vient-il à le haïr
et à vouloir se débarrasser de lui?
Qui est ce personnage étrange et complexe
qui apparaît trois fois dans cet évangile,
chaque fois en opposition à Jésus?

Judas perd confiance en Jésus et commence à s'opposer à lui
lorsque Jésus parle de donner son corps à manger
et son sang à boire
en signe d'amitié et d'intimité.

> *« N'est-ce pas moi qui vous ai choisis,*
> *vous, les Douze?*
> *Et l'un d'entre vous est un démon. »*
> *Jésus parlait de Judas, fils de Simon Iscariote;*
> *c'est lui en effet qui devait le livrer,*
> *lui, l'un des Douze. (Jn 6, 70-71)*

À Béthanie, Judas se fâche contre Marie *(Jn 12)*
lorsqu'elle verse un parfum précieux sur les pieds de Jésus
et les essuie de ses cheveux.
Judas se fâche-t-il
parce qu'il vole de l'argent de la bourse commune?
Ou à cause de la relation d'amour
qui unit si intimement Marie à Jésus
et dont il est jaloux?

Est-il fâché de cette intimité
qu'il désire ardemment
mais qu'il est incapable de vivre
et à laquelle il ne pourrait jamais croire?

Dans ce chapitre nous voyons
qu'avant même que Jésus lave les pieds des disciples,
le diable a déjà mis dans le cœur de Judas l'idée de le livrer.
Maintenant l'idée est devenue une réalité, un choix,
même après que Jésus se fut agenouillé à ses pieds
dans un geste d'humilité et d'amour
et eut mis dans sa bouche le morceau de pain.
Satan entre en lui et il s'enfuit.
Judas, prisonnier des ténèbres,
plein d'angoisse et de haine de lui-même,
ne peut rester en place.
Il est incapable de s'ouvrir à Jésus;
il sort.
C'est une nuit de ténèbres intérieures.

Comment expliquer cette haine en Judas?
Certaines personnes détestent l'amour, sont fâchées contre l'amour.
Elles recherchent le pouvoir, l'efficacité et la confirmation
de leur pouvoir personnel, de leurs capacités,
de leur autorité et de leur identité.
L'amour leur apparaît comme une faiblesse, un anéantissement.
Dans l'amour, nous nous soumettons à celui que nous aimons.
Nous partageons jusqu'à notre faiblesse avec notre ami.
Nous perdons une certaine liberté.
Nous nous offrons et nous donnons à l'aimé.
Certaines formes d'amour peuvent certes conduire
à une dépendance malsaine,
dans laquelle nous ne savons plus qui nous sommes.
Notre vrai moi disparaît dans une sorte de fusion.
Ce n'est pas de l'amour.
L'amour est une confirmation de notre personne.
Chacun se donne librement et reçoit l'autre
non dans la peur, à partir d'un vide,
mais dans la confiance et le don de soi.
L'amour vrai est une communion des cœurs
dans une plénitude de joie.
C'est l'accomplissement de notre humanité.

Loin de supprimer la liberté et la créativité, l'amour les renforce.
Nous agissons alors, non par peur, par manque
ou par besoin de nous valoriser,
mais poussés par un élan de tendresse et de générosité.
C'est particulièrement vrai lorsque nous devenons un avec Jésus,
que Dieu demeure en nous et que nous demeurons en Dieu.
Notre créativité jaillit de cette unité.

Judas semble haïr l'amour

Il est normal et bon de haïr un amour malsain
qui engendre la dépendance et qui nous entrave.
Nous devons nous libérer de tels comportements.
Mais haïr un amour vrai, sain, est suicidaire.
Cette haine existe lorsqu'un enfant n'a pas été traité avec respect,
n'a jamais été regardé comme unique et important,
n'a jamais goûté un amour vrai,
et n'a connu qu'indifférence, violence et abus.
Ces enfants se referment en eux-mêmes pour se protéger.
Il leur est très difficile de reconnaître et d'accueillir un amour vrai.
Cette haine existe aussi lorsqu'une personne
s'est enferrée dans l'orgueil,
ayant pris le parti de ne se soumettre à personne
et prétendant être Dieu.
C'est un refus conscient de l'amour
parce que l'amour implique l'ouverture, le partage, l'humilité
et l'acceptation de ne pas être Dieu.

Quelle est la source de cette haine en Judas?
Nous l'ignorons.
Mais nous savons que Jésus veut libérer Judas,
et chacun de nous, de la peur.
Judas veut faire partie des disciples choisis par Jésus
et profiter du pouvoir,
mais il ne peut accepter de s'ouvrir humblement à Jésus
dans une communion des cœurs.

Il recherche le pouvoir, pas l'amour.
Mais avec sa trahison et la mort de Jésus,
il perd tout : le pouvoir et l'amour.
Rempli de remords, il se pend (cf. *Mt* 27, 5).

Peut-être qu'au dernier moment,
avant de perdre connaissance et de mourir,
il s'est rappelé le visage d'amour et de compassion de Jésus
lui lavant les pieds
et s'est ouvert à l'amour.

La gloire de Dieu

Une fois Judas sorti, Jésus laisse parler son cœur :

> « *Maintenant le Fils de l'homme a été glorifié*
> *et Dieu a été glorifié en lui.*
> *Si Dieu a été glorifié en lui,*
> *Dieu aussi le glorifiera en lui-même*
> *et c'est aussitôt qu'il le glorifiera.* » (v. 31-32)

Nous verrons plus loin que Jésus est la gloire de Dieu;
la gloire de Dieu, c'est la manifestation de qui est Dieu :
sa puissance et sa bonté,
sa douceur et son humilité,
son amour et son respect pour chacun de nous.
La gloire de Dieu, c'est Jésus marchant sereinement
vers le don de tout son être.

> « *Petits enfants, c'est pour peu de temps*
> *que je suis encore avec vous.*
> *Vous me chercherez et, comme je l'ai dit aux Juifs,*
> *à vous aussi je le dis à présent :*
> *où je vais, vous ne pouvez venir.* » (v. 33)

Jésus appelle ses disciples « *petits enfants* »
parce qu'en un sens, c'est ce qu'ils sont encore.

Ce sont des disciples « nouveau-nés »,
qui ne connaissent Jésus que depuis trois ans.
Ils sont encore très immatures.
Ils vont devoir grandir vite
pour remplir leur mission dans le monde.

Ces chapitres parlent de leur croissance dans l'amour.
De petits enfants ils vont devenir amis de Jésus ;
plus encore, ils vont devenir Jésus
et le Temple de Dieu.
Jésus va montrer à ces hommes immatures et généreux
le chemin de l'unité intérieure et de la sainteté, un chemin
qui passe par des joies intenses et de grandes souffrances
pour arriver à l'union à Jésus dans la gloire.

Aimez-vous les uns les autres comme je vous ai aimés

Il leur laisse alors son ultime enseignement,
son testament spirituel,
le cœur de tout son message :

> « *Je vous donne un commandement nouveau :*
> *vous aimer les uns les autres ;*
> *comme je vous ai aimés, aimez-vous les uns les autres.*
> *À ceci tous reconnaîtront que vous êtes mes disciples :*
> *si vous avez de l'amour les uns pour les autres.* » *(v. 34-35)*

Selon la Loi de Moïse, les Hébreux devaient aimer Dieu
de tout leur cœur, de toute leur âme et de toutes leurs forces,
et aimer leur prochain comme eux-mêmes.
Ici, Jésus appelle ses disciples
non seulement à aimer les autres comme eux-mêmes
mais comme lui, Jésus, les aime.
C'est ce qui est nouveau.
Il crée entre eux une alliance sainte.

Ils sont appelés à vivre en communion les uns avec les autres,
à partager entre eux,
à se mettre au service les uns des autres
à travers des gestes simples d'amour,
ne jugeant jamais, ne condamnant jamais, mais pardonnant.
Ils sont appelés à aimer comme Jésus aime.
Jésus a surpris et choqué ces hommes
en s'agenouillant pour leur laver les pieds.
Et voici qu'il les choque plus encore
en leur annonçant qu'il va les quitter.

19

Dieu demeure en nous

Jean 14

Après s'être mis à genoux aux pieds de ses disciples,

Jésus leur révèle le projet de Dieu :

il va les quitter,

mais son Père et lui vont leur envoyer

le « Paraclet », l'Esprit de vérité,

qui les guidera

et sera avec eux pour toujours.

Ensemble, ils formeront

« l'assemblée des croyants »,

l'Église,

que Jésus est en train de fonder.

Ils poursuivront sa mission :

manifester le visage

de compassion de Dieu,

donner la vie,

libérer de la peur

et conduire sur le chemin de la paix.

Absence et présence

Aujourd'hui, bien des gens, de tous âges, cherchent une spiritualité qui donne un sens à leur vie et les amène à une unité intérieure, à une communion nouvelle avec l'univers et avec Dieu.

Certains ne la trouvent pas dans leur propre tradition;
ils peuvent alors se laisser attirer
par des gourous et des spiritualités venues d'ailleurs
qui semblent leur offrir
un silence intérieur et une expérience de Dieu.

D'autres, déçus par la dureté de la vie,
le désespoir du monde,
l'hypocrisie des sociétés de compétition
où seuls comptent le travail et les signes de richesse,
cherchent à dépasser les limites humaines
pour vivre des expériences exaltantes,
toucher et sentir la liberté absolue, l'infini en eux.
Ils ont soif de sensations fortes.
Il est triste de voir que nos Églises chrétiennes ont souvent enfoui
la vie mystique sous des règles morales, des dogmes et des rituels.
L'évangile de Jean nous révèle une spiritualité
qui n'est pas une fuite du quotidien ni de la souffrance,
mais un chemin vers une plénitude de vie et de joie,
où nous accueillons l'amour de Dieu pour le partager.
Nous faisons l'expérience de cet amour
à travers l'amitié avec Jésus.

Après s'être mis à genoux et avoir lavé les pieds de ses disciples,
Jésus leur dit au revoir
tout en leur promettant de revenir.

L'annonce de son départ et la promesse de son retour
semblent nous révéler aussi quelque chose
sur notre propre croissance dans l'amour.

Cette croissance est l'œuvre de toute une vie;
elle implique des moments de présence et d'absence,
des rencontres et des départs.
Ce qui est vrai d'une amitié humaine
est encore plus vrai de l'amitié qui nous lie à Dieu.
La présence de ceux que nous aimons nous donne de la joie.
Nous goûtons leur présence.
Mais leur absence exige de nous confiance, espérance et fidélité;
elle approfondit le « puits » de notre être.
L'absence fait souffrir,
mais elle peut renforcer le désir,
et la présence à venir en sera encore plus pleine, plus totale.
Pour vivre plus profondément l'amitié avec Dieu,
d'autres désirs qui ont pris trop de place
dans nos cœurs et dans nos vies doivent être élagués ou arrachés.
Leur perte peut être un prélude
à une plénitude nouvelle en Dieu.

Le discours d'adieu de Jésus après la dernière cène
nous parle de ce *chemin vers l'unité avec Dieu*,
de ses joies et ses peines.
Jésus a conscience de la souffrance et de l'angoisse des disciples
devant son départ imminent :

> *« Que votre cœur ne se trouble pas;*
> *vous croyez en Dieu : croyez aussi en moi.*
> *Dans la maison de mon Père,*
> *il y a beaucoup de demeures,*
> *sinon je vous l'aurais dit;*
> *je vais vous préparer une place.*
> *Et quand je serai allé*
> *et que je vous aurai préparé une place,*
> *à nouveau je viendrai et je vous prendrai près de moi,*
> *afin que là où je suis,*
> *vous aussi, vous soyez. » (Jn 14, 1-3)*

Quelle attention, quelle délicatesse! Quelle bonté!
Les mots de Jésus annoncent que lors de son retour
il nous embrassera longuement, avec infiniment d'amour.

Jésus : chemin vers Dieu

Jésus suscite une question en disant :

> *« Et du lieu où je vais, vous savez le chemin. »*

Thomas réagit et demande :

> *« Seigneur, nous ne savons pas où tu vas.*
> *Comment saurions-nous le chemin? »*

Jésus répond :

> *« Je suis le Chemin, la Vérité et la Vie.*
> *Nul ne vient au Père sinon par moi.*
> *Si vous me connaissez,*
> *vous connaîtrez aussi mon Père;*
> *dès à présent vous le connaissez et vous l'avez vu. » (v. 4-7)*

Les disciples ne comprennent toujours pas qui est Jésus.
Ce qu'ils veulent, c'est voir le Père.
Philippe dit alors :

> *« Montre-nous le Père et cela nous suffit. »*

Jésus répond en soupirant,
attristé de l'incompréhension de Philippe :

> *« Voilà si longtemps que je suis avec vous,*
> *et tu ne me connais pas, Philippe?*
> *Qui m'a vu a vu le Père.*
> *Comment peux-tu dire : "Montre-nous le Père"?*
> *Ne crois-tu pas que je suis dans le Père*
> *et que le Père est en moi? » (v. 8-10)*

Jésus et le Père sont un.
Le cœur du message évangélique est dans ces paroles.
Celui qui voit, écoute et touche Jésus
voit, écoute et touche le Père!
Jésus est le Verbe fait chair.
Il n'y a pas d'autre chemin vers Dieu
que le Verbe de Dieu, qui est Dieu.

Avant que le Verbe ne prenne chair,
beaucoup de gens cherchaient Dieu,
vivant selon les lois de Dieu, révélées
par la création, les sages et les prophètes.
Certains même parlaient à Dieu et entendaient sa voix;
d'autres recevaient des messages de Dieu dans des songes;
d'autres encore recevaient la lumière de Dieu dans leur cœur.
Dans toutes les cultures, à toutes les époques,
des gens ont entendu d'une façon ou d'une autre
la voix et la parole de Dieu :
Noé, Abraham, les prophètes hébreux et le peuple saint d'Israël,
mais également des gens comme Socrate
et des sages en Inde, en Chine,
dans les Amériques et dans d'autres cultures.
Dieu n'a jamais oublié son peuple, il ne l'a jamais abandonné.
Les ténèbres n'ont jamais englouti la lumière de Dieu
qui a toujours brillé
dans les cœurs et les esprits (cf. *Jn* 1, 5).

Certains ne pouvaient peut-être pas nommer Dieu,
mais ils cherchaient
la lumière de la vérité et l'origine de toutes choses.
Le Verbe était lumière pour beaucoup.

Lorsque le Verbe s'est fait chair, Jésus a mené à leur plénitude
tous ces différents chemins vers Dieu.
Il ne les a pas détruits : le Verbe est dans chacun de ces chemins.
Mais le Verbe fait chair
devient un chemin nouveau pour les humains,

précisément parce que Jésus est devenu
l'un de nous, le premier-né,
et donc le trésor de la création.
Il est le frère bien-aimé de tout homme et de toute femme
de tous les temps.
Son corps est le corps de Dieu
et donne sens au corps de chacun;
tous ceux qui voient et touchent son corps,
ou sont en communion avec lui par son corps,
touchent et voient Dieu.

Ce chemin nouveau vers Dieu
ne passe pas par une séparation du corps,
une lutte pour devenir de purs esprits;
c'est dans notre corps et par lui,
et dans tout ce qui en nous est faible et brisé,
que nous rencontrons Dieu.
Jésus nous montre un chemin simple d'union à Dieu,
chemin de compassion, d'amour,
d'humilité et de service, qui est pour tous :
pas seulement les forts, les intelligents, les capables ou les vertueux,
mais aussi les faibles et les humbles.
La seule chose que Jésus nous demande est de venir à lui
avec un cœur humble et confiant.
Peu à peu, il nous mènera à une union plus grande avec le Père,
qui est compassion et pardon.
C'est le chemin que nous, disciples de Jésus,
sommes appelés à faire.

Vous ferez les œuvres de Jésus

Puis Jésus dit à ses disciples quelque chose
qui a dû les surprendre et les choquer :

> « *En vérité, en vérité, je vous le dis,*
> *celui qui croit en moi fera, lui aussi,*
> *les œuvres que je fais;*

et il en fera même de plus grandes,
parce que je vais vers le Père. » (v. 12)

C'est ce à quoi Jésus nous amène :
ses disciples continueront ses œuvres et sa mission.
Et quelle est cette mission?
C'est de donner la vie, la vie éternelle,
et de manifester le visage et le cœur de Dieu.
C'est d'être une présence de Dieu dans le monde
où il y a une absence de Dieu.
Les œuvres de Dieu, ce ne sont pas de grands miracles,
que certains disciples héroïques peuvent être appelés à accomplir,
mais tous ces petits gestes de bienveillance et de bonté
qui donnent vie aux gens et les amènent à croire
en eux-mêmes et en Dieu.
C'est pourquoi les disciples de Jésus doivent être audacieux
et demander d'accomplir ces œuvres de Dieu :

> *« Et tout ce que vous demanderez en mon nom,*
> *je le ferai*
> *afin que le Père soit glorifié dans le Fils.*
> *Si vous me demandez quelque chose en mon nom,*
> *je le ferai. » (v. 13-14)*

Si nous faisons confiance à Dieu
et lui demandons d'accomplir ses œuvres d'amour,
nous donnerons la vie, la vie même de Dieu.
Mais comment cela va-t-il se faire?
Ces disciples sont très humains.
Ils ne comprennent pas vraiment Jésus.
Parfois, comme Pierre, ils le rabrouent :

> *« Non, tu ne me laveras pas les pieds, jamais! »*

Quelque chose va se passer qui va les transformer
et les rendre capables d'accomplir les œuvres de Jésus,
et même de plus grandes!
Jésus leur dit comment cela se fera :

> *« Si vous m'aimez,*
> *vous garderez mes commandements,*
> *et je prierai le Père*
> *et il vous donnera un autre Paraclet,*
> *pour qu'il soit avec vous à jamais,*
> *l'Esprit de Vérité que le monde ne peut pas recevoir,*
> *parce qu'il ne le voit pas ni ne le reconnaît.*
> *Vous, vous le connaissez,*
> *parce qu'il demeure auprès de vous*
> *et qu'il est en vous » (v. 15-17)*

Voilà sa réponse :
les disciples recevront un autre Paraclet,
l'Esprit de vérité, qui vivra en eux et les transformera.
Ils ne seront plus encombrés
par des tas de questions et de besoins très humains
venant de leurs peurs, de leur culture et de leur éducation;
ils seront écartés de la vanité du monde
et introduits dans la demeure de Dieu.
Jésus leur révèle qu'ils ne vont pas d'abord faire des choses,
mais que Dieu va vivre en eux.
Nous verrons plus tard que grâce à l'Esprit qui viendra en eux
ils feront les œuvres de Dieu.

Jésus va accomplir les prophéties des grands prophètes hébreux
qui avaient annoncé que le Seigneur Dieu enverrait son Esprit
sur son serviteur, le Messie,
mais également sur quelques prophètes et rois choisis,
puis sur tout le peuple.

> *« Je répandrai sur vous une eau pure*
> *et vous serez purifiés;*
> *de toutes vos souillures et de toutes vos ordures,*
> *je vous purifierai.*
> *Je vous donnerai un cœur nouveau,*
> *je mettrai en vous un esprit nouveau.*
> *J'ôterai de votre chair le cœur de pierre*
> *et je vous donnerai un cœur de chair.*
> *Je mettrai en vous mon esprit [...] » (Ez 36, 25-27)*

Jésus va instaurer le règne de l'Esprit Saint
dans le cœur de *tous* ses disciples.
Il a déjà dit à Nicodème — et par lui, à chacun de nous —
que pour entrer dans le royaume de Dieu
il nous faut naître de l'eau et de l'Esprit, naître « d'en haut »,
et devenir ainsi enfants de Dieu, inspirés par Dieu.
Ceux qui sont nés de l'Esprit sont semblables au vent;
ils ne savent pas d'où vient le vent
ni où il va.
Il en est de même avec l'Esprit :
nous ne savons pas d'où il vient ni où il nous mène (cf. *Jn* 3, 5-8).

Esprit et Paraclet

Il y a une séparation manifeste
entre ce qui est du monde et ce qui est de l'Esprit.
Jésus avait déjà dit aux scribes et aux pharisiens :

> « *Vous, vous êtes d'en bas; moi, je suis d'en haut.*
> *Vous, vous êtes de ce monde;*
> *moi, je ne suis pas de ce monde.* » (Jn 8, 23)

Ceux « du monde » sont fermés aux voies et aux choses de Dieu.
Ils ne connaissent pas Dieu.
Les disciples recevront l'Esprit, une vie nouvelle,
qui leur donnera une nouvelle force intérieure, un cœur nouveau,
une vision nouvelle,
une liberté nouvelle qui les affranchira
des manières et des influences du monde
pour qu'ils ne soient plus esclaves de la peur, de la cupidité,
ni assoiffés de pouvoir — serait-ce un pouvoir spirituel.

Le mot « paraclet » est un de ces mots grecs si riches
qu'ils sont difficiles à traduire dans leur intégralité.
Un paraclet est quelqu'un qui défend et réconforte,
qui parle au nom des faibles et les soutient.

C'est pourquoi on peut traduire « paraclet » par « avocat »
mais aussi par « celui qui réconforte », « consolateur », « soutien ».
Étymologiquement, le mot « paraclet » signifie
« celui qui répond au cri ».
Quel beau nom!
Dieu est celui qui répond au cri des faibles,
des malheureux et des démunis.
Une mère est un « paraclet » pour son enfant
lorsqu'elle répond au cri de son tout-petit,
qu'elle le porte sur son cœur et qu'elle l'aime.
Chaque fois que nous nous occupons
d'une personne dans le besoin et répondons à son cri,
nous sommes des paraclets.
Jésus était un paraclet pour ses disciples.

Le Paraclet est donné
à ceux qui se sentent seuls et ont besoin de la présence d'un ami,
à ceux qui sont désemparés, pauvres en esprit
et qui crient vers Dieu.

« Paraclet » est différent d'« Esprit ».
« L'Esprit » implique un mouvement;
c'est « le vent » ou « le souffle »,
c'est un élan intérieur,
l'élan des prophètes qui parlent et font des merveilles.
Le Paraclet ôte l'angoisse de la solitude;
il apporte présence, sécurité, paix et communion.

L'Esprit et le Paraclet sont deux visages de Dieu
qui vit et agit en nous,
qui nous inspire et nous presse
mais aussi qui nous aime, nous porte
et demeure en nous comme nous demeurons en lui.

L'Esprit « Paraclet » nous donne
une force nouvelle et un amour nouveau
pour faire les œuvres de Dieu,

pour faire tout ce que nous sommes incapables
de faire par nous-mêmes
et par nos propres efforts :
aimer certaines personnes, pardonner à nos ennemis,
devenir amis de ceux qui sont différents,
être ouverts à ceux qui ont une autre façon de voir et de faire.

Jésus et le Père viendront

Ce n'est pas seulement le Paraclet qui viendra
pour être avec et dans les disciples;
Jésus lui-même viendra et sera en eux :

> *« Je ne vous laisserai pas orphelins.*
> *Je viendrai vers vous.*
> *Encore un peu de temps, et le monde ne me verra plus.*
> *Mais vous, vous verrez que je vis*
> *et vous aussi vous vivrez.*
> *Ce jour-là, vous reconnaîtrez que je suis en mon Père*
> *et vous en moi et moi en vous. » (v. 18-20)*

Cela pousse Judas, pas l'Iscariote, à demander :

> *« Seigneur, qu'est-il advenu*
> *que tu doives te manifester à nous*
> *et non pas au monde? » (v. 22)*

Jésus ne va pas accomplir des choses merveilleuses
pour convaincre tout le monde
qu'il est le Messie, le Fils de Dieu.
Son dessein est de demeurer dans ses disciples,
en commençant par quelques-uns.

> *« Si quelqu'un m'aime, il gardera ma parole,*
> *et mon Père l'aimera*
> *et nous viendrons vers lui*
> *et nous ferons chez lui notre demeure. » (v. 23)*

Ce sont eux, l'Église, la communauté des croyants,
la nouvelle demeure de Dieu,
qui continueront sa mission.
Ce sont eux qui manifesteront Jésus au monde.

Mais le Paraclet, Jésus et le Père ne viendront que *si*…
Ce n'est pas une menace mais une promesse,
promesse que si nous gardons ses commandements ou ses paroles,
le Paraclet nous sera donné.
Le « si » est une condition qui implique une invitation à lutter
contre toutes ces forces d'égoïsme
qui nous empêchent de garder les commandements de Dieu.

Et ces commandements, quels sont-ils?
Essentiellement, ce sont tous les commandements de l'amour :
se mettre au service les uns des autres,
être compatissants,
vivre en communion les uns avec les autres,
ne pas juger, ni condamner, mais pardonner,
aimer ses ennemis,
vivre les béatitudes,
se laver les pieds les uns aux autres.
Le commandement de Jésus
est que nous nous aimions les uns les autres comme il nous aime.
C'est son *chemin*, le *chemin* vers Dieu.
Nous sommes appelés à renoncer
à tous les comportements égoïstes du monde,
à ne plus mettre toutes nos énergies à rechercher le pouvoir,
la richesse, les honneurs et les relations intéressées.
Cela implique des luttes, des deuils, des purifications.
Nous ne pouvons pas être sous la mouvance de l'Esprit
pour les choses de Dieu
si nous ne recherchons que les choses de ce monde.

Notre « lieu » intérieur doit être vidé,
purifié de tout ce fatras et ces fausses valeurs,
débarrassé de toute forme d'égoïsme

et de certains besoins trop humains
pour devenir la demeure de Dieu.
Cela prend du temps,
toute une vie!

Dans ces passages, Jésus utilise parfois le pluriel, « vous »,
signifiant ainsi *vous tous, tous ensemble,*
et parfois le singulier, « celui-là », « quelqu'un »
comme *personne individuelle.*
L'Esprit Saint sera dans le groupe, vivra dans l'Église,
mais l'Esprit fera sa demeure en chaque personne *si…*
chacun de nous garde la parole de Dieu
et ses commandements d'amour.

Dieu demeure en nous

Nous avons déjà vu
que le corps de Jésus est le véritable Temple (*Jn* 2, 18-22),
ou la demeure de Dieu.
Mais comme Jésus et le Père viennent demeurer en nous,
nous devenons nous aussi le temple de Dieu,
le lieu où Dieu habite.
Nous, comme Église,
c'est-à-dire comme communauté de croyants,
mais aussi comme individus.
C'est pourquoi Paul dit à ses disciples de Corinthe :

> « *Ne savez-vous pas que votre corps*
> *est le temple de l'Esprit Saint?* » (1 Co 6, 19)

Jésus et le Père sont avec l'Église,
la guidant à travers les vicissitudes de l'histoire.
Ils sont avec chacun de nous,
nous guidant à travers les vicissitudes de notre vie.
En d'autres termes, Jésus est en train de dire à ses disciples :
« N'ayez pas peur. Je suis avec vous et serai avec vous.
Écoutez-moi.

N'ayez pas d'idées toutes faites ni de projets
qui m'empêcheraient de vivre et d'agir en vous et à travers vous.
Laissez-vous guider par l'Esprit Saint vivant en vous.
Et moi, je serai avec vous
"si" vous vous aimez les uns les autres. »

Jésus nous donne la paix

Jésus dit aux disciples que l'Esprit Saint, le Paraclet,
non seulement sera avec eux et en eux,
mais qu'il leur enseignera tout et leur rappellera
tout ce que lui, Jésus, leur a enseigné (cf. v. 26).
C'est vrai pour nous aussi.
Cela ne nous dispense pas de chercher à comprendre,
de méditer la parole de Dieu
telle que la tradition l'a comprise à travers les siècles.
Cela ne veut pas dire que nous ne devons pas étudier la théologie,
chacun selon notre appel, nos besoins et nos possibilités.
Mais cela signifie que tout ce que nous apprenons
doit être vu et revu
à la lumière de l'Esprit
et dans une attitude de prière.
Cela signifie que chacun de nous a directement accès à Dieu,
qui est le centre et la lumière de tout.
Ceux qui sont suffisamment pauvres, suffisamment humbles,
qui « crient » suffisamment
recevront le Paraclet et pourront voir la lumière
et la présence de Dieu
dans sa parole et en toutes choses.
Si Jésus et le Père demeurent en nous,
nous expérimenterons une paix nouvelle, plus profonde,
parce que la paix vient de la présence de Dieu.

> *« Je vous laisse ma paix;*
> *c'est ma paix que je vous donne;*
> *je ne vous la donne pas comme le monde la donne.*
> *Que votre cœur ne se trouble ni ne s'effraie. » (v. 27)*

La paix que Jésus promet n'est pas seulement
un équilibre de forces, ni l'absence de guerre.
Ce n'est pas seulement le calme intérieur et la tranquillité d'esprit.
Ce n'est pas simplement
l'absence de conflits intérieurs ou de désirs
comme nous l'enseignaient les anciens philosophes grecs.
Non, cette paix est plus que tout cela.
C'est l'assurance que Jésus est là
avec nous et en nous.
Car Jésus *est* notre paix.
La paix, c'est de se reposer dans le Bien-Aimé,
dans une confiance absolue en lui,
la confiance de l'enfant
qui repose paisiblement dans les bras de sa mère.

20

Donner la vie

Jean 15, 1-17

Jésus est venu non seulement
demeurer en nous
mais aussi donner la vie
par nous.

La « demeure » de nos cœurs
doit être vidée et purifiée
pour que nous soyons
remplis de Dieu
et devenions ainsi
des sources de vie.

Jésus est la vigne véritable

Le Verbe s'est fait chair pour nous introduire
dans la communion avec Dieu.
Il est venu combler l'abîme
qui sépare les humains, faibles et vulnérables, de Dieu.
Il est venu vivre dans le sein de Marie
et demeurer en chacun de nous.
Il est venu non seulement demeurer en nous
mais aussi *agir* en nous et par nous,
pour donner la vie à d'autres.
Nous sommes invités à participer
à l'œuvre d'amour créatrice de Dieu.
Si nous demeurons en Dieu, nous porterons beaucoup de fruit.
Cette inhabitation réciproque est une amitié qui grandit
vers une unité plus grande avec Jésus.
Pour nous aider à comprendre cela, Jésus parle de la vigne :

> « *Je suis la vigne véritable et mon Père est le vigneron.*
> *Tout sarment en moi qui ne porte pas de fruit,*
> *il l'enlève,*
> *et tout sarment qui porte du fruit,*
> *il l'émonde pour qu'il porte encore plus de fruit.* »
> *(Jn 15, 1-2)*

Jésus nous dit qu'il *est* la vigne;
il n'est pas séparé de la vigne.
Il n'est pas séparé du peuple de Dieu :
il en fait partie, il est un avec lui.
Maintenant que le Verbe s'est fait chair,
il est l'un de nous et nous sommes un avec lui.
Nous sommes de la même race humaine.
Il est le premier-né de la création.
Toute vie vient de lui et par lui,
mais aussi par nous,
comme la sève nourrit la vigne
et donne aux sarments de produire des raisins.
Nous sommes les sarments qui portent des fruits.

> *« Celui qui demeure en moi, et moi en lui,*
> *celui-là porte beaucoup de fruit;*
> *car hors de moi vous ne pouvez rien faire. » (v. 5)*

Le fruit est la vie que nous sommes appelés à donner.
Ce n'est pas nous seuls qui donnons la vie, ni Jésus seul,
c'est nous avec Jésus,
Jésus en nous et nous en lui.
Nous ne pouvons pas distinguer
ce qui est de Dieu et ce qui est de nous.
C'est la vie de l'Esprit se donnant par chacun de nous,
colorée par nos dons, par qui nous sommes
et notre mission particulière.
La magnificence de Dieu
est de donner la vie en nous et par nous.
Dieu ne veut pas se contenter d'agir directement dans les cœurs :
il se sert de chacun de nous
comme médiateur et instrument de sa grâce,
de nos paroles, de nos gestes, de notre présence et de notre prière.
Ainsi nous avons part à la créativité de Dieu dans le don de la vie.
Nous nous donnons la vie de Dieu les uns aux autres
et nous recevons cette vie les uns des autres.

Lorsque Jésus et le Père viennent vivre
ou demeurer en nous,
ce n'est pas une présence statique.
Ils sont vivants et agissants en nous.
Nous recevons et donnons la vie en eux et avec eux.
C'est bien ce que Jésus disait à la femme samaritaine :

> *« Qui boira l'eau que je lui donnerai*
> *n'aura plus jamais soif;*
> *l'eau que je lui donnerai*
> *deviendra en lui source*
> *d'eau jaillissant en vie éternelle. » (Jn 4, 14)*

L'Esprit que nous recevons
est celui-là même que nous donnons.

Jaillissant de la vie de Jésus en nous,
nos paroles et nos gestes de vie
ouvrent et transforment le cœur et l'esprit
de ceux que nous rencontrons.

Le besoin d'être purifiés

Pour être cette fontaine ou cette source de vie
qui transmet l'Esprit Saint,
nous avons besoin d'être purifiés ou émondés.
Nos paroles et nos gestes ne viennent plus alors
de notre besoin de prouver que nous sommes quelqu'un,
ni de nos peurs, de nos failles ou de nos blessures intérieures.
Elles jaillissent de la Trinité qui demeure en nous.
Cette purification prend du temps.
C'est peu à peu que Jésus vient demeurer en nous.
Nous avons déjà vu que pour recevoir le Paraclet
il nous faut garder les commandements de Jésus;
cela ne se fait pas sans lutte.
Jésus nous parle ici d'une autre purification, plus profonde :
le Père émondera toutes les branches qui portent du fruit
pour qu'elles en portent encore plus.
Émonder, c'est couper des branches
et cela peut faire mal.
Cet élagage, cette nouvelle purification
vient directement du vigneron,
le Père, qui coupe les branches.

Un accident, une maladie, un échec, la perte d'un emploi,
la mort d'une personne que nous aimons
— tous ces événements inattendus —
peuvent nous faire souffrir
et nous laisser dans un état de désolation.
Nous nous sentons vides.

La vie ne nous traverse plus;
nous avons perdu notre enthousiasme
et parfois même tout désir.
Nous sommes atteints dans nos énergies vitales.
Comme une vigne blessée dont les branches ont été taillées,
il nous faut attendre qu'une vie nouvelle jaillisse en nous.
Nous sommes émondés pour quelque chose de neuf,
pour une vie plus centrée sur Dieu et sur les choses de Dieu.
Avant d'être émondés,
nous étions peut-être trop accaparés par « les choses à faire »,
aussi bonnes soient-elles, et n'avions plus de temps pour Dieu.
Nous étions comme les gens de la parabole
invités au festin des noces de l'amour
mais qui déclinèrent l'invitation
parce qu'ils étaient trop occupés (*Lc* 14; *Mt* 22).
Lorsque la vie se trouve ainsi coupée ou émondée,
nous pouvons éprouver des sentiments de vide et d'angoisse.
Ce vide peut engendrer de la colère et de la dépression,
mais il peut aussi nous préparer à autre chose.
Notre vide peut devenir un cri vers Dieu.
Il nous faut attendre patiemment,
parfois dans la souffrance et l'angoisse,
ce don nouveau de Dieu.

Certains émondages se produisent de façon inattendue et violente.
Certains se font peu à peu, tandis que nous vieillissons
et sommes moins pris par les choses à faire
et la recherche de succès, de gloire et de pouvoir.
Nous devenons plus disponibles pour Dieu
et pour les choses de Dieu,
et pouvons prêter davantage d'attention à cet espace sacré en nous.
Certains émondages se font parce que nous les désirons,
les demandons et les attendons;
nous avons soif d'avoir plus de temps avec et pour Dieu.
C'est ce dont Jésus parle lorsqu'il dit à ses disciples :

« *Déjà vous êtes purs*
grâce à la parole que je vous ai fait entendre. »
(Jn 15, 3)

Toute croissance dans l'amour implique souffrance et renoncement

Choisir, c'est renoncer.
Se marier, c'est accepter
de renoncer à une multitude d'autres partenaires potentiels.
La fidélité dans l'amour peut coûter beaucoup.
Pour grandir dans l'amour,
il nous faut traverser la souffrance et l'angoisse.
Il en est de même dans notre relation à Dieu.
Pour être plus présents à Dieu,
il nous faut être moins présents à d'autres choses.
C'est une forme d'émondage.

L'émondage peut être encore plus violent
lorsqu'il touche à ces parties de notre être
qui nous ont amenés à refuser de suivre
le commandement d'amour de Jésus
pour rester enfermés dans notre égoïsme.
Ces parties seront purifiées par un feu
qui brûlera cet égoïsme desséchant.
Cette purification par le feu peut avoir lieu après la mort,
avant que nous soyons entièrement transformés en Dieu :

« *Si quelqu'un ne demeure pas en moi, dit Jésus,*
il est jeté dehors comme le sarment et il se dessèche;
on les ramasse et on les jette au feu
et ils brûlent. » *(v. 6)*

L'important, c'est de ne pas attendre jusqu'à notre mort
mais de marcher dès aujourd'hui avec Dieu,
d'accepter la perte, la souffrance et tout l'émondage
pour pouvoir commencer à demeurer en Dieu.

> « *Si vous demeurez en moi*
> *et que mes paroles demeurent en vous,*
> *demandez ce que vous voudrez*
> *et vous l'aurez.*
> *C'est la gloire de mon Père*
> *que vous portiez beaucoup de fruit*
> *et deveniez mes disciples.* » *(v. 7-8)*

C'est la joie du Père que nous donnions vie à d'autres,
par la prière, les paroles qui viennent du cœur,
le don de nous-même,
et que nous la donnions en abondance.
La gloire de l'être humain n'est pas d'abord et avant tout
de faire ou de produire des choses,
de construire de beaux monuments ou de belles églises,
d'écrire des livres
ou d'inventer des technologies nouvelles.
Toutes ces choses passeront.
La gloire de l'être humain est de communiquer la vie,
versant sur ceux qui souffrent
l'huile douce et fortifiante de la compassion.
C'est, avec Jésus et en lui, d'aider d'autres à se transformer
en passant de la mort intérieure,
de la tristesse et de l'agressivité
à la paix intérieure, à la joie et à la plénitude de la vie.

Demeurer en Jésus et devenir son ami

Que veut dire demeurer en Jésus?
Nous retrouvons ici le mot clé « demeurer ».
Les deux premiers disciples avaient demandé à Jésus :
« Où demeures-tu? »
et ils étaient allés demeurer auprès de lui.
Jésus avait dit à ses disciples que s'ils mangeaient son corps
et buvaient son sang, ils demeureraient en lui, et lui en eux.
Dans ce chapitre de l'évangile de Jean, Jésus nous dit :

« Comme le Père m'a aimé,
moi aussi je vous ai aimés.
Demeurez en mon amour.
Si vous gardez mes commandements,
vous demeurerez en mon amour
comme moi j'ai gardé
les commandements de mon Père
et je demeure en son amour. » (v. 9-10)

Demeurer en Jésus, c'est *faire notre demeure* en lui
et *le laisser* faire sa demeure en nous.
Nous nous sentons chez nous avec lui et en lui.
C'est un lieu de repos mutuel et de présence l'un à l'autre.
C'est un lieu d'amitié et d'inhabitation réciproque.
Ce repos est également source de vie et de créativité.
Demeurant en lui, nous portons du fruit,
nous donnons vie à d'autres.
Nous vivons une inhabitation réciproque.
Cette inhabitation est amitié.

Un jour, Etty Hillesum s'est retrouvée criant vers Dieu
pour qu'il l'aide, elle et beaucoup d'autres, dans la détresse.
Elle a alors réalisé :
« Ce n'est pas moi qui ai besoin de Dieu,
mais Dieu qui a besoin de moi… »

Dieu attendait qu'elle lui ouvre la porte de son cœur
pour le laisser entrer.
Jésus attend patiemment que nous acceptions son amitié.

Même si nous sommes loin d'un ami,
nous sommes un dans l'amour.
L'amour est une force d'unité.
Dans les amitiés humaines, l'autre demeure en nous
dans notre imagination, nos pensées, notre cœur,
mais il n'est pas réellement présent.
Dans l'amitié avec Jésus, il demeure en nous, *présence réelle.*

Nous sommes avec lui et demeurons en lui.
Garder ses commandements,
ce n'est pas obéir comme à l'armée :
il s'agit plutôt de répondre au désir de celui que nous aimons;
de vouloir lui faire plaisir, pressentant ce qu'il désire pour nous.
Ensemble, nous ne faisons qu'un seul cœur, un seul esprit;
entre nous aucun désaccord, aucun conflit, aucune barrière.
Cette « inhabitation » avec Jésus
peut prendre la forme d'une simple amitié,
mais elle peut aussi devenir un amour passionné,
comme dans le *Cantique des cantiques*,
souvent considéré comme un poème d'amour
entre Dieu et chacun de nous.
Des mystiques comme Jean de la Croix ont vécu cet amour brûlant,
voyant en Jésus l'époux de l'âme.

La source de notre amitié avec Jésus
est cette unité entre lui et le Père.
Comme le Père aime Jésus et se donne à lui,
ainsi Jésus nous aime et se donne à nous.
Cet amour entre le Père, le Fils et l'Esprit Saint est comme un feu;
c'est l'unité parfaite.
C'est pourquoi il est si difficile de décrire
l'amitié, l'amour et l'unité que nous vivons avec Jésus.
Ils sont souvent plus profonds
que tout ce que nous pouvons imaginer
parce qu'ils jaillissent de cette communion qu'est Dieu.

Jésus dit alors :

> *« Je vous dis cela*
> *pour que ma joie soit en vous*
> *et que votre joie soit parfaite. » (v. 11)*

Jésus veut que nous soyons remplis de joie et pleinement vivants.
Sa joie est la nôtre, notre joie est la sienne.
Sa joie est d'être parfaitement un avec le Père,

et c'est notre joie.
Il n'y a pas de joie plus grande que celle de savoir
que nous avons du prix aux yeux de Dieu et qu'il nous aime ;
que nous avons enfin trouvé le lieu de la plénitude du repos
pour nos cœurs.
Il n'y a pas de joie plus grande
que d'être avec notre Bien-Aimé, transformés en Dieu.
Il n'y a pas de joie plus grande que d'aimer sans mesure
et d'avoir part à l'action créatrice, vivifiante de Dieu,
de sentir la vie divine se donner à travers nous.
La joie et l'émotion de donner la vie de façon humaine
n'est qu'un pâle reflet
de la joie de donner la vie éternelle avec Jésus et en lui.

Aimer, c'est donner notre vie

Demeurer en Jésus et porter du fruit en abondance
implique que nous aimions de l'amour même de Jésus :

> *« Voici quel est mon commandement :*
> *vous aimer les uns les autres*
> *comme je vous ai aimés. »*

Et Jésus ajoute :

> *« Il n'est pas de plus grand amour*
> *que de donner sa vie pour ses amis. » (v. 12.13)*

Aimer les autres comme Jésus les aime,
c'est les servir humblement, leur laver les pieds,
les aider à grandir dans la vérité et l'amour.
Ici, Jésus nous révèle quelque chose de plus :
aimer, c'est donner sa vie pour d'autres,
mettre leurs intérêts et leur bonheur avant les nôtres.
Cela peut vouloir dire
accepter les difficultés, les dangers et même la mort
pour qu'ils puissent vivre et grandir dans l'amour.

Aimer, c'est vivre en communion avec d'autres,
leur transmettant la vie et l'amour de Jésus.
C'est leur révéler qu'ils sont aimés,
que Jésus les aime.
Nous devenons ainsi leurs amis
parce que nous sommes amis de Jésus.

> *« Vous êtes mes amis*
> *si vous faites ce que je vous commande.*
> *Je ne vous appelle plus serviteurs,*
> *car le serviteur ne sait pas ce que fait son maître;*
> *mais je vous appelle amis,*
> *parce que tout ce que j'ai entendu de mon Père*
> *je vous l'ai fait connaître. » (v. 14-15)*

Dans cette amitié, rien de caché ni de secret.
Jésus a partagé tout ce qu'il avait reçu du Père; il a tout donné.
Et Jésus leur rappelle :

> *« Ce n'est pas vous qui m'avez choisi,*
> *mais c'est moi qui vous ai choisis*
> *et vous ai établis pour que vous alliez*
> *et portiez du fruit*
> *et que votre fruit demeure,*
> *afin que tout ce que vous demanderez au Père*
> *en mon nom*
> *il vous le donne.*
> *Ce que je vous commande,*
> *c'est de vous aimer les uns les autres. » (v. 16-17)*

Il n'y a plus de barrière entre le fini et l'Infini,
le temporel et l'éternel,
l'humain et le divin.
Il nous faut parfois vivre l'austérité,
comme Jean le Baptiseur,
maîtriser nos corps,
essayer d'atteindre Dieu par nos efforts.
Mais Dieu est venu dans la chair
pour nous offrir son amitié.

Il s'est fait petit et vulnérable
pour vivre avec nous une communion des cœurs
et pour qu'avec lui nous communiquions la vie.

Il ne s'agit plus alors de faire des efforts vers Dieu,
mais d'ouvrir humblement la porte de nos cœurs
à Dieu qui frappe.
Cette amitié avec Jésus est à la fois profonde et simple
comme d'autres amitiés.
Ce n'est pas une grande expérience mystique
ni des apparitions spectaculaires;
c'est vivre jour après jour avec Jésus dans la confiance,
marchant avec lui, l'écoutant, suivant ses désirs
et se nourrissant de sa parole et de son corps.

Jésus est en nous et nous sommes en lui.
Dans nos rencontres, nos partages,
notre travail, nos projets,
notre vie en famille, en communauté ou avec nos amis,
nous sommes avec Jésus et nous le révélons aux autres.
Lorsque nous posons de petits gestes d'amour,
de partage, d'affection et de compassion,
spécialement envers ceux qui sont faibles ou dans le besoin,
nous sommes avec lui.

> *Rayonne à travers moi, Jésus*
> *et sois tellement en moi*
> *que toute personne que je rencontre*
> *puisse sentir ta présence en mon âme.*
> *Qu'ils ne me voient plus moi*
> *mais seulement toi, Jésus! (prière du cardinal Newman)*

Grandir dans l'amitié avec Jésus prend du temps

Il faut du temps pour que grandisse cette vie avec Jésus et en lui.
C'est un don de Jésus que nous pouvons demander,
un don reçu après maints luttes et conflits intérieurs.
Paul parle de la crucifixion de notre chair (*Ga* 5, 24),

pour que nous ne soyons plus esclaves de nos besoins
de pouvoir et de succès,
esclaves de notre égocentrisme et de notre égoïsme.

*« C'est pour que nous restions libres
que le Christ nous a libérés. » (Ga 5, 1)*

Libres de vivre simplement cette amitié avec Jésus dans l'Esprit.

Jésus a déjà parlé de son départ et de son retour.
Son départ fait allusion à sa mort; son retour, à sa résurrection.
Mais en même temps, il fait allusion à sa présence
et à son absence dans nos vies.

Il y a des moments où nous sentons davantage sa présence,
où nous nous sentons guidés et portés par son amour et son amitié,
où la paix pénètre nos cœurs.
À d'autres moments, nous nous sentons perdus, angoissés,
nous souffrons intérieurement.
Des sentiments de culpabilité et d'indignité montent en nous.
La foi et la confiance deviennent difficiles.
Nous luttons avec nous-mêmes.
C'est le signe que nous sommes en train
d'être émondés, taillés, purifiés par le Père,
afin de porter encore plus de fruit.
Notre foi et notre confiance sont en train d'être éprouvées.
Les voiles de nos petites embarcations
ne sont plus gonflées par le vent de l'Esprit.
Il nous faut ramer dur, parfois dans la nuit,
contre des vent forts de découragement.
Jésus semble dormir dans la barque.
Nous devons apprendre à attendre
qu'il nous manifeste une fois de plus son amitié et sa présence.
C'est le temps de l'espérance.

21

Engendrés en Dieu

Jean 15, 18 – 16, 33

*Devenir
ami de Jésus,
c'est devenir comme lui,
vivre comme il a vécu.*

*Cela peut vouloir dire
être rejeté, haï,
comme il l'a été.*

*Communiant aux souffrances
de Jésus,
nous serons alors
« engendrés » en Dieu
d'une façon nouvelle
et notre joie
sera complète.*

Heureux les persécutés

L es paroles de Jésus sont une consolation
pour ceux qui aujourd'hui luttent pour la vérité
et la justice, luttent contre les puissances du mal
et de l'oppression
et qui sont persécutés,
écrasés et tués.

En choisissant ses disciples, Jésus les a « tirés du monde ».
Ils ne sont pas « du monde »
mais ils seront envoyés « dans le monde »
pour être présence de Dieu et de son amour
là où Dieu est absent.

Le « monde » dans l'évangile de Jean a deux significations :
c'est le cosmos, l'univers,
notre terre « habitée », aimée de Dieu.
C'est aussi le lieu de l'absence de Dieu,
où il n'y a pas d'amour, où il est même redouté.
Cette absence se traduit par l'indifférence aux autres,
la peur, le refus de partager.
Elle devient égoïsme criant, haine, cupidité et mensonge,
enfermement dans des idéologies et des illusions.
Cette absence habite chacune de nos cultures
et chacun de nos cœurs.
Cette absence peut être remplie des forces du mal
ou devenir un cri vers Dieu.

Dans ce monde où Dieu est absent et l'amour, redouté,
Jésus est venu rendre témoignage à la vérité :
vérité de l'amour de Dieu
et de la valeur de toute personne.
Certaines personnes furent attirées par son message d'amour
et crurent qu'il était bien envoyé par Dieu;
d'autres le rejetèrent violemment et voulurent se débarrasser de lui.
Il était pour eux une menace.

Ils en avaient peur.
La peur est toujours derrière le besoin de persécuter.
Alors que Jésus affrontait les puissances du mal et de la haine,
cachées dans la culture et dans les cœurs,
ces puissances semblèrent l'emporter.
Il fut condamné à mort, éliminé.
Mais les puissances du mal ne furent pas victorieuses.
Jésus et les puissances d'amour l'emportèrent.

Ces puissances de mal et de haine chercheront aussi
à éliminer les disciples de Jésus :

> « *Si le monde vous hait,*
> *sachez que moi, il m'a pris en haine avant vous [...]*
> *Rappelez-vous la parole que je vous ai dite :*
> *le serviteur n'est pas plus grand que son maître.*
> *S'ils m'ont persécuté,*
> *vous aussi, ils vous persécuteront;*
> *s'ils ont gardé ma parole,*
> *la vôtre aussi, ils la garderont.* » *(Jn 15, 18-20)*

> « *Je vous ai dit cela*
> *pour vous éviter le scandale [...]*
> *L'heure vient où quiconque vous tuera*
> *pensera rendre un culte à Dieu.* » *(Jn 16, 1-2)*

En disant à ses disciples qu'ils seront, eux aussi, persécutés,
Jésus leur révèle comment ils sont appelés à devenir comme lui.
Eux aussi accompliront l'œuvre de Dieu,
non seulement par la puissance de leur parole,
de leur sagesse et de leurs actes,
mais par leur faiblesse, leur échec,
leurs souffrances, leur mort même.
Ils donneront vie comme Jésus a donné vie.
Ils conquerront le monde non de façon ostentatoire,
mais par leur humilité et leur pauvreté.

L'« heure » de Jésus est venue
lorsqu'il a donné sa vie totalement
et nous a donné la vie par sa mort.
Ainsi tous ceux qui sont appelés à donner leur vie pour Jésus,
pour la justice et la vérité,
deviennent comme lui.
Ils vivent, eux aussi, cette heure de Jésus.
Leur sang versé ne fait qu'un avec le sang de Jésus crucifié.
Dans et par la mort de Jésus, ils donnent, eux aussi, vie au monde.
Leur sang irrigue la terre aride de nos cœurs
pour apporter une vie nouvelle.

La plupart des membres de ce premier groupe
de disciples choisis par Jésus furent martyrisés.
Pierre et Paul furent martyrisés à Rome.
Paul fut décapité,
et la tradition veut que Pierre ait été crucifié la tête en bas.
Nombre des premiers chrétiens furent martyrisés par les Romains,
qui les considéraient comme une petite « secte » dangereuse,
sapant l'autorité et le pouvoir de l'Empire,
en refusant de rendre un culte à l'empereur et aux dieux romains.

Les premiers chrétiens vivaient ensemble en communauté,
mettant en commun leurs biens,
partageant la vie de ceux qui étaient rejetés par la société romaine,
manifestant que toute personne, aussi pauvre ou faible soit-elle,
est précieuse aux yeux de Dieu.

Le message de Jésus s'est répandu à travers le monde
grâce à tant d'hommes et de femmes qui ont refusé de se soumettre
devant le pouvoir insolent et dictatorial.
Ils ont refusé de faire leurs des valeurs ambiantes
et la culture dominante de leur époque.
S'ils ont connu la peur, ils n'y ont pas cédé.
Ils ont donné leur vie pour le nom de Jésus.
Ils ont accepté d'être considérés comme différents et étranges,
alors qu'ils continuaient à rendre témoignage

à la justice et à la vérité de l'Évangile.
Le message de Jésus a été transmis, de génération en génération,
grâce à ceux qui ont donné leur vie pour la vérité.
Dietrich Bonhoeffer,
en osant s'élever contre le pouvoir nazi,
s'est opposé à la culture de mort, aux camps d'extermination,
à la solution préconisée par Hitler.
Oscar Romero a dit « non » à une dictature militaire
liguée avec les riches qui écrasaient les pauvres et les sans-terre.
Sœur Luzia Kautidia fut assassinée à Mongwa
en aidant à transporter quelqu'un à l'hôpital.
Pierre Claverie en Algérie n'a pas cessé de promouvoir
une vision de paix et de dialogue entre chrétiens et musulmans.
Lui aussi fut tué.
Et combien d'autres, comme eux,
tout au long de l'histoire!

Dans son livre *Ils sont morts pour leur foi*,
Andrea Riccardi parle de centaines de milliers d'hommes
et de femmes à travers le monde qui ont été martyrisés
au cours du vingtième siècle.
Son livre raconte les horreurs de la haine et des tortures sadiques.
Ce livre est en même temps rempli d'une grande espérance
devant tant de gens qui ont dit « non » au mensonge,
à l'injustice et à l'oppression,
et « oui » à la liberté, à la vérité et à Jésus.

Différentes formes de persécution

Tous les disciples de Jésus
ne sont pas persécutés physiquement ou supprimés.
La persécution peut prendre des formes plus subtiles et cachées.
Elle peut s'exercer à l'encontre de ceux qui luttent activement
pour les droits de toute personne, de toute culture,
pour les droits des minorités ethniques,
des prisonniers condamnés à mort,

des enfants dans le sein de leur mère
et des personnes ayant un handicap
et que l'on garde cachées ou enfermées.
Il y a ceux qui luttent contre le crime organisé
et toute forme d'oppression.
Ceux qui prennent le parti des pauvres et des opprimés
peuvent vite être mis de côté dans la vie politique
et considérés comme des agitateurs.

Même dans la vie communautaire, la vie de famille et au travail,
il existe des formes de persécution,
certaines personnes sont rejetées, méprisées, marginalisées.
Elles vivent le martyre des piqûres d'épingle.

Personne n'aime être rejeté, méprisé,
tourné en dérision, considéré comme inutile ou stupide,
ou encore vu comme dangereux,
perturbant l'ordre religieux, politique ou social.

Deux écueils guettent les amis de Jésus en ce domaine.
Le premier est de *faire des compromis*
avec une culture qui marginalise et écrase certaines personnes
pour éviter les conflits et le rejet.
Nous n'osons pas parler de Jésus, ni de la justice et de la vérité.
Nous avons peur de faire des vagues.
Nous redoutons ce que les gens pourraient penser de nous
ou nous faire subir
si nous les dérangeons ou dérangeons l'ordre établi.
Alors nous édulcorons la foi et le message évangélique.

Le deuxième écueil est de *se complaire*
dans le renversement du statu quo.
Si nous sommes d'un tempérament rebelle qui aime provoquer,
nous pouvons engager une bataille pour être sous les projecteurs.
Nous pouvons le faire de façon inconsciente, pour recevoir des coups
et croire ainsi que nous sommes persécutés comme Jésus l'a été.

Le Paraclet sera avec ceux qui sont martyrisés

Jésus nous rassure :

> « *Lorsque viendra le Paraclet,*
> *que je vous enverrai d'auprès du Père,*
> *l'Esprit de vérité qui vient du Père,*
> *il me rendra témoignage.*
> *Mais vous aussi, vous témoignerez,*
> *parce que vous êtes avec moi*
> *depuis le commencement.* » (Jn 15, 26-27)

> « *Je vous dis la vérité : c'est votre intérêt que je parte,*
> *car si je ne pars pas,*
> *le Paraclet ne viendra pas vers vous;*
> *mais si je pars, je vous l'enverrai.* » (Jn 16, 7)

Jésus doit partir
pour que ses disciples puissent croître
d'une vie nouvelle dans l'Esprit.
Si Jésus demeurait présent physiquement,
ils dépendraient de sa présence physique, extérieure,
et de la sécurité qu'il leur apporte.
S'il part, il leur enverra le Paraclet,
qui vivra en eux, les guidera, les soutiendra,
les fortifiera, leur donnera une sécurité intérieure
et les conformera à lui.
Ce qui était vrai pour ces premiers disciples
l'est pour nous aujourd'hui.
C'est notre intérêt
que Jésus ne marche plus avec nous sur cette terre,
physiquement présent.
Il donne à qui la désire
cette nouvelle force d'amour,
qui nous permet de nous mettre debout
pour rendre témoignage à la vérité
en son nom,
devant les difficultés et la persécution.

Un cri de victoire : la justice l'emportera

Jésus va être jugé et condamné à mort
au cours d'un procès factice organisé par les chefs religieux.
Nombre de ses disciples seront également jugés et condamnés
au cours de parodies de procès
organisées par des autorités politiques, militaires ou religieuses.
Ce faux procès de Jésus sera dénoncé
par le Paraclet, l'Esprit de vérité
que Jésus va envoyer (cf. *Jn* 16, 8-11).
Le péché, l'injustice,
le mensonge et la malveillance
sous-tendent ce procès.
Le péché, parce que ceux qui jugent Jésus refusent de croire en lui,
d'écouter la réalité et de l'accueillir.
Justice sera rendue lorsque Jésus remontera vers le Père
dans la gloire
et qu'il y aura un vrai jugement.
Le mauvais, le Prince de ce monde,
qui a inspiré la condamnation
et la mort de Jésus et de ses amis
sera alors jugé.
Telle est l'œuvre du Paraclet, l'Esprit de vérité :
manifester la vérité,
amener à la lumière le mal et la corruption du monde,
les parodies de justice et les fausses condamnations.
C'est un cri de victoire.
La justice l'emportera.
Le mal n'aura pas le dernier mot.

Une nouvelle naissance en Dieu

La victoire finale, qui pour Jésus se manifeste par sa résurrection,
est pour ses amis une transformation en Dieu;
ils *connaîtront* le Père
comme le Fils connaît le Père;

ils *seront avec* le Père
comme le Fils *est avec* le Père;
ils pourront dire :
« Jésus et moi, nous sommes un »
comme Jésus disait :
« le Père et moi, nous sommes un ».

Mais les disciples ne sont pas encore prêts
à vivre cette identification totale avec lui.
C'est l'Esprit de vérité qui les guidera vers la vérité tout entière
et les amènera à une expérience nouvelle et plénière
d'unité avec Dieu.
L'Esprit leur révélera de façon existentielle
l'unité qui existe entre Jésus et le Père.

L'Esprit de vérité leur révélera
ce qui est propre à Jésus :
l'amour unique, absolu du Père pour lui;
car il est le Fils unique bien-aimé.
Tout ce que le Père a, tout ce qu'il est, appartient au Fils.
De même, l'Esprit de vérité donnera tout aux amis de Jésus
qui auront été conduits à cette transformation intérieure :

> « J'ai encore beaucoup à vous dire,
> mais vous ne pouvez pas le porter à présent.
> Mais quand il viendra, lui, l'Esprit de vérité,
> il vous introduira dans la vérité tout entière;
> car il ne parlera pas de lui-même,
> mais ce qu'il entendra, il le dira
> et il vous dévoilera les choses à venir.
> Lui me glorifiera
> car c'est de mon bien qu'il recevra
> et il vous le dévoilera.
> Tout ce qu'a le Père est à moi.
> Voilà pourquoi j'ai dit
> que c'est de mon bien qu'il reçoit
> et qu'il vous le dévoilera. » (v. 12-15)

Oui, tout ce qu'a le Père appartient à Jésus.
Et tout ce qu'a Jésus appartient à ses amis.

Jean de la Croix a exprimé dans une prière
cette union parfaite avec Dieu par Jésus :

> *À moi sont les cieux et à moi est la terre,*
> *et à moi sont les peuples; les justes sont à moi,*
> *et à moi les pécheurs; les anges sont à moi,*
> *et la Mère de Dieu est à moi et toutes les choses sont à moi*
> *et Dieu même est à moi et pour moi, parce que le Christ est à moi*
> *et tout entier pour moi.*

Cette union parfaite avec Dieu est donnée
après une longue expérience d'angoisse,
de solitude, de larmes et de deuil.
Là encore, Jésus fait allusion à son prochain départ, à sa mort
et à son retour à la résurrection.

Il fait également allusion à une solitude plus radicale
dans la vie spirituelle et mystique,
une purification plus profonde de la foi
qui prépare à une transformation nouvelle en Dieu.
Pour faire comprendre cette souffrance et cette joie,
Jésus utilise l'image de la naissance :

> *« En vérité, en vérité, je vous le dis,*
> *vous pleurerez et vous vous lamenterez*
> *et le monde se réjouira;*
> *vous serez tristes,*
> *mais votre tristesse se changera en joie.*
> *La femme, sur le point d'accoucher,*
> *s'attriste parce que son heure est venue;*
> *mais lorsqu'elle a donné le jour à l'enfant,*
> *elle ne se souvient plus des douleurs,*
> *dans la joie qu'un homme soit venu au monde. » (v. 20-21)*

Le Verbe s'est fait chair pour nous introduire
dans le cœur et le « sein » du Père.

Sur ce chemin d'union à Dieu, les étapes sont nombreuses.
Nous commençons comme de petits enfants,
nés « d'en haut »
par l'eau et par l'Esprit,
mais nous restons très humains,
avec nos préjugés et notre besoin impérieux
de pouvoir spirituel, de reconnaissance et d'admiration,
éduqués, formés et enracinés dans nos diverses cultures
et conditionnés par elles.
Notre chemin de foi est une confiance croissante
en Jésus qui nous libère, pour que nous vivions dans le Père.
De même que nous sommes appelés à grandir
en maturité humaine, en bonté et en sagesse,
nous sommes appelés à grandir en union avec Dieu,
mourant de plus en plus à nos besoins égoïstes.
Puis, il y aura cette *naissance finale* dont Jésus parle ici,
naissance dans le cœur de la Trinité.
Ce sera à l'heure de notre mort,
lorsque nous serons pleinement en Dieu.
Mais Jésus fait également allusion à une *naissance finale*
que certains de ses amis vivront
en entrant dans une transformation en Jésus *dès cette vie.*
Leur solitude extrême sera transformée
en une pleine présence de Dieu.

> *« Vous aussi, maintenant vous voilà tristes;*
> *mais je vous verrai de nouveau*
> *et votre cœur sera dans la joie,*
> *et votre joie, nul ne vous l'enlèvera.*
> *Ce jour-là, vous ne me poserez aucune question. » (v. 22-23)*

Établis en Dieu,
ils verront alors que le Père les aime :

> *« Le Père lui-même vous aime,*
> *parce que vous m'aimez*
> *et que vous croyez*
> *que je suis sorti d'auprès de Dieu. » (v. 27)*

Dans son poème « La Nuit obscure »,
Jean de la Croix parle des différentes étapes ou degrés de l'amour.
Le « dernier degré » de ce qu'il appelle
l'échelle secrète d'amour

> *fait que l'âme s'assimile totalement à Dieu,*
> *par suite de la claire vision de Dieu*
> *dont elle jouit aussitôt d'une manière immédiate...*
> *Cette vision est la cause pour laquelle*
> *il y a une similitude totale de l'âme avec Dieu,*
> *selon cette parole de saint Jean :*
> *« nous savons que nous serons semblables à Lui ». (1 Jn 3, 2)*
> *Cette expression ne veut pas dire*
> *que l'âme sera aussi puissante que Dieu,*
> *car c'est ce qui est impossible,*
> *mais qu'en tout elle deviendra semblable à Dieu;*
> *aussi peut-on l'appeler, et elle le sera en réalité,*
> *Dieu par participation.*

> *Une fois qu'elle atteint le dernier degré,*
> *celui de la claire vision de Dieu,*
> *le dernier de l'échelle mystique où Dieu se repose,*
> *il n'y a plus désormais rien de caché pour l'âme,*
> *car elle est totalement assimilée à Dieu.*
> *Aussi notre Sauveur a dit :*
> *« Et en ce jour vous ne m'interrogerez plus sur rien. »*

Jésus prévient ses disciples de sa solitude finale imminente,
un sentiment d'abandon que les disciples et chacun de nous vivrons
avant notre union finale avec le Père :

> *« Voici venir l'heure — et elle est venue —*
> *où vous serez dispersés chacun de votre côté*
> *et me laisserez seul.*
> *Mais je ne suis pas seul : le Père est avec moi. » (v. 32)*

Le sentiment d'abandon est le vide total du cœur humain,
la purification dernière et radicale
pour devenir le lieu de la demeure de Dieu.
Mais jusque dans ce sentiment d'abandon, Dieu est présent
parce que Jésus est avec nous dans l'agonie et dans l'angoisse
comme le Père est avec lui toujours.

> *« Je vous ai dit ces choses,*
> *pour que vous ayez la paix en moi.*
> *Dans le monde vous aurez à souffrir.*
> *Mais gardez courage! J'ai vaincu le monde. » (v. 33)*

C'est l'ultime message de Jésus pour chacun de nous,
quand nous nous sentons rejetés et abandonnés :

> *« Gardez courage! J'ai vaincu le monde. »*

Oui, gardons courage, car Jésus nous conduit chacun
vers une vérité plus grande par le Paraclet.
Il conduit toute l'Église à travers les âges
vers une compréhension plus profonde de son message.
Au travers de beaucoup de souffrances et de nombreuses morts,
il nous conduit chacun vers un monde nouveau.

22

Soif d'unité

Jean 17

Le Verbe s'est fait l'un de nous
pour nous révéler
le visage et le cœur de Dieu
et nous introduire tous
dans une communion d'amour
avec le Père.

Son désir ardent,
sa prière
est que tous soient un en lui :
chacun différent,
chacun unique,
mais, ensemble, dans l'unité,
pour la gloire de Dieu.

Le merveilleux projet de Dieu

A près s'être mis à genoux, humblement, devant chacun
de ses disciples pour leur laver les pieds,
après leur avoir révélé le chemin, et celui de l'Église,
qui les conduira à travers la souffrance et la joie
jusque dans la lumière et la plénitude de Dieu,
Jésus s'arrête.
Tout est dit.
Ce n'est plus le lieu des explications ni des discussions.
C'est maintenant le temps de la contemplation.
Jésus lève les yeux vers le ciel.
Il ne regarde plus vers la terre, vers ses disciples,
mais vers le Père.
Il est *avec* le Père et *dans* le Père,
contemplant le projet divin pour la création et pour l'humanité,
projet qui semble réalisé
et devient un chant d'action de grâces.
Et pourtant le projet n'est pas accompli.
Jésus prie pour son accomplissement :
que tous soient guéris de leur violence,
de la haine et de la peur,
et qu'ils deviennent un,
un en Dieu.

Dans le Prologue, Jean montre le Verbe qui descend,
qui prend chair et vient demeurer dans notre monde divisé,
tiraillé entre la lumière et les ténèbres,
pour amener chacun à la lumière,
à la communion avec Dieu.

Certains ont refusé de prendre cette route qui mène à la lumière.
Jésus a rencontré la peur et l'opposition.
Beaucoup voulaient l'éliminer.
Ils s'accrochaient à leur sécurité et à leur pouvoir
et refusaient de changer et de s'ouvrir.

Mais jusque dans cette opposition le plan de Dieu s'accomplit :
par sa mort, Jésus révèle son amour jusqu'à l'extrême.

Maintenant, dans ce moment de contemplation,
Jésus annonce que le cycle s'achève.
Ce n'est plus Dieu qui descend dans la chair,
mais la chair de l'humanité qui monte en Dieu.
Ce n'est plus le Verbe qui devient un être humain,
mais l'humanité qui est transformée en Dieu.

Tout est accompli.
Le Verbe de Dieu, venu de Dieu,
retourne maintenant à Dieu,
avec tous ses amis, ses frères et sœurs en humanité, unis, ensemble.

Jésus glorifie le Père

Jésus dit :

> « *Père, l'heure est venue : glorifie ton Fils,*
> *afin que ton Fils te glorifie*
> *et que, selon le pouvoir que tu lui as donné*
> *sur toute chair,*
> *il donne la vie éternelle*
> *à tous ceux que tu lui as donnés!*
> *Or, la vie éternelle, c'est qu'ils te connaissent*
> *toi, le seul véritable Dieu,*
> *et celui que tu as envoyé, Jésus Christ.* » (Jn 17, 1-3)

Cette connaissance est une expérience de communion avec Dieu.
Cet évangile est l'évangile de la gloire de Dieu.
Ici, Jésus contemple cette gloire
et prie que nous puissions tous y avoir part.

Mais quelle est cette gloire?
La gloire est la manifestation de la majesté, de la puissance,
de la sagesse et de l'amour infini de Dieu.

Elle est le rayonnement de Dieu.
Elle révèle Dieu.
Elle est Dieu.

La création chante et révèle la gloire de Dieu :
les étoiles et les planètes à des millions d'années-lumière,
les galaxies derrière les galaxies,
la vie, infiniment grande et infiniment petite,
les multiples espèces d'oiseaux,
de poissons, de fruits, d'insectes et de plantes,
forment un ensemble magnifique.
Comme écrit le poète anglais Hopkins :

> *Le monde est rempli de la grandeur de Dieu.*
> *Elle flamboie, comme l'éclat d'un reflet de lumière.*

Les hommes, les femmes et les enfants, dans la beauté de leur être,
tous révèlent la puissance et la grandeur du Verbe,
par qui tout fut créé
et sans qui rien ne fut (cf. *Jn* 1, 3).

Dieu révèle sa gloire à travers les événements merveilleux
et redoutables de l'histoire.
Lorsque Dieu conduisit les Hébreux jusqu'à la mer Rouge
et que les eaux s'ouvrirent,
Moïse et les Israélites chantèrent :

> « *Je chante pour le Seigneur*
> *car il s'est couvert de gloire.* » (Ex 15, 1)

Jésus a révélé sa gloire
lorsqu'il a changé l'eau en vin à Cana,
lorsqu'il a ressuscité Lazare.

> « *Si tu crois, tu verras la gloire de Dieu* »

dit-il à Marthe.

En se mettant à genoux aux pieds de ses disciples,
en leur donnant son corps à manger et son sang à boire,
il révèle la gloire d'un Dieu
qui se fait petit
pour demeurer en nous,
pour agir et donner la vie par nous
et nous transformer en lui.
L'humilité et la délicatesse de son amour sont la gloire de Dieu.

Jésus révèle que le Père est la Source de toutes choses, de toute vie.
Jésus est l'Envoyé qui révèle le Père.
Tout ce qu'il dit et fait vient du Père.
Il accomplit l'œuvre du Père en union avec lui.

> « *Père, je t'ai glorifié sur la terre,*
> *en menant à bonne fin*
> *l'œuvre que tu m'as donné de faire.*
> *Et maintenant, Père, glorifie-moi auprès de toi*
> *de la gloire que j'avais auprès de toi*
> *avant que fût le monde.* » *(v. 4-5)*

Quelle est cette œuvre que Jésus a accomplie?

> « *J'ai manifesté ton nom aux hommes,*
> *que tu as tirés du monde pour me les donner.*
>
> « *Ils étaient à toi et tu me les as donnés*
> *et ils ont gardé ta parole.*
>
> « *Maintenant ils ont reconnu*
> *que tout ce que tu m'as donné vient de toi;*
> *car les paroles que tu m'as données,*
> *je les leur ai données,*
> *et ils les ont accueillies*
> *et ils ont vraiment reconnu*
> *que je suis sorti d'auprès de toi,*
> *et ils ont cru que tu m'as envoyé.* » *(v. 6-8)*

Jésus introduit ses amis dans la gloire de la vie divine.
Nous aussi, nous rendons gloire à Dieu
lorsque nous reconnaissons
que tout ce qui est beau en nous vient de lui.
Nous devenons nous aussi la gloire de Dieu
lorsque nous portons beaucoup de fruit (cf. *Jn* 15, 8)
et manifestons l'humilité et la compassion de Dieu
par nos paroles, nos gestes, notre vivre ensemble.
Irénée, premier évêque de Lyon, en France,
écrivait à la fin du second siècle :
« La gloire de Dieu, c'est l'homme vivant. »
« Vivant » de l'amour de Dieu!

Jésus prie pour ses amis

Ayant confirmé ses amis,
ceux qu'il a choisis pour fonder son Église,
Jésus prie pour eux :

> « *C'est pour eux que je prie;*
> *je ne prie pas pour le monde,*
> *mais pour ceux que tu m'as donnés*
> *car ils sont à toi.* » *(v. 9)*

> « *Père saint, garde-les dans ton nom.* » *(v. 11)*

> « *Je ne te prie pas de les enlever du monde,*
> *mais de les garder du Mauvais.* » *(v. 15)*

> « *Sanctifie-les dans la vérité :*
> *ta parole est vérité.*
> *Comme tu m'as envoyé dans le monde,*
> *moi aussi, je les ai envoyés dans le monde.*
> *Pour eux je me sanctifie moi-même,*
> *afin qu'ils soient, eux aussi, sanctifiés dans la vérité.* » *(v. 17-19)*

Jésus prie pour ceux qui continueront sa mission
de révéler le Père et le don de l'Esprit Saint,
qu'ils soient saints
comme lui-même est saint.
Cette sainteté ne vient pas de nos efforts pour atteindre Dieu
mais de notre désir de l'accueillir, lui, le Saint
qui vient demeurer en nous.

Devenir saints

Nous, les humains, sommes un mélange
de présence de Dieu et d'absence de Dieu,
de lumière et de ténèbres,
de vérité et de chaos,
de bien et de mal,
d'ouverture et de refus.
Aucun être humain n'est saint ou pur de lui-même.
Nous ne devenons saints que par la sainteté de Dieu.

Par nous-mêmes, nous sommes incapables de franchir
l'abîme qui sépare le fini de l'Infini.
Dieu vient à notre rencontre
et nous devenons saints en l'accueillant.

Cela implique que peu à peu nous soyons libérés
de notre convoitise, de notre égoïsme,
des murs qui entourent nos cœurs et nos intelligences
et nous séparent de Dieu, des autres
et de notre personne profonde.

Cette sainteté n'est pas quelque chose
que nous pouvons atteindre; elle est *donnée*
en réponse à la prière de Jésus :

  « Sanctifie-les dans la vérité. » (v. 17)

Elle n'est pas réservée à une élite religieuse,
aux austères chercheurs de Dieu,

à ceux qui ont un rôle officiel dans l'Église,
à ceux qui prêchent ou étudient la théologie.
Elle n'est pas réservée aux mystiques reconnus
ni à ceux qui font de grandes choses pour les pauvres.
Nous sommes tous appelés à être des saints.
Être saint, c'est être assez pauvre pour accueillir Jésus.
La sainteté est pour ceux
qui vivent une vie ordinaire, qui peuvent se sentir seuls,
et qui posent de petits gestes de tendresse et d'amour.
Elle est pour tous ceux
qui sont âgés, malades, faibles, vulnérables, sans travail,
qui ouvrent leur cœur à Jésus, dans la confiance,
et crient : « Viens, Seigneur Jésus, viens! »

Accueillir Jésus pour accueillir les autres

En accueillant l'amour de Dieu en nous,
nous sommes peu à peu délivrés de la peur et de la culpabilité
qui nous séparent des autres,
ces murs qui nous protègent et empêchent la vie de circuler en nous.
Nous commençons à connaître et à aimer les autres
comme Dieu les connaît et les aime,
à les accueillir comme Dieu les accueille.
Nous devenons créatifs de la créativité divine.
Nous devenons les « sarments »
qui demeurent en Jésus, la « Vigne »,
et qui portent beaucoup de fruit.
Jésus prie pour cet accomplissement final de l'humanité
où les barrières de la haine et de l'erreur seront tombées,
où il n'y aura plus de divisions ni de séparations,
et où nous serons *un* en Dieu, avec les autres.

> *« Je ne prie pas pour eux seulement,*
> *mais aussi pour ceux qui, grâce à leur parole,*
> *croiront en moi,*
> *afin que tous soient un.*
> *Comme toi, Père, tu es en moi et moi en toi,*

qu'eux aussi soient un en nous,
afin que le monde croie que tu m'as envoyé. »

« Je leur ai donné la gloire que tu m'as donnée,
pour qu'ils soient un comme nous sommes un :
moi en eux et toi en moi,
afin qu'ils soient parfaits dans l'unité,
et que le monde reconnaisse que tu m'as envoyé
et que tu les as aimés comme tu m'as aimé. » (v. 20-23)

Dans cette prière, Jésus appelle ses disciples
au plus grand amour qui soit.
Depuis le lavement des pieds,
nous voyons un approfondissement
de cet appel à nous aimer les uns les autres.

Après leur avoir lavé les pieds,
il leur a donné ce commandement nouveau :
de s'aimer les uns les autres *comme* il les a aimés.
Il les engageait à abandonner tout esprit de rivalité
pour se mettre au service les uns des autres,
s'aider à se mettre debout dans la vérité et dans l'Esprit de Dieu.

Un peu plus tard, nous voyons que s'aimer les uns les autres
ce n'est pas seulement servir,
c'est aussi livrer notre vie :

« Il n'est pas de plus grand amour
que de donner sa vie pour ses amis. » (Jn 15, 13)

Dans cette prière pour l'unité,
les amis de Jésus sont appelés à un amour encore plus grand,
être *un*,
comme le Père et le Fils sont un dans l'Esprit.
C'est quelque chose d'entièrement nouveau,
une unité qui ne peut être atteinte par nos forces humaines.
C'est une ouverture et une tendresse envers chacun,
qui jaillit d'une transformation croissante en Dieu.

Les amis de Jésus ne se contentent plus
de marcher ensemble vers Dieu,
se mettant au service les uns des autres,
ils sont *ensemble, un en Dieu*
car *Dieu est en eux.*

Nous pouvons comprendre le service, le lavement des pieds,
qui sont des réalités très humaines.
Nous pouvons comprendre le fait
de donner sa vie pour ceux qu'on aime
comme suprême preuve d'amour.
Mais quelle est cette inhabitation réciproque en Dieu?
S'aimer les uns les autres comme le Père et le Fils s'aiment
et demeurent l'un en l'autre?

Quelle analogie pourrait nous aider
à comprendre cette parfaite unité?
Cette unité n'est pas la fusion
de deux personnes dépendantes l'une de l'autre,
ne connaissant ni les limites de leur être ni qui elles sont,
absorbées l'une par l'autre et fermées sur elles-mêmes,
par peur de perdre l'autre.

Non, c'est la fête des noces de l'amour
où l'époux et l'épouse deviennent un dans le partage de leurs vies,
se donnant l'un à l'autre
et se donnant ensemble à Dieu et aux autres.

Dans cette unité, chacun est unique et précieux;
chacun a sa place;
chacun reçoit et donne;
chacun a un cœur reconnaissant.
Il n'y a plus de barrières ni de système de défense :
chacun trouve sa joie en l'autre,
chacun est une joie pour l'autre,
parce que chacun reflète le visage de Dieu
et le contemple dans l'autre.

« Lève-toi, ma bien-aimée
ma belle, viens.
Car voilà l'hiver passé,
c'en est fini des pluies, elles ont disparu.
Sur notre terre les fleurs se montrent.
La saison vient des gais refrains [...]
Mon bien-aimé est à moi, et moi à lui. » (Ct 2, 10-12.16)

L'unité commence à se réaliser lorsque
chacun est différent et nécessaire
pour l'accomplissement de l'humanité en Dieu.
Nous sommes liés ensemble :
vulnérables, l'un à l'autre,
ouverts, l'un à l'autre.
Ensemble, nous reflétons l'infinie beauté de Dieu,
l'unité en Dieu.
Ensemble, nous chantons
notre action de grâce à Dieu et aux autres,
proclamant la gloire de Dieu,
source et fin de toute vie.

Cette unité n'est possible que lorsque, pierre par pierre,
les murs autour de nos cœurs et de nos intelligences sont tombés
et que nous vivons une expérience de Dieu
présent dans notre vulnérabilité.

Alors nous ne nous jugeons plus indignes.
Nous ne jugeons plus les autres indignes.
Nous contemplons en eux la lumière et l'amour de Dieu.
Il n'y a plus de vide, d'angoisse ni de sentiment d'abandon,
mais une vie nouvelle, la vie même de Dieu,
surgissant d'au-dedans de nous.
C'est une expérience de liberté, de lumière,
de vérité, de plénitude,
où notre identité humaine a mystérieusement laissé place
à une identité nouvelle jaillissant directement de Dieu.

Cette merveilleuse unité est la promesse de ce qui nous sera donné
lorsque nous serons transformés en Dieu.
Sur terre, nous pouvons l'entrevoir,
mais le plus souvent,
nous luttons contre les puissances de ténèbres en nous.
Nous luttons pour rester accueillants,
pour aimer ceux qui nous dérangent, qui nous déstabilisent :
ceux qui sont différents
ou qui nous apparaissent comme des rivaux.
Nous luttons pour aimer nos ennemis,
ceux qui nous blessent et que nous blessons.
Nous luttons pour ne pas juger, ne pas condamner.

La paix est le fruit de cette lutte,
lorsque nous œuvrons pour l'unité,
dans notre famille et notre communauté,
dans notre Église, entre tous les disciples de Jésus
et entre tous nos frères et sœurs en humanité.

La paix advient lorsque nous ne cherchons plus
à prouver que nous avons raison,
lorsque nous vivons en vérité le pardon et la réconciliation
et que nous acceptons la lumière et la présence de Dieu
en nous et dans les autres.

L'Esprit de Jésus nous donne la force de continuer la route
et d'aimer chacun comme Dieu l'aime,
pour que, libéré du péché et de la peur,
il découvre, cachée derrière son égoïsme,
sa vraie personne, précieuse et digne d'estime,
et cachée derrière leur égoïsme,
la vraie personne des autres, précieuse et digne d'estime.

Certains blocages demeurent

Il y a encore du travail à faire pour moi et pour Jésus
afin que je sois libre et « désarmé ».
Comme le dit le patriarche Athenagoras de Constantinople
dans cette prière que j'aimerais faire mienne :

> *J'ai mené cette guerre contre moi-même*
> *pendant des années,*
> *elle a été terrible.*
> *Mais maintenant, je suis désarmé.*
> *Je n'ai plus peur de rien*
> *car l'amour chasse la peur.*
> *Je suis désarmé de la volonté d'avoir raison,*
> *de me justifier en disqualifiant les autres.*
> *Je ne suis plus sur mes gardes,*
> *jalousement crispé sur mes richesses.*
> *J'accueille et je partage.*
> *Je ne tiens pas particulièrement à mes idées,*
> *à mes projets.*
> *Si l'on m'en présente de meilleurs,*
> *ou plutôt, non pas meilleurs, mais bons,*
> *j'accepte sans regrets.*
> *J'ai renoncé au comparatif.*
> *Ce qui est bon, vrai, réel*
> *est toujours pour moi le meilleur.*
> *C'est pourquoi je n'ai plus peur.*
> *Quand l'on se désarme, si l'on se dépossède,*
> *si l'on s'ouvre au Dieu-Homme*
> *qui fait toutes choses nouvelles,*
> *alors, Lui, efface le mauvais passé*
> *et nous rend un temps neuf*
> *où tout est possible.*

Unité entre les chrétiens

Aujourd'hui, les disciples de Jésus de traditions différentes
sont divisés.
Divisés dans leurs structures ecclésiales, leurs théologies,
leurs modèles d'autorité
et leurs formes liturgiques.
Ces divisions, qui remontent à des temps anciens,
demeurent douloureuses.
Des chrétiens ont torturé d'autres chrétiens,
des guerres de religion ont éclaté,
des gens ont été massacrés, brûlés sur le bûcher.
Ces divisions ont blessé le cœur de Dieu.

Aujourd'hui, des gens de différentes traditions
travaillent au rapprochement des chrétiens et des Églises.
Ils cherchent à être unis et sanctifiés dans la vérité.
Jésus révèle cependant que l'unité parfaite ne peut advenir
que lorsque Dieu vit pleinement en chacun de nous,
que nous devenons saints
parce que nous accueillons en nous le Saint
et qu'ensemble
nous commençons à rayonner la présence de Jésus dans nos vies.
Nous avons tous du chemin à faire pour accueillir en nous le Saint
et aimer comme lui aime.
L'unité ne vient pas d'abord de l'acceptation de structures extérieures,
de lois, de dogmes ou de formes liturgiques.
L'unité surgit d'une vie de lumière et d'amour qui jaillit en nous
et entre nous.
C'est une communion des cœurs et des esprits
avec Jésus et en lui.
C'est un chant, une action de grâce.
C'est un signe de la gloire de Dieu.
L'œcuménisme n'est pas convaincre les gens
de rejoindre une Église particulière,
mais encourager chacun, à commencer par nous-mêmes,
à aimer davantage Jésus,

à reconnaître nos fautes et nos erreurs,
à adopter sa charte de vie,
l'esprit nouveau des « béatitudes » (cf. *Mt* 5, 1-12).

Cette unité n'est pas réservée
à ceux qui suivent Jésus d'une façon explicite,
elle est offerte à tous les hommes et femmes
qui s'efforcent de respecter et d'aimer
ceux qui sont différents
et cherchent à vivre selon la vérité
de leur conscience.
Cette unité est offerte à tous ceux
qui se sentent attirés vers les plus faibles,
les pauvres, les opprimés,
et qui veulent suivre le chemin de l'amour et de la non-violence.

Cette unité est une communion
qui lie les cœurs.
Formés dans différentes traditions religieuses,
les croyants sont habités par la même soif de paix, de vérité,
le même désir d'être dans les mains de Dieu.

Notre destinée finale

Ayant prié pour tous ceux qui croient en lui,
de génération en génération, pour tous les temps,
Jésus révèle son désir d'être avec nous tous, dans l'amour :

> *« Père, ceux que tu m'as donnés,*
> *je veux que là où je suis, eux aussi soient avec moi,*
> *afin qu'ils contemplent ma gloire*
> *que tu m'as donnée parce que tu m'as aimé*
> *avant la fondation du monde. » (v. 24)*

Être avec Jésus et contempler sa gloire est notre destinée finale
suggérée par Jean lorsque Jésus amène ses disciples
aux noces de Cana (*Jn* 2).
Et Jean plus tard la contemplera à Patmos :

317

« Soyons dans l'allégresse et dans la joie,
rendons gloire à Dieu,
car voici les noces de l'Agneau,
et son épouse s'est faite belle [...]
Heureux les invités
au festin de noce de l'Agneau. » (Ap 19, 7.9)

Jésus brûle du désir que nous goûtions tous
l'immense amour de Dieu,
dans cette éternelle fête des Noces.

« Père juste, le monde ne t'a pas connu,
mais moi je t'ai connu
et ceux-ci ont reconnu que tu m'as envoyé.
Je leur ai fait connaître ton nom
et je le leur ferai connaître,
pour que l'amour dont tu m'as aimé soit en eux
et moi en eux. » (v. 25-26)

C'est avec cet amour reçu du Père
que nous sommes appelés à œuvrer pour la vie
et l'unité de notre monde.

23

Le Roi d'amour enchaîné

Jean 18, 1 – 19, 16

Après avoir prié pour l'unité,
Jésus pénètre dans le monde
du conflit
et de la contradiction.

Seul et vulnérable
face au pouvoir civil et religieux,
Jésus, le Dieu d'amour,
venu dans le monde
pour annoncer la vérité,
est arrêté
et condamné à mort.

L'Innocent

J ésus, qui est amour et tendresse, est arrêté et condamné à mort.
Par tout son être, il semble menacer ceux qui détiennent
le pouvoir. Ces abus de pouvoir se poursuivent aujourd'hui.
Tant de personnes innocentes, faibles et sans protection,
enfants, personnes âgées, minorités, femmes,
personnes ayant un handicap,
sont maltraitées,
violentées physiquement ou sexuellement.
Elles crient pour le respect, la compréhension,
la reconnaissance de leurs droits.
Mais le pouvoir n'aura pas le dernier mot.
L'histoire nous montre que ceux qui vivent par l'épée
périront par l'épée.
Ceux qui vivent pour la justice et la vérité
se lèveront dans la justice et la vérité.

Jésus, l'Agneau, écrasé par un pouvoir insolent,
livre sa vie pour donner la vie
et rendre témoignage à la vérité.
La résurrection de Jésus annoncera une ère nouvelle
où ses disciples recevront une force nouvelle
pour continuer sa mission d'amour,
celle de changer les cœurs
par le don de l'Esprit.

Les semences de Judas,
qui recherchait le pouvoir et haïssait l'amour;
les semences de Pierre,
incapable d'accepter un Messie faible;
les semences de certains chefs religieux,
si attachés à la lettre
qu'ils étaient incapables d'accepter la nouveauté de l'Esprit;
les semence de Pilate,
qui craignait les conflits et la dénonciation
auprès des autorités romaines;

ces semences sont en chacun de nous.
Nous sommes tous capables de blesser les faibles
et les innocents qui nous dérangent.
Mais, en chacun de nous,
il y a également les semences du disciple bien-aimé,
nous invitant à croire à l'amour.

Nous sommes chacun confrontés à des questions fondamentales :
est-ce que nous vivons pour la justice et la vérité,
ou pour notre propre gloire ?
Est-ce que nous vivons pour le pouvoir,
ou pour l'amour et la compassion ?

L'arrestation de Jésus

Jésus et ses disciples sont dans un jardin près de Jérusalem.
Un jardin évoque généralement un lieu de repos, beau et paisible.

Mais dans ce jardin va se dérouler une confrontation
entre Jésus,

   « JE SUIS »,

et Satan, le Mauvais,
dont nous savons qu'il est entré dans le cœur de Judas.
Judas mène toute une cohorte
de soldats romains et de gardes du Temple,
venus avec des lanternes, des torches et des armes,
pour arrêter Jésus.
Judas savait que Jésus se rendait souvent à cet endroit.
À l'approche des soldats,
Jésus sort du jardin, seul,
pour protéger ses disciples,
et affronte ces hommes en armes.

   « Qui cherchez-vous ? »

leur demande-t-il.

   « *Jésus de Nazareth* »,

répondent-ils. Il leur dit :

   « *JE SUIS* » *(ego eimi) (Jn 18, 4-5),*

utilisant le saint nom de Dieu révélé à Moïse (cf. *Ex* 3).

Jésus est « Celui qui est ».
L'existence est son être même.
Nous, les humains, n'existons pas par nous-mêmes,
nous recevons notre existence, nous recevons la vie.
Jésus est la vie.
Ici, « JE SUIS » apparaît faible, désarmé.
La vérité se révèle souvent sous les traits de la vulnérabilité,
et non du pouvoir.

Devant cette affirmation, les hommes reculent et tombent à terre,
stupéfaits que Jésus se tienne avec assurance devant eux
prononçant le saint nom de Dieu.
Ils tombent à terre :
chute symbolique?
ou choc qui les arrête net, frappés d'une sainte terreur?

Pierre, généreux et impulsif comme toujours,
et incapable de comprendre
le message d'amour et de non-violence de Jésus,
dégaine une épée et tranche l'oreille de l'esclave du grand prêtre!

   « *Rentre le glaive dans le fourreau, dit Jésus.*
   La coupe que m'a donnée le Père,
   ne la boirai-je pas? » *(v. 11)*

Dans l'Écriture, « boire la coupe » signifie « souffrir ».
C'est une coupe de souffrance.
Ce peut être aussi une coupe de joie, une coupe de communion,
lorsque des gens boivent ensemble à la même coupe.

Ici, c'est à la fois une coupe de souffrance, d'angoisse,
et une coupe de communion avec le Père.
Jésus l'avait annoncé, lorsque ses disciples l'auraient quitté,
il ne resterait pas seul,

« car le Père est avec moi ». (16, 32)

Jésus ne veut pas se défendre à la façon du monde.
C'est la vérité seule qui est sa défense,
dans sa beauté cachée et sa vulnérabilité.
C'est le Père qui le défend.
Jésus est totalement abandonné, remis au Père.

Les soldats et les gardes du Temple se saisissent donc de Jésus
et le lient avec une corde.
Ils le mènent chez Anne, le beau-père de Caïphe,
le grand prêtre qui, quelques jours plus tôt,
avait prophétisé
que Jésus devait mourir pour le peuple.

Jean ne fait qu'évoquer ce procès,
comme s'il le considérait comme un faux procès,
une parodie de procès.
Le Sanhédrin n'avait-il pas déjà décidé de se débarrasser de lui?
Cependant, à différentes reprises dans cet évangile,
Jésus répond aux accusations portées contre lui.
C'est peut-être tout l'évangile de Jean qui constitue le procès.
Ici, Jésus répond qu'il a toujours parlé ouvertement au monde,
dans les synagogues et dans le Temple,
où se réunissaient les Juifs.
Il n'a jamais rien dit en secret.
Jean veut souligner la mission de Jésus
qui est d'annoncer la vérité ouvertement
à tous, quel qu'en soit le prix.

Reniement de Pierre

Au cours du procès, des serviteurs demandent à Pierre,
que Jésus avait surnommé *Céphas* (le roc),
s'il fait partie des disciples de Jésus.
Par trois fois il répond : *« ouk eimi »,*
qui peut vouloir dire : « Je ne fais pas partie de ses disciples »
mais aussi simplement : « Je ne suis pas » ou « Je n'existe pas ».
Jésus avait dit par deux fois avant son arrestation

« JE SUIS » (ego eimi).

Il *est* la vie.
Ici, Pierre dit :

« Je ne suis pas. »

Il est dans le vide,
il n'a plus d'identité,
si ce n'est une identité négative.
Comme disciple, Pierre était rempli de Jésus.
Maintenant, il est vide et perdu,
comme s'il n'existait pas.

Qu'est-il arrivé à Pierre?
Il a suivi Jésus durant presque trois ans;
il a assisté aux miracles,
il a été témoin de la puissance de guérison de son amour.
Pierre, qui avait été rempli de crainte devant Jésus transfiguré sur le Tabor,
affirme maintenant qu'il n'est pas son disciple,
et même qu'il ne le connaît pas!
A-t-il peur d'être arrêté par les gardes?

Où est-ce plus profond que la peur?
Il vit peut-être un ébranlement de tout son être,
lui qui avait tout quitté pour suivre Jésus
et donné sa vie pour être avec lui.

Les gens de son village l'avaient sûrement mis en garde :
« Ne suis pas cet homme.
Tu verras, ça se terminera mal, comme avec les autres. »
Et voici que Jésus se montre faible et garde le silence.
Il ne peut être le Messie!

Pour Pierre, le Messie qu'il suivait devait être puissant,
pour libérer Israël,
obliger les Romains à se retirer
et restaurer la dignité de son peuple.
Jésus n'avait-il pas ressuscité Lazare?
N'était-il pas le Roi victorieux,
« celui qui devait venir »?
C'est ce que Pierre désirait et attendait,
depuis que Jésus l'avait choisi
pour avoir part à son pouvoir extraordinaire.

Maintenant, Jésus n'a plus aucun pouvoir.
Il est attaché par des cordes,
emmené de force, traité comme un criminel.
Il garde le silence, refuse de parler ou de se défendre!
Pourquoi ne se défend-il pas?
Pierre ne le supporte pas.
Comment le Messie peut-il être faible?
Pierre est terriblement déçu par Jésus.
Il se sent trahi, il plonge dans la colère et le désespoir.
Il avait refusé que Jésus lui lave les pieds.
Il ne veut pas être le disciple de ce Jésus faible,
d'un Messie vulnérable!
Il ne renie pas seulement Jésus,
il renie aussi tout ce qu'il a vu, entendu et vécu
durant ces années avec lui.
Il renie son expérience et se renie lui-même!
Il n'est plus rien.

De l'idéal à la réalité

Nous risquons tous de refuser Jésus
tel qu'il est,
Fils de Dieu et Fils de l'homme.
Nous préférons le Jésus de notre imagination,
de notre idéologie :
un Jésus qui nous enthousiasme
et nous rend importants.
Un Jésus qui ne nous dérange pas,
ne nous invite pas à accepter nos blessures.
Un Jésus qui ne nous incite pas à changer
et à avancer sur le chemin de la foi, de l'amour et du don.
Nous risquons tous d'être coupés de la réalité,
emprisonnés dans nos certitudes et dans un « idéal » imaginaire
auquel nous nous accrochons par sécurité,
qui nous renvoie une image flatteuse de nous-mêmes
et nous empêche de reconnaître nos failles et notre hypocrisie.
Ou alors, prisonniers d'une image négative de nous-mêmes,
nous nous fixons des exigences impossibles
qui nous confirment dans cette image.

Beaucoup de gens se marient dans l'enthousiasme
et, cinq ou dix ans plus tard, se séparent déçus,
avec le sentiment d'avoir été trompés,
ne se reconnaissant plus, ni eux-mêmes, ni leur conjoint.
Nous pouvons avoir une image idéale d'une personne, du mariage,
d'une communauté ou de l'Église,
et puis nous découvrons la réalité.
Nous prenons alors la fuite et accusons l'autre ou les autres.
Le danger est toujours de voir les gens
comme nous *voudrions* qu'ils soient
et non tels qu'ils sont.

Oserons-nous découvrir Dieu caché
dans toutes les failles et la pauvreté de notre monde?

Oserons-nous accepter
que nous sommes liés aux gens *tels qu'ils sont,*
avec toutes leurs imperfections,
et que Dieu est caché en eux
comme il est caché en Jésus brisé?
Oserons-nous découvrir Dieu
caché dans nos brisures et notre pauvreté?
C'est ce à quoi Jésus nous invite.
C'est la vérité qui nous rend libres.

Jésus devant Pilate

Jésus est amené au palais de Pilate à Jérusalem
où les grands prêtres réclament qu'il soit crucifié.
Regardons chacun des protagonistes :
Pilate, les grands prêtres et Jésus.
Pilate, gouverneur romain, représente l'empereur,
il a toute autorité dans ces territoires occupés.
C'est un homme de pouvoir, qui méprise ce peuple
avec sa religion étrange, ses rites et ses lois.
Il aime se moquer des Juifs.
Après tout, l'Empire romain ne détient-il pas toute la science,
la connaissance, la technologie et le pouvoir ?

Comme tous les Romains de son temps,
Pilate a un profond respect de la loi.
Il veut faire régner l'ordre selon la loi romaine,
au nom de l'empereur.
C'est un homme inflexible, puissant,
mais faible intérieurement,
comme beaucoup de ceux qui se cachent derrière le pouvoir.

Les grands prêtres
et les représentants des autorités religieuses
sont remplis de confusion, de peur et de colère.
Ils ne veulent qu'une chose : que les Romains crucifient Jésus.

Sa présence est trop menaçante.
Ils sont aveuglés par la crainte
que Jésus suscite une insurrection contre les Romains.
Ceux-ci riposteraient alors en détruisant leur nation et le Temple.
Il en va de leur identité même, étroitement liée à leur religion.
Il en va de leur foi en un seul Dieu.
Il est difficile, impossible même,
pour eux de croire aux miracles qu'ils ont vus
et d'accepter que Jésus soit le Fils de Dieu.
Pour eux, c'est un blasphème.
Ils doivent protéger l'unicité de Dieu.
Jésus dérange leur pouvoir spirituel;
ils sont en train de perdre le contrôle de la situation,
car les foules vont à lui.
Jésus dérange l'ordre social et religieux
par sa manière de relever les pauvres et les pécheurs.

Il faut qu'il meure avant qu'il ne soit trop tard!
Alors « ils », foule anonyme,
conduisent Jésus à Pilate, mais sans entrer dans le palais,
pour éviter de se souiller
et pour pouvoir ainsi manger le repas pascal.
Pilate est obligé de faire le va-et-vient
entre « eux », les anonymes, dehors,
et l'accusé, Jésus, qui se tient debout, seul, à l'intérieur.

Jésus,
enchaîné, silencieux, serein,
comme un agneau conduit à l'abattoir.

Pilate interroge Jésus.
Il sait que quelques jours plus tôt
la foule l'avait acclamé roi,
agitant des palmes alors qu'il entrait à Jérusalem assis sur un âne,
criant :

> « *Hosannah!*
> *Béni soit celui qui vient au nom du Seigneur,*
> *le roi d'Israël.* »

Pilate lui demande donc :

> « *Tu es le roi des Juifs?* » *(v. 33)*

Jésus répond :

> « *Mon royaume n'est pas de ce monde.*
> *Si mon royaume était de ce monde,*
> *mes gens auraient combattu*
> *pour que je ne sois pas livré aux Juifs.* » *(v. 36)*

Pilate demande alors :

> « *Donc tu es roi?* »

Et Jésus répond :

> « *Tu le dis : je suis roi.*
> *Je suis né*
> *et ne suis venu dans le monde*
> *que pour rendre témoignage à la vérité.* » *(v. 37)*

Lorsque Jésus avait multiplié les pains et les poissons,
la foule avait voulu le faire roi,
mais il s'était enfui.
Jésus n'est pas venu révéler la puissance de Dieu,
mais son amour.
Ce n'est que maintenant, alors qu'il est enchaîné,
qu'il accepte ce titre de « roi ».
Il est un roi prisonnier, sans pouvoir terrestre;
roi qui veut manifester son amour
à travers sa faiblesse et sa vulnérabilité;
roi assoiffé d'une communion des cœurs.
Voilà la vérité qu'il est venu annoncer.
Non pas le pouvoir pour le pouvoir,
mais pour un monde d'amour,
un amour et une compassion qui guérissent, libèrent et donnent vie.

Nous sommes tous invités à entrer
dans une amitié profonde avec ce roi vulnérable.
Et pourtant, si souvent nous voulons être du côté
de ceux qui gagnent
et aimerions un roi triomphant,
un christianisme triomphant,
une Église triomphante
qui impose sa loi et ait une influence mondiale.
Comme Pierre, nous pouvons avoir honte de notre roi humilié.
Et comme Pierre, nous pouvons aussi apprendre
de nos faiblesses et de nos humiliations,
car les humiliés et les exclus
savent reconnaître dans le roi humilié leur ami et leur sauveur.

Pilate semble savoir que Jésus
ne représente pas une menace ni pour lui
ni pour l'empereur.
Cherchant à relâcher Jésus, il dit à la foule anonyme :

> *« Je ne trouve en lui aucun motif de condamnation. » (v. 38)*

Pilate semble penser que Jésus n'est qu'un illuminé,
un mystique rêveur qui s'imagine être roi.
Il prend Jésus et le fait flageller par les soldats,
espérant ainsi apaiser la foule.

Les soldats tressent une couronne d'épines pointues
et la lui enfoncent sur la tête.
Jésus est aveuglé par le sang qui coule dans ses yeux.
Les soldats le revêtent d'un manteau de pourpre, couleur royale,
et se moquent de lui :

> *« Salut, roi des Juifs! » (19, 3)*

Ils le frappent au visage.
Jésus demeure silencieux, comme un agneau conduit à l'abattoir,
roi silencieux, aimant.

Pilate sort de nouveau vers la foule anonyme.
Il répète qu'il ne trouve en lui aucun motif de condamnation.
Il appelle alors Jésus, couronné d'épines,
revêtu du manteau de pourpre, et dit :

> *« Voici l'homme! »*

Les grands prêtres et les gardes vocifèrent :

> *« Crucifie-le! Crucifie-le! »*

Se jouant d'eux, Pilate leur dit par dérision :

> *« Prenez-le, vous, et crucifiez-le! »*

Il sait que, selon la loi romaine,
les Juifs ne peuvent pas crucifier un homme.
La foule anonyme vocifère :

> *« Nous avons une Loi*
> *et d'après cette Loi il doit mourir,*
> *parce qu'il s'est fait Fils de Dieu! » (v. 5-7)*

Pilate prend peur.
Jésus a-t-il un pouvoir divin ou surnaturel
qui pourrait lui nuire?
Il rentre et demande à Jésus :

> *« D'où es-tu? »*

Jésus vient de Dieu et va vers Dieu,
mais Pilate est incapable de comprendre.
Jésus garde le silence.

> *« Tu refuses de parler?*
> *Ne sais-tu pas que j'ai pouvoir sur toi,*
> *pouvoir de vie ou de mort? »*
> *« Tu n'aurais aucun pouvoir sur moi*
> *si cela ne t'avait été donné d'en haut », répond Jésus. (v. 9-11)*

Pilate a peur et cherche de nouveau à relâcher Jésus.
Les chefs religieux hurlent :

> « *Si tu le relâches,*
> *tu n'es pas ami de l'empereur :*
> *quiconque se fait roi*
> *s'oppose à l'empereur!* » *(v. 12)*

De quoi Pilate a-t-il si peur?
Il pourrait perdre son poste prestigieux
si les autorités juives le dénonçaient à l'empereur.
Il veut à tout prix éviter les troubles et un conflit ouvert.
Il agit alors à l'encontre de toute justice et de sa propre conscience.
Il perd son identité.
Il n'existe plus.
Il condamne Jésus.

Avant d'énoncer la sentence, cependant,
par dérision, Pilate dit à la foule :

> « *Voici votre roi!* »

comme si ce « fou religieux » était le seul roi possible
pour ces gens-là.

> « *À mort! À mort!*
> *Crucifie-le! Crucifie-le!* »

> « *Crucifierai-je votre roi?* »

dit Pilate, en se moquant d'eux.
Les grands prêtres crient :

> « *Nous n'avons de roi que l'empereur!* » *(v. 14-15)*

C'est le blasphème suprême,
car selon leurs Écritures, Dieu seul est Roi.
Pilate livre alors Jésus pour être crucifié.

Jésus reste silencieux.
Bien qu'enchaîné,
il est le seul qui soit vraiment libre,
libre d'être lui-même, « JE SUIS »,
uni au Père,
disant et annonçant la vérité.
Il est le Roi d'Amour, caché et silencieux.

Dans notre monde d'aujourd'hui,
la vérité est souvent enchaînée,
réduite au silence, dissimulée, écartée.
Et souvent ceux qui disent la vérité devant un pouvoir abusif
sont réduits au silence.
Combien de fois, nous-mêmes,
avons-nous refusé de suivre notre conscience,
de dire la vérité et la justice
parce que nous avions peur de perdre des amis,
un travail ou une position avantageuse.
Ces peurs assombrissent notre monde
et nous font perdre la vérité de qui nous sommes.

La vérité est comme une toute petite lumière,
la lumière de notre conscience,
qui règne mystérieusement sur notre être
et le dirige.
Elle ressemble aux yeux d'un enfant,
au chant d'un oiseau,
à une fleur délicate.
Mais nous sommes souvent trop occupés pour la remarquer,
trop apeurés pour l'écouter ou la voir.
Nous pouvons même écraser cette conscience intérieure
qui gouverne notre être.
Nous devenons esclaves de nos peurs et de nos préjugés,
esclaves de la volonté des autres.
Nous pouvons garder enchaîné
ce roi d'amour et de vérité qui est en nous.

24

Jésus, victime et sauveur

Jean 19, 16-37

Jésus n'a pas fui la souffrance,
il l'a assumée
allant jusqu'au bout de sa mission :
annoncer la vérité
du Dieu Amour.

Beaucoup l'ont rejeté,
lui et son message,
refusant de changer.
Désireux de conserver
leur pouvoir pitoyable
et leurs petits privilèges,
ils se sont débarrassés de lui.

Mais par sa souffrance et sa mort
Jésus apporte la vie et l'espoir.
Il ouvre les portes de l'amour
à nos cœurs et à notre monde brisés.

Une histoire d'oppression

La mort de Jésus est un des événements les plus dramatiques
de l'histoire de l'humanité.
L'innocent, venu annoncer la paix et l'amour universels,
venu nous donner la vie en plénitude,
subit, jusqu'à l'extrême, la haine et le rejet.
Il est condamné à mourir sur une croix.
Lui qui était admiré pour ses miracles
est devenu objet de dérision.
Sa vie semble un échec tragique.
La haine semble avoir vaincu l'amour.
Mais nous verrons que le vaincu
fait jaillir par son sacrifice la source d'une vie nouvelle,
instaure une ère nouvelle pour l'humanité,
ouvre un chemin nouveau vers la paix et l'unité.

L'histoire de l'humanité est une histoire d'oppression des faibles.
Écrasées par les forts, les victimes sont souvent
des enfants maltraités, violentés ou tués avant leur naissance,
des femmes battues et violées,
des minorités exploitées, contrôlées, cyniquement ignorées;
leurs cultures détruites,
beaucoup sont réduites à l'esclavage
sous une forme ou sous une autre.
Le régime nazi cherchait à exterminer les Juifs;
au Rwanda et dans les Balkans, des génocides ont été perpétrés;
les Palestiniens ont été chassés de leur terre.
Ces dernières années, nous avons assisté
à l'introduction d'une nouvelle expression, horrible,
« épuration ou nettoyage ethnique ».
Des personnes ayant un handicap, considérées comme inutiles,
sont parfois enfermées dans des institutions
où elles végètent.

D'un côté, il y a un cruel abus de pouvoir;
de l'autre, il y a une humanité brisée, ayant perdu sa dignité :
oppresseur et victime.

Jésus accomplit sa mission

Ayant été injustement condamné à mort
par un Pilate lâche et pervers,
condamné également par les autorités religieuses apeurées,
Jésus marche seul, portant sur ses épaules
l'énorme poteau de la croix.
Il marche sereinement vers sa mort, avec dignité, en homme libre.

Il accomplit la mission donnée par le Père :
enlever le péché du monde,
briser les barrières qui séparent les gens
les uns des autres,
de Dieu
et de ce qui est le plus profond en chacun.
Il rend témoignage à la vérité :
vérité de l'amour,
vérité de l'amour de Dieu et du Dieu d'amour,
vérité de la valeur de chaque personne.

Le mal hurle et vocifère.
La vérité est une lumière qui brille dans les ténèbres.
Sans bruit,
elle fait surgir ce qu'il y a de grand et de beau en nous.

En cette heure dernière,
Jésus livre sa vie pour ceux qu'il aime
et pour l'unité de l'humanité.
Il marche librement vers sa mort,
libre de donner sa vie,
libre de nous donner la vie.

Et là, au Golgotha, le « lieu du crâne »,

> *ils le crucifièrent*
> *et avec lui deux autres de chaque côté*
> *et au milieu Jésus. (Jn 19, 18)*

Jésus est au cœur de l'histoire,
au cœur de l'humanité,
attirant tous les peuples vers le Dieu d'amour.

La royauté universelle de Jésus

Pilate fait rédiger une inscription
et la place au-dessus de la tête de Jésus couronnée d'épines :

> *« Jésus de Nazareth, Roi des Juifs ».*

En hébreu, en latin et en grec,
elle annonce au monde entier que Jésus est roi,
le Roi qui révélera le chemin vers l'amour et la paix universelle.

Cette inscription déplaît aux grands prêtres
qui demandent à Pilate de la modifier et d'écrire :

> *« Cet homme a dit : Je suis le roi des Juifs. »*

Mais Pilate refuse en disant :

> *« Ce que j'ai écrit, je l'ai écrit. » (v. 19-22)*

Les paroles de Pilate sont prophétiques,
comme l'avaient été celles de Caïphe
lorsqu'il avait dit que Jésus devait mourir
pour sauver le peuple (*Jn* 11, 50).
Ce qui était écrit devint Écriture :
la royauté de l'amour crucifié est proclamée au monde entier.

Sommes-nous prêts à nous incliner devant ce roi humble
et à accueillir la source de l'amour et de la vérité
qui jaillit de lui?

Le roi nu

Les quatre soldats qui crucifient Jésus
le dépouillent de ses vêtements.
Il devient le Roi nu,
dépouillé de sa puissance, de sa liberté, de sa dignité,
pour révéler la vérité de l'amour dans l'offrande de lui-même.

Les soldats décident de faire quatre parts de ses vêtements,
une pour chacun d'eux,
mais la tunique est sans couture, tissée d'une pièce,
sans doute par la mère de Jésus.
Les soldats ne la déchirent pas, mais tirent au sort qui l'aura.
L'évangile note avec une certaine solennité qu'ils ont fait cela
pour accomplir les Écritures :

> *Ils se sont partagé mes vêtements,*
> *ils ont tiré au sort ma tunique. (Ps 22, 19)*

Le prophète Isaïe avait dit des siècles auparavant :

> *« Comme un surgeon il a grandi devant lui,*
> *comme une racine en terre aride;*
> *sans beauté ni éclat pour attirer nos regards,*
> *et sans apparence qui nous eût séduits;*
> *objet de mépris, abandonné des hommes,*
> *homme de douleur, familier de la souffrance,*
> *comme quelqu'un devant qui on se voile la face,*
> *méprisé, nous n'en faisions aucun cas.*
> *Or ce sont nos souffrances qu'il portait*
> *et nos douleurs dont il était chargé.*
> *Et nous, nous le considérions comme puni,*
> *frappé par Dieu et humilié.*
> *Mais lui, il a été transpercé à cause de nos crimes,*
> *écrasé à cause de nos fautes.*
> *Le châtiment qui nous rend la paix est sur lui,*
> *et dans ses blessures nous trouvons la guérison.*

Maltraité, il s'humiliait, il n'ouvrait pas la bouche,
comme l'agneau qui se laisse mener à l'abattoir,
comme devant les tondeurs une brebis muette,
il n'ouvrait pas la bouche. » (Is 53, 2-5.7)

Qui pourrait croire que cet homme nu, condamné à mort,
est le Verbe de Dieu fait chair,
celui qui nous libère de tout le chaos en nous et autour de nous?

Jésus donne sa mère au disciple bien-aimé

Après que Jésus ait été dépouillé de ses vêtements
et pendu nu sur la croix,
vient un moment plein de douceur et de bonté.

Jésus voyant sa mère (debout près de la croix)
et, se tenant près d'elle, le disciple qu'il aimait,
dit à sa mère : « Femme, voici ton fils. »
Puis il dit au disciple : « Voici ta mère. » (v. 26-27)

L'auteur ajoute qu'à partir de cette heure
le disciple bien-aimé prend la mère de Jésus,
comme dit le texte grec,
« dans ce qui lui appartenait »,
« dans ce qui lui était en propre, le trésor de son cœur ».

Ce geste peut apparaître comme un geste de bonté
de la part de Jésus.
En bon fils, il pense à l'avenir et au bien de sa mère.
Mais le contexte de l'évangile de Jean révèle
une autre portée de ce dernier geste de Jésus.
Immédiatement après avoir confié sa mère au disciple bien-aimé,
l'évangéliste nous dit :

Jésus savait que tout était désormais accompli. (v. 28)

Quelle est cette mission que Jésus a accomplie
et dont il dit au Père :

« Je t'ai glorifié sur la terre
en menant à bonne fin
l'œuvre que tu m'as donné de faire. » (Jn 17, 4)

Quelle est cette œuvre?
N'est-ce pas de rassembler dans l'unité
tous les enfants de Dieu dispersés à travers le monde,
pour qu'ils soient un
comme Jésus et le Père sont un?

Le dernier geste de Jésus est d'unir Marie et Jean
comme le Père et lui sont un,
de créer une alliance d'amour entre eux.

Jésus ne dit pas au disciple bien-aimé :
« Voici ma mère »,
il dit :

    « Voici ta mère. »

En donnant sa mère au disciple bien-aimé,
Jésus appelle Marie à le faire naître,
pour qu'il devienne Jésus.
Le disciple bien-aimé est appelé à devenir Jésus pour sa mère,
elle qui n'a qu'un fils, Jésus.
C'est l'unité suprême de l'amour et de la communion.

Selon Origène, un éminent théologien
né quelque 80 ans après la mort de Jean l'évangéliste,
ce moment est capital
pour bien comprendre l'évangile de Jean.
Dans l'introduction à son commentaire, il écrit :

    Personne ne peut vraiment comprendre cet évangile
    à moins de s'être reposé sur le cœur de Jésus
    et d'avoir reçu Marie pour mère
    comme le disciple bien-aimé.

Les Pères de l'Église qui ont suivi Origène
aimaient faire le parallèle entre
Marie donnant naissance à Jésus par la puissance de l'Esprit Saint
et Marie donnant naissance, par la puissance de l'Esprit Saint,
au disciple bien-aimé,
à tous les disciples bien-aimés
et à l'Église, qui est le Corps du Christ.

La mort de Jésus

Après avoir confié Marie au disciple bien-aimé,

> *sachant que désormais tout était achevé,*
> *pour que l'Écriture fût parfaitement accomplie,*
> *Jésus dit : « J'ai soif. » (v. 28)*

Dans le langage biblique,
la « soif » signifie l'angoisse et un sentiment d'abandon.
Jésus, méprisé, dévêtu et raillé.
Jésus, dépouillé de toute dignité,
cloué au bois de la croix.
Jésus, supplicié, agonisant.
Jésus, abandonné par ses disciples et ses amis,
demeure en communion avec sa mère.
D'une façon mystérieuse,
à sa naissance et à sa mort
il a besoin de sa présence, de son amour.
La confiance et l'amour de sa mère sont sa force,
sa joie et sa consolation.
Femme de compassion, Marie reste debout près de la croix
quand d'autres ont fui par peur.
Avec Jésus et en lui, elle offre tout à Dieu.

Jésus donnant sa mère au disciple bien-aimé,
c'est comme s'il lui disait :
« Ne me regarde pas moi, regarde mon disciple bien-aimé,
il me remplacera auprès de toi. »

Le dernier geste de Jésus, dans ce moment d'angoisse,
est de créer l'unité.

Il est désormais totalement seul.
Il dit :

> *« J'ai soif! »*

Je suis dans l'angoisse!
Je suis seul!
En réponse à son cri de soif,
on lui donne un peu de vinaigre sur une éponge.
Jésus dit alors :

> *« Tout est accompli! »*

Tout est fini.
Sa mission est accomplie.

> *Alors, inclinant la tête, il remit l'esprit. (v. 28-30)*

Ces paroles mystérieuses
peuvent être interprétées de différentes manières.
Le grec ne dit pas seulement qu'il a incliné la tête
et rendu son dernier soupir.
Il suggère qu'il a incliné la tête
et *donné (parédoken) l'Esprit.*
Son dernier souffle est le don de l'Esprit.
Il *souffle* l'Esprit,
comme plus tard il soufflera sur ses disciples
pour leur donner l'Esprit.

L'eau et le sang coulent de son côté

La fête de la Pâque va commencer.
Les autorités juives veulent que les corps des crucifiés
soient descendus et mis au tombeau.
Alors, ils

*demandèrent à Pilate qu'on leur brisât les jambes
et qu'on les enlevât. (v. 31)*

On peut s'interroger sur le lien qui existe
entre briser les jambes et mourir.

Quand on est pendu par les bras sur une croix,
on ne peut respirer qu'en s'appuyant sur ses jambes.
Si l'on ne peut plus s'appuyer sur les jambes parce qu'elles sont brisées,
c'est l'asphyxie et la mort dans une angoisse horrible.
Durant les heures sur la croix,
Jésus a dû s'appuyer sur ses pieds percés par les clous
pour pouvoir respirer.
Il souffrait atrocement, sa voix n'était qu'un souffle.
Pour pouvoir l'entendre,
sa mère et le disciple bien-aimé devaient rester tout proches de lui.

Les soldats brisent les jambes
des deux hommes de chaque côté de Jésus,
mais, arrivés à lui,

*ils virent qu'il était déjà mort
et ne lui brisèrent pas les jambes.
Mais l'un des soldats, de sa lance, lui perça le côté,
et il sortit aussitôt du sang et de l'eau. (v. 33-34)*

C'est avec solennité
que le disciple bien-aimé témoigne de ce qu'il a vu.
Il affirme :

*Celui qui a vu rend témoignage
pour que vous aussi vous croyiez.
Son témoignage est véritable,
et celui-là sait qu'il dit vrai. (v. 35)*

Dans le sang et l'eau qui coulent du côté de Jésus,
l'évangéliste voit un symbole d'espérance.
L'eau symbolise l'Esprit.

Avec Nicodème, nous sommes appelés
à « renaître d'en haut » par l'eau et par l'Esprit.

Jésus avait promis à la Samaritaine
qu'une source d'eau vive jaillirait de son cœur
si elle buvait l'eau qu'il lui donnerait.

De même durant la fête des Tentes,
Jésus s'était écrié dans le Temple :

> « *Si quelqu'un a soif,*
> *qu'il vienne à moi et qu'il boive.* » (Jn 7, 37)

L'eau qui jaillit du côté de Jésus crucifié
est le signe de son amour et du don de l'Esprit
qui sera donné à tous ceux qui accepteront de le recevoir.
Cette eau guérit, purifie et vivifie.
Cette eau transforme les refus, la négativité, la haine et la violence
en ouverture, douceur, amour et pardon.

L'eau coulant du cœur transpercé de Jésus
révèle d'une façon symbolique
la transmission de la vie, la vie surabondante de Dieu,
qui est l'un des principaux thèmes de l'évangile de Jean.
Elle révèle le désir de Dieu de briser les murs
qui nous séparent de lui,
nous emprisonnant en nous-mêmes
et nous empêchant d'être pleinement vivants.
Dieu a soif de nous libérer,
de vivre en nous afin que nous vivions en lui
dans l'extase d'une éternelle étreinte.
C'est cet amour inconditionnel de Jésus
offrant sa vie et son être d'une manière parfaite et définitive
qui nous régénère et nous fait renaître à la lumière et à la vie.

Une lueur d'espérance

Ce récit de violence, de haine et de cruauté
se termine sur une lueur d'espérance.
La mort n'a pas le dernier mot!
La violence et la haine ont été transformées
en tendresse et en pardon
par la puissance de Dieu, le Verbe de Dieu fait chair.
Les eaux de la vie commencent à jaillir.
Tous pourront désormais recevoir
ces eaux d'amour et de communion
et trouver la libération intérieure.
Disciples, ils deviendront une source de paix
pour notre monde divisé et ravagé.

Mais ce don de l'Esprit n'est pas donné sans souffrance.
À la souffrance et à la mort de Jésus, librement acceptées,
succèdent la souffrance et la mort
que ses disciples accepteront librement.
Comme la vie a jailli du cœur transpercé de Jésus,
la vie coulera des cœurs transpercés
de ceux qui souffriront au nom de Jésus.
Les disciples de Jésus, tout au long des siècles,
endureront le rejet, les railleries, l'exclusion,
ils seront parfois torturés et tués
pour leur foi, pour la vérité et la justice.
Ils deviendront semblables à Jésus.
Paul dit à ses disciples :

> « *Je trouve ma joie*
> *dans les souffrances que j'endure pour vous,*
> *et je complète en ma chair*
> *ce qui manque aux épreuves du Christ*
> *pour son Corps qui est l'Église.* » (Col 1, 24)

Les disciples qui souffrent au nom de Jésus
deviennent une source de vie
pour l'Église et pour le monde.

En 1982, au Salvador, Oscar Romero fut assassiné par les militaires
parce qu'il avait pris le parti des pauvres, des sans-terre.
Il dénonçait l'oppression de ceux qui détenaient le pouvoir.
Peu avant d'être tué, Romero disait :
« Si mon sang devait être versé,
il donnera vie à d'autres au Salvador. »
Il est un de ces innombrables disciples de Jésus
qui ont donné leur vie en proclamant son message d'amour.

Vivre l'échec

Les cœurs sont blessés,
les esprits et les corps, brisés.
Nombre de gens aujourd'hui vivent un sentiment d'échec
et sont incapables de trouver un sens à leur vie.
Le mystère de Jésus,
c'est qu'il a pris sur lui l'échec et la souffrance
et s'est laissé écraser pour nous donner la vie.
Le grain de blé doit mourir pour donner du fruit.
Les grains de raisin doivent se décomposer
pour fermenter et donner du vin.
Mon espérance est que ceux qui vivent dans un sentiment d'échec
et qui n'ont pas la foi des martyrs et des témoins
découvrent la douceur de la présence de Dieu
dans leur cœur et dans leur vie.
Ma prière est que cette présence leur révèle
que Dieu les aime aujourd'hui dans leur dénuement
et qu'ils peuvent avec lui donner vie et espérance à d'autres.

Je connais certaines personnes qui souffrent énormément.
Si par moments leur douleur s'atténue,
elle n'est jamais tout à fait absente.
Je pense à une jeune femme à Paris,
terriblement tourmentée,
qui passe son temps en allers et retours à l'hôpital psychiatrique.

Comme d'autres qui souffrent de multiples manières,
elle trouve un sens à sa souffrance
dans sa foi en Jésus et son amour pour lui.
Dans son angoisse et son désarroi,
elle vit de brefs moments d'accalmie,
sachant que ces moments de paix
viennent de Dieu et lui sont offerts.

Ceux qui souffrent trouveront, je l'espère, l'aide dont ils ont besoin
pour soulager leur douleur et leur angoisse
et ne pas se refermer sur eux-mêmes,
submergés par le sentiment d'être sans valeur.
Il nous faut tous lutter pour ne pas nous laisser envahir
par la souffrance.
Lorsque tout a été fait pour l'alléger,
il nous reste à apprendre à demeurer avec Jésus
et à essayer de faire de notre souffrance une prière et une offrande.

Aujourd'hui, tant d'hommes et de femmes
continuent à être crucifiés;
leur souffrance aux multiples visages semble dénuée de sens.
Beaucoup sont victimes d'injustices,
dans des camps de réfugiés, des prisons, des hôpitaux,
des hospices, des bidonvilles, dans les rues.
Beaucoup sont rejetés, laissés-pour-compte;
ils crient dans l'espoir que quelqu'un soulagera leur souffrance.
Ils luttent pour leur dignité et leur liberté.
Mais beaucoup perdent courage.
Ils attendent que des hommes et des femmes de compassion
se tiennent à leur côté,
comme Marie, au pied de la croix,
les portant dans leur amour.
Mon espérance est que leur souffrance,
unie à la souffrance et au sang de Jésus,
transformée par la compassion de Marie,
devienne source de vie pour eux et pour d'autres.

Le corps de Jésus est mis au tombeau

Joseph d'Arimathie et Nicodème

> *prirent le corps de Jésus*
> *et le lièrent de linges, avec les aromates,*
> *selon le mode de sépulture en usage chez les Juifs.*
> *Or il y avait un jardin*
> *au lieu où il avait été crucifié*
> *et dans ce jardin un tombeau neuf,*
> *dans lequel personne n'avait encore été mis.*
> *C'est là qu'ils déposèrent Jésus. (v. 40-42)*

Tout est achevé.
Jésus est mort.
Les disciples sont atterrés.
Marie-Madeleine, qui se tenait près de Jésus à la croix,
est accablée de tristesse.
Son bien-aimé n'est plus.

25

Appelés à pardonner

Jean 20

Celui qui avait été rejeté,
mis à mort,
a surgi du tombeau.

Et les disciples,
arrachés au désespoir,
renaissent à l'espérance,
pour témoigner
du pardon,
de la compassion
et de l'amour libérateur
de Dieu.

La rencontre avec Marie de Magdala

Tôt le matin, le premier jour de la semaine, Marie de Magdala
se rend au tombeau
où avait été déposé le corps de Jésus,
son bien-aimé.
Son cœur est brisé.

> « J'ai cherché celui que mon cœur aime.
> Je l'ai cherché, mais ne l'ai point trouvé!
> Je l'ai appelé, mais il n'a pas répondu! » (Ct 3, 1; 5, 6)

s'écrie la bien-aimée du Cantique des Cantiques
qui préfigure Marie.
Elle veut être la première à venir embaumer le corps.
Mais qui enlèvera la pierre?
En arrivant au tombeau, que voit-elle?

La pierre a été enlevée!
Le corps de Jésus a disparu.
On a volé le corps de son bien-aimé!
Le tombeau est vide,
aussi vide que son cœur.
Elle court trouver Simon-Pierre et l'autre disciple,
« celui que Jésus aimait », en pleurant,

> « On a enlevé le Seigneur du tombeau
> et nous ne savons pas où on l'a mis. » (Jn 20, 2)

Aux cris de Marie, Pierre et l'autre disciple courent au tombeau.

L'évangéliste montre avec délicatesse
la relation entre les deux disciples :

> Ils couraient tous les deux ensemble.
> L'autre disciple, plus rapide que Pierre, le devança
> et arriva le premier au tombeau.
> Se penchant, il aperçoit les linges, gisant à terre;
> pourtant il n'entra pas.

Alors arrive aussi Simon-Pierre, qui le suivait;
il entra dans le tombeau.
Il voit les linges, gisant à terre
ainsi que le suaire qui avait recouvert sa tête,
non pas avec les linges
mais roulé à part dans un endroit.
Alors entra l'autre disciple,
arrivé le premier au tombeau.
Il vit et il crut.
En effet, ils ne savaient pas encore que,
d'après l'Écriture,
il devait ressusciter d'entre les morts. (v. 4-9)

Pierre, lourd de tristesse et de culpabilité,
est en plein désarroi, et court lentement.
L'autre disciple, le « bien-aimé », paraît plus léger.
Il a suivi Jésus jusqu'à la croix
et n'est donc pas tourmenté par le remords.
Mais, par respect, il laisse Pierre entrer le premier dans le tombeau.
Pierre, « Céphas », le roc, est toujours le chef,
même s'il a renié Jésus.
Pierre voit le suaire qui avait recouvert la tête de Jésus
roulé dans un coin.
Aucun voleur n'aurait pris le temps de rouler ce suaire!
L'autre disciple comprend immédiatement :
Jésus est ressuscité.
Pierre reste désemparé et fermé.
Il ne croit pas encore.

Et Marie se tenait près du tombeau, au dehors, tout en pleurs.

Les disciples abandonnent Marie à son chagrin.
Ils ne comprennent pas sa douleur.
Ils ne savent que faire de ses pleurs.
Incapables de lui répondre, ils courent chez eux.
Marie, tout en pleurant, se penche vers l'intérieur du tombeau.

Elle voit deux anges, en vêtements blancs,
assis là où avait reposé le corps de Jésus.
Ils lui disent :

> *« Femme, pourquoi pleures-tu? »*

Elle leur dit :

> *« On a enlevé mon Seigneur*
> *et je ne sais pas où on l'a mis. » (v. 11-13)*

Elle est persuadée que Jésus est mort, vraiment mort.
Aveuglée par son chagrin et sa tristesse,
elle est incapable de s'interroger sur la présence de ces deux anges.
Ayant dit cela, elle se retourne
et voit Jésus qui se tient là,
mais elle ne sait pas que c'est lui.

> *Jésus lui dit : « Femme, pourquoi pleures-tu?*
> *Qui cherches-tu? »*
> *Le prenant pour le jardinier, elle lui dit :*
> *« Seigneur, si c'est toi qui l'as enlevé,*
> *dis-moi où tu l'as mis,*
> *et je l'enlèverai. » (v. 14-15)*

Jésus dit doucement :

> *« Marie! »*

Lui, dont elle cherche éperdument le cadavre,
l'appelle par son nom.
C'est lui qui la trouve et renoue son alliance avec elle.

Il y a une telle tendresse dans la voix de Jésus, un tel amour.
« C'est Jésus!
Il est vivant!

C'est vraiment le Bien-Aimé! »
Elle s'écrie :

> *« Rabbouni! »*

Ses larmes disparaissent sous la force de son amour passionné.
Elle se jette à ses pieds et cherche à le retenir.

Jésus lui dit :

> *« Ne me retiens pas,*
> *car je ne suis pas encore monté vers le Père.*
> *Mais va trouver mes frères et dis-leur*
> *que je monte vers mon Père et votre Père,*
> *vers mon Dieu et votre Dieu. » (v. 17)*

Il y a quelque chose de si humble
dans ce récit de la résurrection.
Jésus ressuscité n'apparaît pas triomphalement
au sommet du Temple
pour manifester à tous sa victoire
et humilier ceux qui l'ont humilié.
Il apparaît à Marie-Madeleine, seule dans un jardin,
aimée, acceptée telle qu'elle est.
C'est un cœur à cœur tout simple,
un moment de douceur et d'éternité.
Jésus n'apparaît pas dans la puissance
mais dans la douceur de l'amour.

Appelant Marie par son nom,
il fait écho aux paroles du prophète Isaïe :

> *« Ne crains pas, car je t'ai racheté,*
> *je t'ai appelé par ton nom, tu es à moi [...]*
> *Tu comptes beaucoup à mes yeux,*
> *tu as du prix et je t'aime. » (Is 43, 1-4)*

Marie découvre une relation nouvelle avec Jésus.
Elle ne doit pas essayer de le posséder, de le retenir pour elle.

Elle ne doit pas s'attacher au passé mais vivre le moment présent
dans une relation nouvelle, plus intérieure, avec Jésus ressuscité.
Cette relation est une inhabitation réciproque,
lui en elle et elle en lui,
qui sera donnée en plénitude à la Pentecôte, avec le don de l'Esprit.

Jésus ne veut pas qu'elle s'accroche à lui.
Il l'envoie vers la communauté,
vers ces hommes envers lesquels elle est sûrement fâchée.
Ils ont eu si peu de compassion pour elle
lorsqu'elle pleurait.
N'ont-ils pas abandonné Jésus à la croix?
Jésus nous envoie souvent là où nous ne voulons pas aller!
Ce doit être difficile pour Marie
de passer d'une rencontre intime avec Jésus
à la communauté, avec toutes ses exigences et ses conflits.
Marie court annoncer à ces hommes qu'elle a vu le Seigneur
et qu'il a parlé d'eux comme de ses « frères ».
Mais ils ne la croient pas.
Dans l'évangile de Marc, nous voyons que Jésus

> *leur reprocha leur incrédulité et leur obstination
> à ne pas avoir cru ceux qui l'avaient vu ressuscité. (Mc 16, 14)*

Jésus soutient Marie,
face à ces hommes qui ne comprennent pas.

Ou peut-être ne veulent-ils pas comprendre!
Toutes sortes de questions se bousculent dans leurs têtes.
N'ont-ils pas été choisis?
Ne sont-ils pas ceux qui auront à diriger l'Église?
Comment Jésus peut-il apparaître à cette femme
avant de leur apparaître à eux?
C'est impossible!
En relatant cet échange entre Jésus et Marie de Magdala,
Jean révèle un aspect important
du rôle des femmes dans l'Église.

Le rôle de Marie de Magdala

Qui est cette femme qui se tient seule
dans l'obscurité du petit matin,
pleurant et se lamentant, cherchant éperdument le corps de Jésus?
Et pourquoi l'évangéliste lui consacre-t-il autant de place?
La réponse nous conduit au cœur du message de Jésus.
L'évangile de Jean montre
combien cette femme est un symbole important
pour chacun de nous.

Marie, de fait, représente chacun de nous.
Comme elle, nous courons éperdument dans tous les sens,
chacun seul, avec un sentiment de vide;
pleurant et nous lamentant,
cherchant un mort,
un Jésus qui a vécu il y a deux mille ans.
Elle cherche Jésus,
mais c'est lui qui la trouve et l'appelle par son nom.
De même, chacun de nous espère
être trouvé et appelé par son nom.

Si Marie de Magdala apparaît rarement dans l'évangile,
elle a beaucoup d'importance dans ce récit de la résurrection.
Luc mentionne sa présence avec les Douze
qui accompagnaient Jésus (*Lc* 8, 2).
Il dit que sept démons étaient sortis d'elle.
Magdala, sur le bord du lac de Tibériade,
était le lieu d'un campement de soldats romains.
Marie de Magdala est Marie, la prostituée du camp romain.

Dans la tradition juive,
se détourner de Dieu et de son alliance d'amour
était comparable à l'adultère ou à la prostitution.
Le prophète Osée, que sa femme avait quitté pour se prostituer,
l'avait accueillie à nouveau.
C'était un signe prophétique d'un Dieu de compassion
qui accueille avec amour ceux qui se sont égarés.

Jean nous dit qu'au pied de la croix
et dans la lumière matinale de la résurrection
il y a cette femme, Marie du camp romain,
accueillie par Jésus, pardonnée et aimée.
Elle représente chacun de nous
qui nous sommes détournés de l'amour de Dieu
et sommes pourtant pardonnés.
Elle est devenue la « bien-aimée » de Dieu,
elle est la première à rencontrer Jésus ressuscité.
Les mots d'amour de Dieu à l'épouse pardonnée d'Osée
s'adressent maintenant à elle comme à chacun de nous :

> *C'est pourquoi je vais la séduire,*
> *je la conduirai au désert*
> *et je parlerai à son cœur [...]*
> *Je te fiancerai à moi pour toujours;*
> *je te fiancerai dans la justice et dans le droit,*
> *dans la tendresse et la miséricorde;*
> *je te fiancerai à moi dans la fidélité*
> *et tu connaîtras Yahvé. (Os 2, 16.21-22)*

L'apparition aux disciples

Le même soir, Jésus apparaît aux disciples
qui se cachent derrière des portes closes
par crainte des autorités religieuses.
Ils n'ont visiblement prêté aucune attention
à cette Marie tout excitée
qui leur disait avoir vu Jésus.
Jésus leur apparaît et leur dit :

> *« Paix à vous! » (v. 19)*

Puis, pour leur prouver que c'est vraiment lui, et non un fantôme,
il leur montre ses mains et ses pieds
et la plaie de son côté.

Comment se fait-il que Marie de Magdala un peu plus tôt,
et maintenant les disciples
ne reconnaissent pas tout de suite Jésus?
Marie ne reconnaît Jésus que lorsqu'il l'appelle par son nom.
Les disciples ne le reconnaissent
que lorsqu'il leur montre ses blessures.
Je pense qu'ils sont aveuglés par leurs espérances déçues
et leurs sentiments de deuil et de désespoir.
De la même façon, nous pouvons nous aussi être aveuglés
par nos peurs et nos larmes.

Jésus leur dit simplement :

   « Paix à vous! »

La paix que Jésus donne n'est pas celle que le monde donne.
C'est une paix intérieure qui jaillit de sa présence.
Jésus vient vers ses disciples et se donne lui-même à eux,
manifestant son amour et son pardon à chacun,
renouant son alliance.
Il ne les critique pas, ne les blâme pas pour leurs peurs
ou leurs moments d'infidélité.
Il ne fait aucune remarque à Pierre qui l'a renié.
Il ne culpabilise personne.
Jésus confirme qu'il les a choisis :
ils sont ses bien-aimés
et il est là pour chacun d'eux.

Lorsque nous avons peur, n'avons-nous pas tendance à nous cacher
derrière les portes verrouillées de nos cœurs,
incapables d'aller vers les autres?
Malgré ces portes closes, Jésus vient vers chacun de nous et dit :

   « Paix à vous! »

Plus profondément que toutes les blessures
et les peurs qui nous habitent,
Jésus nous révèle qu'il nous aime

et nous pardonne toutes nos infidélités.
Nous sommes uniques et précieux pour lui.
Nous sommes les enfants bien-aimés de Dieu.
À travers les joies et les peines, Jésus sera toujours avec nous.

Jésus les envoie transmettre le pardon de Dieu

En quelques lignes, l'auteur de cet évangile nous révèle
la mission que Jésus ressuscité confie à ses disciples :

> « *Paix à vous!*
> *Comme le Père m'a envoyé,*
> *moi aussi je vous envoie.* »
> *Ayant dit cela, il souffla sur eux et leur dit :*
> « *Recevez l'Esprit Saint.*
> *Ceux à qui vous remettrez les péchés,*
> *ils leur seront remis;*
> *ceux à qui vous les retiendrez,*
> *ils leur seront retenus.* » (v. 21-23)

Dans cette brève rencontre, Jésus transforme
ce groupe d'individus apeurés et désemparés
en une communauté d'amour
où les disciples sont liés les uns avec les autres.
Ils sont appelés à devenir comme Jésus
et à poursuivre ensemble la mission que le Père lui a confiée :
manifester la miséricorde de Dieu
et donner la vie, la vie éternelle, à tous ceux qui l'accueillent.
Dieu a pris l'initiative de nous libérer
alors que nous étions « esclaves » de la peur et du péché.

Les disciples continueront, grâce à l'Esprit,
à libérer ceux qui sont enfermés dans la peur.

> « *En vérité, en vérité, dit Jésus,*
> *qui accueille celui que j'aurai envoyé m'accueille;*
> *et qui m'accueille, accueille celui qui m'a envoyé.* » (Jn 13, 20)

Jésus montre aux disciples leur responsabilité,
à la fois exaltante et exigeante.
Ils seront transformés par l'Esprit Saint
et envoyés dans le monde
pour aimer les gens comme Jésus les aime
et donner leur vie pour eux,
car chaque personne est belle et précieuse aux yeux de Dieu,
même si cette beauté est cachée
sous la peur, la violence et le péché.

Si les disciples deviennent comme Jésus et demeurent en lui,
ils libéreront les gens de la violence, de la haine
et des barrières du péché.
Certains, cependant, refuseront de recevoir les disciples de Jésus,
comme certains ont refusé Jésus.
Leurs barrières demeurent.
Ceux qui accueillent Jésus en ses disciples
entreront dans la communauté d'amour de Jésus.
Leurs barrières de peur disparaîtront dans la rencontre avec Jésus.

Il nous faut cependant être vigilants.
Certaines personnes refusent d'accueillir les disciples de Jésus
à cause de l'exemple que nous, ses disciples, donnons.
Nous ne sommes pas suffisamment transformés par l'Esprit Saint.
Nous ne vivons pas de la vie de Jésus et n'en témoignons pas.
Nous *prêchons* Jésus,
mais nous ne *vivons* pas Jésus.
Nous prêchons l'amour,
mais nous ne le vivons pas.
Les gens reconnaîtront que nous sommes disciples de Jésus
à l'amour que nous aurons les uns pour les autres,
en communauté, en Église.

Cette mission de pardonner et de libérer
par le don de l'Esprit Saint
ne concerne pas seulement les ministres ordonnés,
qui ont un rôle particulier d'accueil

dans la communauté des croyants
et peuvent offrir le sacrement de réconciliation.
Elle concerne *tous* les disciples de Jésus.
Comme disciples, nous sommes *tous appelés* à être présence de Jésus,
à libérer les gens de la peur et du péché
par la puissance de l'Esprit Saint
vivant en nous et aimant à travers nous.
Nous sommes appelés à devenir source de grâce
comme la femme Samaritaine.
Nous sommes appelés
à être des hommes et des femmes de pardon.
Nous devons nous rappeler
les paroles de la prière que Jésus nous a donnée :

> « *Pardonne-nous nos offenses*
> *comme nous pardonnons*
> *à ceux qui nous ont offensés.* » *(Mt 6, 12)*

Le doute de Thomas

L'un des disciples, Thomas, surnommé « Jumeau »,
n'était pas avec eux
lorsque Jésus apparut aux dix autres.

> *Les autres disciples lui dirent donc :*
> « *Nous avons vu le Seigneur!* »
> *Mais il leur dit :* « *Si je ne vois pas dans ses mains*
> *la marque des clous,*
> *si je ne mets pas mon doigt dans la marque des clous*
> *et si je ne mets pas ma main dans son côté,*
> *je ne croirai pas.* » *(v. 25)*

Thomas refuse de croire
ce que tous les autres annoncent unanimement :
« Nous avons vu le Seigneur! »
Il semble fâché contre eux,
peut-être jaloux ou blessé
parce qu'ils ont vécu quelque chose de fort sans lui.

Il leur dit qu'il ne croira que s'il peut mettre son doigt
dans les blessures de Jésus.

Une semaine plus tard, Thomas étant avec les autres disciples,
Jésus apparaît de nouveau et dit :

> *« Paix à vous! »*

Se tournant vers Thomas, il lui dit :

> *« Porte ton doigt ici : voici mes mains;*
> *avance ta main et mets-la dans mon côté.*
> *Ne soit plus incrédule, mais croyant. » (v. 27)*

C'est touchant de voir Jésus accepter Thomas tel qu'il est.
Il répond à son besoin,
même si ce besoin vient d'un manque de confiance.
Thomas met sa main, avec amour et respect, dans le côté de Jésus
et s'écrie :

> *« Mon Seigneur et mon Dieu! »*
> *« Parce que tu me vois, tu crois, dit Jésus,*
> *heureux ceux qui n'ont pas vu et qui ont cru. » (v. 28-29)*

Cette scène s'achève sur une note de confiance et de foi.
Jean écrit à tous ses lecteurs qui n'ont pas vu Jésus ressuscité :

> *Ces choses ont été écrites pour que vous croyiez*
> *que Jésus est le Christ, le Fils de Dieu,*
> *et pour qu'en croyant*
> *vous ayez la vie en son nom. (v. 31)*

L'évangile est écrit pour que nous puissions croire et avoir la vie,
la vie même de Dieu qui jaillit de Dieu.
Heureuse faute de Thomas qui n'a pas cru,
pour que notre foi puisse être fondée sur ses doutes!
Heureuse faute qui provoque cette nouvelle apparition de Jésus!

Les blessures de Jésus

Dans ces deux apparitions,
nous pouvons contempler le corps ressuscité de Jésus,
un corps qui porte les marques des blessures qu'il a subies.
Un trou reste ouvert à son côté, de la largeur d'une main;
un trou reste dans ses mains, de la largeur d'un doigt.
Ces blessures sont là pour toutes les générations de tous les temps,
afin de manifester l'humilité,
la patience infinie et l'amour inconditionnel de Jésus.
Jésus ressuscité n'apparaît pas comme quelqu'un de puissant,
mais comme quelqu'un de blessé, qui offre son pardon.

Ces blessures deviennent sa gloire.
De la blessure de son côté ont jailli
les eaux qui nous vivifient et nous guérissent.
Par ses blessures nous sommes guéris.
À travers Thomas, Jésus invite chacun de nous
à toucher non seulement ses blessures à lui,
mais les blessures chez les autres et en nous-mêmes,
blessures qui peuvent engendrer la haine,
être signe de séparation, de division,
mais qui peuvent aussi être transformées en signe de pardon,
grâce à l'amour de Jésus,
et unir les gens dans l'amour.
Ces blessures et la faiblesse qui en résulte
révèlent que nous avons besoin les uns des autres;
elles deviennent le lieu de la compassion réciproque
et de l'action de grâce.

Nous montrerons nous aussi nos blessures
lorsque nous serons avec lui dans le royaume,
dévoilant nos faiblesses
et le pouvoir de guérison de Jésus.

26

Rencontrer Jésus au quotidien

Jean 21

Dans notre vie

quotidienne,

notre travail,

nos amitiés,

notre prière

et notre solitude,

Jésus est présent.

Il nous appelle à grandir

dans la foi et l'amour.

Il nous demande :

« M'aimes-tu? »

et il nous invite à le suivre.

Tout paraît si ordinaire

L a conclusion de l'évangile de Jean est très simple.
Nous sommes de retour en Galilée,
pays de Jésus et de ses disciples.
Tous les événements étonnants, merveilleux ou tragiques
sont passés.
Nous retrouvons l'ordinaire de la vie quotidienne.
Pierre et six autres disciples s'ennuient,
ne sachant que faire,
incertains quant à leur avenir.
Ils décident d'aller à la pêche.
Ils travaillent toute la nuit sans rien prendre.
Pas un seul poisson!

Quand le jour se lève, ils sont proches du rivage.
Un étranger les interpelle :

> *« Hé! les enfants,*
> *vous n'avez pas du poisson? »*
> *« Non », répondirent-ils.*
> *« Jetez le filet à droite du bateau*
> *et vous trouverez. » (Jn 21, 5-6)*

Ils jettent le filet, qui est aussitôt rempli de tant de poissons
qu'ils n'ont pas la force de le tirer.
Le « disciple bien-aimé » reconnaît Jésus en l'étranger
et dit à Pierre :
« C'est le Seigneur! »
Pierre met son vêtement, car il était nu,
se jette à l'eau et se précipite vers Jésus.
Les autres disciples ramènent le bateau au rivage,
traînant le filet plein de poissons.
Lorsqu'ils touchent au rivage et descendent à terre,
ils aperçoivent un petit feu de braise
avec du poisson dessus et du pain.
Jésus leur dit :

« Apportez de ces poissons
que vous venez de prendre. » (v. 10)

Simon–Pierre monte dans le bateau
et tire à terre le filet débordant de poissons,
et bien qu'il y en eût tant, le filet ne se déchira pas.
Jésus dit :

« Venez déjeuner. »
Il prend le pain et le leur donne;
de même le poisson. (v. 12-13)

Tout semble si ordinaire, même ce miracle.
Ils ont simplement jeté le filet de l'autre côté du bateau
et ont eu de la chance!
Cela n'a rien à voir avec l'événement extraordinaire de Cana
ou la multiplication des pains et des poissons.
Ces événements ont eu de nombreux témoins.
Ici, Jésus est sur le rivage; il a préparé le petit déjeuner
pour ces hommes affamés, fatigués et un peu perdus.
C'est tout simple, plein d'amour.
Jésus veille tendrement sur eux.

Croyons-nous que Jésus veille sur nous?
Avant Cana et la rencontre avec Jean le Baptiseur,
Jésus avait vécu une vie discrète et cachée en Galilée
avec Marie et Joseph et leurs voisins.
Il n'avait rien fait d'extraordinaire.
Il avait vécu simplement une vie de famille, de communauté,
de prière, de travail, partageant avec ses voisins,
étant proche des pauvres,
allant à la synagogue et en pèlerinage
avec les gens de son village.
Le Verbe s'est fait chair pour mener et partager
une vie très humaine enracinée dans une terre,
une culture, une foi et des relations aimantes.
Maintenant, après la résurrection, nous voici de retour en Galilée
dans la simplicité de ce travail et de cette vie partagée.

Pourquoi l'évangéliste a-t-il choisi
de raconter cette histoire simple et touchante?
Lisant et relisant l'évangile de Jean,
je pense qu'il nous rappelle que Jésus est présent
dans *nos* vies ordinaires.

Il vient à notre rencontre là où nous sommes.
Nous n'avons pas besoin de faire des choses extraordinaires,
mais simplement d'aimer et de servir.
Cela paraît simple, mais en réalité cela peut être difficile
quand des conflits surgissent,
que les relations deviennent tendues, tourmentées,
au travail ou en famille,
et que surviennent des événements douloureux.

Ce dernier chapitre de l'évangile de Jean
nous oriente vers l'avenir de l'Église.
Jusqu'à maintenant, Jean a parlé de Jésus,
de sa vie, de sa mort et de sa résurrection.
Maintenant il parle des disciples dans une barque,
symbole de l'Église, *ensemble*.
Les vagues seront souvent démontées, parfois dangereuses,
mais Jésus sera toujours là, veillant sur elle.

Pierre est manifestement le chef,
mais ce n'est pas lui qui reconnaît Jésus le premier.
Il a besoin du disciple bien-aimé pour le reconnaître.
Les chefs peuvent être tellement pris
par leurs responsabilités et leurs tâches
qu'ils ont besoin d'un proche
qui ait une claire vision des choses.
Ayant pu reconnaître Jésus, grâce à Jean, Pierre se jette à l'eau,
prend des risques, se hâte vers lui.
Il garde les yeux fixés sur Jésus.
Son seul désir est d'être avec Jésus; sans lui, il se sent insécurisé, inquiet.
Pierre obéit lorsque Jésus lui dit d'apporter du poisson.
Il ne dit pas aux autres de le faire, il le fait lui-même.
Il est d'abord serviteur.

Confirmation de Pierre

Au début de cet évangile, Jésus choisit Simon-Pierre
comme « Céphas », le « roc » sur lequel sera érigée
la future communauté.
Pierre a le tempérament et les caractéristiques d'un chef.
Il intervient au nom des Douze
pour proclamer sa foi en Jésus.
À plusieurs reprises, il dit à Jésus
ce qu'il devrait faire ou ne pas faire
et tente de l'empêcher d'être arrêté.
Finalement, lorsque Jésus devient vulnérable,
cet homme fort, mais faible à la fois, s'effondre;
il nie être un disciple de Jésus.
Par trois fois, il renie Jésus.
Le « rocher » n'est plus un roc!
Mais Pierre a-t-il pour autant perdu son rôle?

Au matin de Pâques, lorsque Marie de Magdala
court trouver les disciples,
elle cherche manifestement Pierre comme le chef du groupe,
même s'il a renié Jésus.

Et Jésus, qu'en pense-t-il?
Va-t-il transmettre l'autorité au disciple bien-aimé
qui est resté fidèle jusqu'au bout et était à la croix?

Après le petit déjeuner, Jésus prend Pierre à part
pour une conversation en tête-à-tête.
Il lui demande :

> « *M'aimes-tu plus que ceux-ci?* » *(v. 15)*

Pierre a retenu la leçon.
Il ne répond pas comme il l'avait fait auparavant :
« Bien sûr, et je donnerai ma vie pour toi. »
Il a été humilié, anéanti, par sa défaillance.
Tout ce qu'il peut dire, d'une voix sans doute tremblante, c'est :

« Tu sais que je t'aime. »

Jésus lui dit :

« Pais mes agneaux. »

Jésus lui demande à nouveau :

« M'aimes-tu? »

Pierre répond de la même manière.
Jésus lui dit :

« Pais mes brebis. »

Une troisième fois, Jésus demande à Pierre s'il l'aime.
Pierre est attristé de cette insistance et dit :

« Seigneur, tu sais tout,
tu sais bien que je t'aime. »

Jésus répond :

« Pais mes brebis. » (v. 15-17)

Pierre est peiné que Jésus lui pose par trois fois la même question,
lui rappelant discrètement les trois fois où il a dit :

« Je ne suis pas son disciple. »

Jésus confirme Pierre comme le chef.
Pierre est pardonné.
Jésus veut que le berger de son troupeau soit humble.
En effet, les brebis et les agneaux n'appartiennent pas à Pierre,
mais à Jésus.
Pierre n'a pas à les diriger
mais à les aider à être en communion avec Jésus,
à écouter Jésus.

Le troupeau n'est ni une industrie ni une entreprise commerciale
dont il serait le responsable,
qui devrait être efficace et rentable!
Le troupeau est fait de gens appelés par Jésus
à grandir dans l'amour.

Mais Pierre ne peut guider, nourrir les gens, en être responsable
au nom de Jésus que *s'il aime Jésus,*
et j'oserais dire *s'il l'aime passionnément,*
étant prêt à donner sa vie pour lui.
Nous ne pouvons exercer une responsabilité au nom de Jésus
que si nous l'aimons et devenons son ami.
Cet amour n'a rien de sensible.
C'est un engagement à aider les autres à grandir dans l'amour,
même ceux qui ne nous attirent pas particulièrement,
à ne pas chercher à les contrôler mais à les libérer.

Pierre est appelé d'abord à nourrir les agneaux, les plus petits,
à veiller sur eux, à être avec eux :
ceux qui ne peuvent pas se débrouiller,
qui sont perdus et isolés,
qui sont faibles, malades et affamés,
qui sont exclus de la société.
C'est la première exigence de sa mission.
Les pauvres sont au cœur de l'Église.
Mais il arrive que leur cri dérange.

Pierre doit les nourrir, mais avec quoi?
Avec Jésus.
C'est la nourriture de son corps donné dans l'eucharistie,
la nourriture de la parole de Dieu,
la nourriture de son amour humble pour chacun.

Pierre est également appelé à conduire
ceux qui grandissent dans la foi, les brebis,
à les fortifier dans leur foi.

Jésus dit alors à Pierre :

> *« En vérité, en vérité, je te le dis,*
> *quand tu étais jeune, tu mettais toi-même ta ceinture,*
> *et tu allais où tu voulais.*
> *Quand tu auras vieilli, tu étendras les mains*
> *et un autre te ceindra*
> *et te mènera où tu ne voudrais pas. »*
> *Il signifiait, en parlant ainsi,*
> *le genre de mort par lequel*
> *Pierre devait glorifier Dieu.*
> *Ayant dit cela, il lui dit : « Suis-moi. » (v. 18-19)*

Pierre est appelé à suivre et à imiter le bon Berger,
à laver les pieds des disciples, à les nourrir,
à mener le troupeau,
à accepter les critiques et les persécutions
et à donner sa vie pour ceux qui lui ont été confiés.
Il n'est pas là pour jouir de privilèges ou d'un pouvoir.
Il n'est pas là pour sa propre gloire,
mais pour Jésus, et Jésus seul.

Nous sommes tous appelés à être à notre tour d'humbles bergers

Jésus nous aidera nous aussi à devenir compatissants
et à veiller sur ceux qui nous ont été confiés,
mais qui lui appartiennent d'abord et avant tout.
Notre rôle est de les protéger des illusions et des faux prophètes
qui pourraient les séduire
et de les mener à Jésus, de les mener à la vérité et à l'amour.
Cette conclusion sur les bergers
et la présence de Jésus dans notre quotidien
est importante
car elle parle de l'avenir de l'Église et du monde.
Comme Jésus, les premiers croyants seront persécutés et tués.
Suivre Jésus est dangereux!

Jésus nous invite à être d'humbles bergers
qui ne cherchent ni la puissance, ni les richesses,
ni leur propre gloire.
Il nous invite à être des serviteurs prêts à donner leur vie
et à la partager avec les pauvres,
à vivre simplement avec eux,
à trouver sa présence dans l'ordinaire de nos vies
et à demeurer ses « bien-aimés ».

Pierre et le disciple bien-aimé

Après ce tête-à-tête,
un incident surprenant survient
entre Pierre et le disciple bien-aimé,
qui représente tous ceux qui sont appelés à demeurer en Jésus.

> *Pierre se retourne et aperçoit, marchant à leur suite,*
> *le disciple que Jésus aimait.*
> *Il demande à Jésus : « Seigneur, et lui? »*

Jésus répond d'une façon ambiguë et mystérieuse :

> *« Si je veux qu'il demeure jusqu'à ce que je vienne,*
> *que t'importe? Toi, suis-moi. » (v. 21-22)*

Cet incident nous aide à saisir le rôle et les limites d'un berger.
Si nous sommes appelés à suivre un berger,
nous sommes appelés d'abord et avant tout à suivre Jésus
et à vivre en communion avec lui.
Pierre savait que Jésus aimait ce disciple d'une façon particulière;
à la croix il lui avait confié Marie, comme mère.
Pierre a été confirmé comme le roc, le chef et le berger,
mais qu'en est-il du disciple bien-aimé?

Quelle est la relation entre lui et Pierre?
Que symbolise-t-elle?
Jésus semble dire tout d'abord :
« Ce n'est pas ton affaire. Toi, suis-moi. »

Mais il y a peut-être un sens plus profond.
Rappelons-nous
combien ces deux disciples sont profondément unis.
Ils sont souvent ensemble, unis dans l'amour de Jésus.
Ils sont différents et peuvent parfois paraître en rivalité,
l'un courant plus vite que l'autre!
Pierre a été confirmé comme le berger
qui va nourrir et garder le troupeau de Jésus,
le bon Berger, le vrai Berger.
Le rôle de Pierre est de conduire les gens à Jésus
pour qu'ils puissent demeurer en lui et lui en eux,
et devenir ainsi des disciples bien-aimés
inspirés et guidés par Jésus et l'Esprit Saint.
Le rôle de Pierre est humble mais nécessaire.
Il est appelé à être signe et source d'unité pour le troupeau.
L'Église sur la terre a besoin d'un berger et de bergers
qui aident chacun à être fidèle à son appel,
mais leur première fidélité est de vivre en communion avec Jésus.

Pierre a son rôle, comme le disciple bien-aimé a le sien.
Tous deux ont été choisis et appelés par Jésus.
Lorsque les temps seront accomplis, Jésus sera l'unique Berger,
et nous serons tous aimés en lui
dans la gloire du Père.

Que veut dire Jésus lorsqu'il parle du bien-aimé
qui va « demeurer » jusqu'à ce qu'il vienne?
L'évangéliste écrit :

> *Le bruit se répandit alors chez les frères*
> *que ce disciple ne mourrait pas.*
> *Or Jésus n'avait pas dit à Pierre :*
> *« Il ne mourra pas », mais :*
> *« Si je veux qu'il demeure jusqu'à ce que je vienne,*
> *que t'importe? » (v. 23)*

Comment Jean « demeurera-t-il » jusqu'au retour de Jésus?
Serait-ce qu'au fur et à mesure
que l'Église grandit à travers le monde et à travers les âges,
elle devra s'approfondir et mieux comprendre
le message spirituel et mystique contenu dans l'évangile de Jean?
Serait-ce que cette vie révélée par Jean
sera source d'unité pour tous les chrétiens?
Serait-ce que jusqu'au retour de Jésus
il y aura toujours des disciples qui, comme Jean,
accueilleront la mère de Jésus comme la leur?
L'évangile de Jean semble se conclure
sur un message de communion.

La paix et la vérité sont possibles

Jean termine son évangile en le signant de son « nom » :

> *C'est ce disciple qui témoigne de ces faits*
> *et qui les a écrits, et nous savons*
> *que son témoignage est véridique.*
> *Il y a encore bien d'autres choses qu'a faites Jésus.*
> *Si on les mettait par écrit une à une,*
> *je pense que le monde lui-même ne suffirait pas*
> *à contenir les livres qu'on en écrirait. (v. 24-25)*

Nous pouvons avoir du mal à croire
aux signes ou miracles de Jésus,
dont Jean parle dans cet évangile.
Il y a cependant un « miracle » que nous ne pouvons pas nier :
un homme condamné à mort par les Romains
et quelques hommes sans éducation, qui ont quitté le bord du lac
pour le suivre et qui, après sa mort, ont été dispersés,
allaient confondre non seulement un empereur romain
mais tous les empires de la terre.
C'est ce miracle qui nous invite à croire que,
même si l'influence du christianisme a aujourd'hui diminué,

le message d'amour universel apporté par Jésus
est la vérité la plus profonde et la force la plus grande
qui peuvent apporter la paix à notre monde.

On peut lire l'évangile de Jean à différents niveaux.
Il y a le récit d'événements comme les noces de Cana,
mais il y a aussi le symbolisme de ces noces
et ce que l'Esprit Saint nous révèle à travers ce signe
pour nous aider à vivre de la vie nouvelle
qu'il est venu nous apporter.
Si l'Esprit Saint, qui a inspiré le disciple bien-aimé,
est l'auteur principal de cet évangile,
il est aussi en chacun de nous
quand nous le lisons et essayons de le comprendre,
de l'approfondir et de vivre son message.

★ ★ ★

L'interprétation que j'ai donnée de l'évangile de Jean
parle de ce qui est dans mon cœur,
avec ma propre expérience de foi, de vie et de prière;
elle s'enracine aussi dans ce que j'ai appris
de la vie ou des écrits de tant de sages et de saints
du passé ou d'aujourd'hui.

Dans l'évangile de Jean,
j'ai découvert que prier, c'est avant tout demeurer en Jésus
et laisser Jésus demeurer en moi.
Ce n'est pas d'abord et avant tout *dire des prières,*
mais c'est vivre dans le *maintenant* du moment présent,
en communion avec Jésus.
La prière est le lieu du repos et de la paix.
Lorsque nous aimons quelqu'un,
nous prenons plaisir à être ensemble,
présents l'un à l'autre, demeurant l'un dans l'autre.
De temps à autre, nous pouvons dire une parole affectueuse,

nous serons attentifs l'un à l'autre, à l'écoute l'un de l'autre,
mais c'est avant tout un lieu de silence.
Le mystique espagnol Jean de la Croix disait que
« le silence est le parler de Dieu ».

J'ai appris le silence de la prière et la prière du silence
de mon père spirituel, le père Thomas Philippe.
Il m'a aidé à découvrir le silence en moi.
Ce silence est le fruit de la présence de Dieu; il est paix.
C'est ce que Jésus nous dit dans ses mots :

> *« Je vous laisse ma paix,*
> *je vous donne ma paix. »*

Ce que je partage dans ce livre
vient de la vie de Jésus en moi,
de ce que Jésus m'apprend dans la prière et dans l'étude.
Cela vient aussi de ma vie avec des personnes faibles
qui m'ont appris à accueillir Jésus
à partir de ce lieu de pauvreté en moi.
Cette interprétation de l'évangile de Jean est inséparable
de qui je suis, avec tout ce qui est brisé et beau en moi,
et de la manière dont Jésus m'a conduit.

Lire cet évangile,
c'est partager la bonne nouvelle annoncée aux pauvres.
L'expérience de la pauvreté et le cri des pauvres
amènent à une compréhension plus large et plus pénétrante
de l'Évangile de Jésus.

L'important, cependant, est de lire cet évangile
non comme un exercice intellectuel, mais comme la lettre d'un ami
nous parlant de l'amour et de la lumière de Jésus
et nous invitant chacun à demeurer en lui.

Mon espoir et ma prière sont que,
bien que défaillants comme disciples et amis de Jésus,
nous continuions à chercher à demeurer en lui
comme il cherche à demeurer en nous.
Cette quête nous poussera à nous ouvrir
à la souffrance de l'humanité
et à devenir les amis
de ceux qui sont faibles, brisés, rejetés et dans le besoin.
Je prie pour qu'ensemble nous nous ouvrions
à cette vie nouvelle de communion, promise à tous,
où nous connaîtrons Dieu.

Sources

La citation d'André Chouraqui est tirée de l'introduction de *L'Univers de la Bible*, Éditions Brepols-Lidis, 1982-1989.

La citation de Luc Devillers est tirée de la *Revue Thomiste*, avril 1989.

Les citations d'Etty Hillsum sont tirées de *Une vie bouleversée* et des *Lettres de Westerbrook*, Éditions du Seuil, 1995.

La citation de Victor Hugo est tirée du texte de Jean Mambrine, *L'Hesperie, pays du soir*, Éditions Cahier Arfuyen, 68370 Orbey, France.

Les citations de Jean-Paul II sont des extraits de la *Lettre de Jean-Paul II à tous les chefs d'État et de Gouvernement* et du *Décalogue d'Assise pour la paix*, Vatican, février 2003.

La citation du Cardinal Kasper est tirée de *The Tablet*, 17 mai 2003.

La citation de Martin Luther King est tirée de *Strength to Love*, Philadelphia, Fortress Press, p. 22. Traduction de l'auteur.

La citation de saint François est tirée des *Admonitions*, dans *Saint François d'Assise, Documents*, Éditions Franciscaines, 1968.

La citation d'Andrea Riccardi est tirée de *Il secolo del martiro – I cristiani nel nocento* (Mondadori), Milan, 2000. Traduction de l'auteur.

Les citations de saint Jean de la Croix sont extraites de *La Nuit Obscure*, dans les *Œuvres Spirituelles*, Éditions du Seuil, 1951.

Le poème du patriarche Athenagoras (patriarche œcuménique de Constantinople, 1948-1972) « Je suis désarmé », publié dans la *Revue Tychique* n° 136, novembre 1998.

Table des matières